어휘가 문해력 이다

중학 2학년 2학기

교과서 어휘

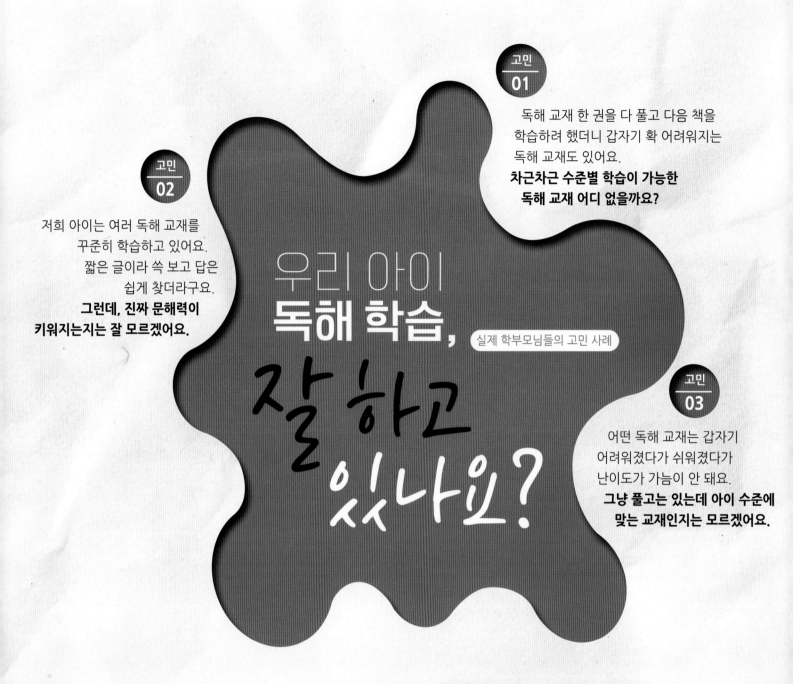

어휘가 문해력 이다

중학 2학년 2학기

교과서 어휘

교과서 내용을 이해하지 못하는 우리 아이?
평생을 살아가는 힘, '문해력'을 키워 주세요!

'어휘가 문해력이다'
어휘 학습으로 문해력 키우기

1 교과서 학습 진도에 따라
과목별(국어/사회·역사/수학/과학)·학기별(1학기/2학기)로 어휘 학습이 가능합니다.

교과 학습을 위한 필수 개념어를 단원별로 선별하여 단원의 핵심 내용을 이해하도록 구성하였습니다.
교과 학습 전 예습 교재로, 교과 학습 후 복습 교재로 활용할 수 있도록 필수 개념어를 엄선하여
수록하였습니다.

2 교과 어휘를 학년별 2권, 한 학기별 4주 학습으로
단기간에 어휘 학습이 가능합니다.

한 학기에 310여 개의 중요 단어를 공부할 수 있습니다.
쉬운 뜻풀이와 교과서 내용을 담은 다양한 예문을 수록하여 학교 공부에 직접적으로 도움을 주고자
하였습니다.
해당 학기에 학습해야 할 중요 단어를 모두 모아 한 번에 살펴볼 수 있고, 국어사전에서 단어를 찾는
시간과 노력을 줄일 수 있습니다.

3 관용어, 속담, 한자 성어, 한자, 영문법 어휘 학습까지 가능합니다.

글의 맥락을 이해하고 응용하는 데 도움이 되는 관용어, 속담, 한자 성어뿐만 아니라 중학 교육용
필수 한자, 중학 영문법 필수 어휘 학습까지 놓치지 않도록 구성하였습니다.

4 확인 문제와 주간 어휘력 테스트를 통해 학습한 어휘를 점검할 수 있습니다.

뜻풀이와 예문을 통해 학습한 어휘를 교과 어휘별로 바로바로 점검할 수 있도록 다양한 유형의
확인 문제를 수록하였습니다.
한 주 동안 학습한 어휘를 종합적으로 점검할 수 있는 주간 어휘력 테스트를 수록하였습니다.

5 효율적인 교재 구성으로 자학자습 및 가정 학습이 가능합니다.

학습한 어휘를 해당 교재에서 쉽게 찾아볼 수 있도록 과목별로 '찾아보기' 코너를 구성하였습니다.
'정답과 해설'은 축소한 본교재에 정답과 자세한 해설을 실어 스스로 공부할 수 있도록 하였습니다.

EBS 〈당신의 문해력〉 교재 시리즈는 약속합니다.

교과서를 잘 읽고 더 나아가 많은 책과 온갖 글을 읽는 능력을 갖출 수 있도록
문해력을 이루는 핵심 분야별, 학습 단계별 교재를 준비하였습니다.
한 권 5회×4주 학습으로 아이의 공부하는 힘,
평생을 살아가는 힘을 EBS와 함께 키울 수 있습니다.

어휘가 문해력이다

어휘 실력이 교과서를 읽고 이해할 수 있는지를 결정하는 척도입니다.
〈어휘가 문해력이다〉는 교과서 진도를 나가기 전에 꼭 예습해야 하는 교재입니다.
20일이면 한 학기 교과서 필수 어휘를 완성할 수 있습니다.
교과서 수록 필수 어휘들을 교과서 진도에 맞춰
날짜별, 과목별로 공부하세요.

쓰기가 문해력이다

쓰기는 자기 생각을 표현하는 미래 역량입니다.
서술형, 논술형 평가의 비중은 점점 커지고 있습니다.
객관식과 단답형만으로는 아이들의 생각과 미래를 살펴볼 수 없기 때문입니다.
막막한 쓰기 공부. 이제 단어와 문장부터 하나씩 써 보며 차근차근 학습하는
〈쓰기가 문해력이다〉와 함께 쓰기 지구력을 키워 보세요.

ERI 독해가 문해력이다

독해를 잘하려면 체계적이고 객관적인 단계별 공부가 필수입니다.
기계적으로 읽고 문제만 푸는 독해 학습은 체격만 키우고 체력은 미달인 아이를 만듭니다.
〈ERI 독해가 문해력이다〉는 특허받은 독해 지수 산출 프로그램을 적용하여 글의 난이도를
체계화하였습니다.
단어 · 문장 · 배경지식 수준에 따라 설계된 단계별 독해 학습을 시작하세요.

배경지식이 문해력이다

배경지식은 문해력의 중요한 뿌리입니다.
하루 두 장, 교과서의 핵심 개념을 글과 재미있는 삽화로 익히고 한눈에 정리할 수 있습니다.
시간이 부족하여 다양한 책을 읽지 못하더라도 교과서의 중요 지식만큼은 놓치지 않도록
〈배경지식이 문해력이다〉로 학습하세요.

디지털독해가 문해력이다

디지털독해력은 다양한 디지털 매체 속 정보를 읽어 내는 힘입니다.
아이들이 접하는 디지털 매체는 매일 수많은 정보를 만들어 내기 때문에
디지털 매체의 정보를 판단하는 문해력은 현대 사회의 필수 능력입니다.
〈디지털독해가 문해력이다〉로 교과서 내용을 중심으로 디지털 매체 속 정보를 확인하고
다양한 과제를 해결해 보세요.

이 책의 구성과 특징

1

교과서 어휘 국어/사회·역사/수학/과학

한자 어휘, 영문법 어휘

교과목·단원별로 교과서 속 중요 개념 어휘와
관련 어휘로 교과 어휘 강화!

중학 교육용 필수 한자, 연관 한자어로 한자 어휘 강화!
중학 영문법 필수 어휘로 영어 독해 강화!

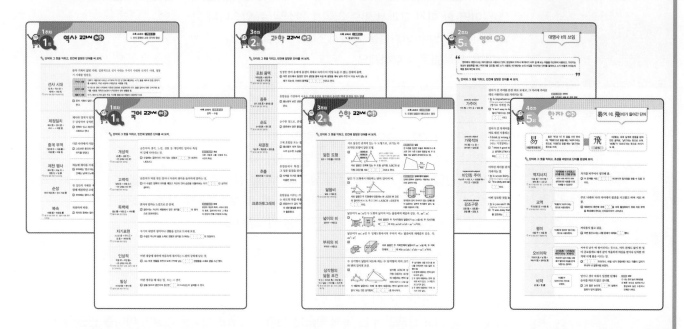

- 모든 출판사의 교과서 속 핵심 어휘를 엄선하여 교과목 특성에 맞게 뜻과 예문을 이해하기 쉽게 제시했어요.
- 어휘를 이해하는 데 도움이 되는 그림 및 사진 자료를 제시했어요.
- 대표 한자 어휘와 연관된 한자 성어, 영문법 필수 어휘에 적합한 예문을 제시했어요.

2

확인 문제

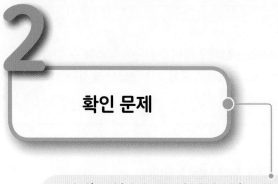

교과서(국어/사회·역사/수학/과학) 어휘, 한자 어휘, 영문법
어휘 학습을 점검할 수 있는 다양한 유형의 확인 문제 수록!

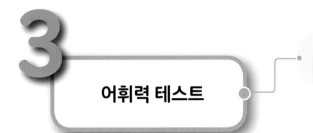

3 어휘력 테스트

한 주 동안 학습한 교과서 어휘, 한자 어휘, 영문법 어휘를
종합적으로 점검할 수 있는 어휘력 테스트 수록!

다양한 유형의
어휘 문제로
한 주 마무리!

찾아보기

학습한 어휘를 찾아보기 쉽게 교과목별
ㄱ, ㄴ, ㄷ, … 순서로 정리했어요.

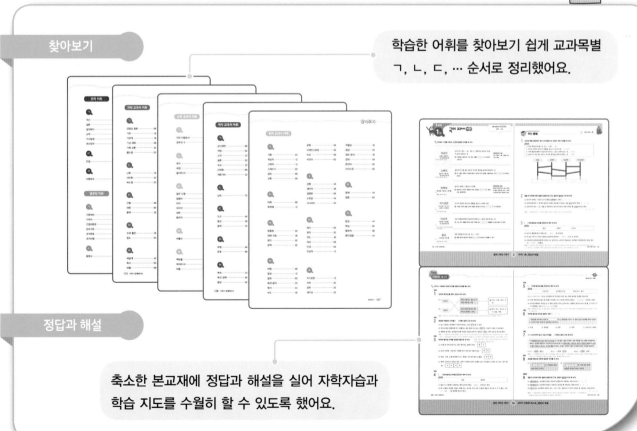

정답과 해설

축소한 본교재에 정답과 해설을 실어 자학자습과
학습 지도를 수월히 할 수 있도록 했어요.

✎ 『어휘가 문해력이다』에 수록된 모든 어휘는 중학 2학년 2학기 국어, 역사, 수학, 과학 교과서에 실려 있습니다.

✎ 교과서 연계 목록을 살펴보면 과목별 교과서의 단원명에 따라 학습할 교재의 쪽을 한눈에 파악할 수 있습니다.

✎ 교과서 진도 순서에 맞춰 교재에서 해당하는 학습 회를 찾아 효율적으로 공부해 보세요!

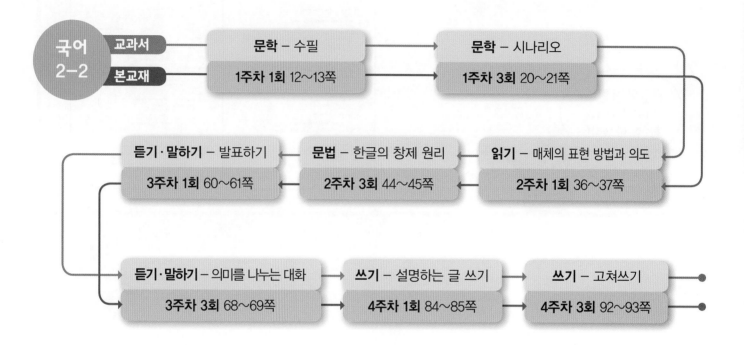

국어 2-2

교과서 | 본교재

- 문학 – 수필 / 1주차 1회 12~13쪽
- 문학 – 시나리오 / 1주차 3회 20~21쪽
- 읽기 – 매체의 표현 방법과 의도 / 2주차 1회 36~37쪽
- 문법 – 한글의 창제 원리 / 2주차 3회 44~45쪽
- 듣기·말하기 – 발표하기 / 3주차 1회 60~61쪽
- 듣기·말하기 – 의미를 나누는 대화 / 3주차 3회 68~69쪽
- 쓰기 – 설명하는 글 쓰기 / 4주차 1회 84~85쪽
- 쓰기 – 고쳐쓰기 / 4주차 3회 92~93쪽

역사 ②

교과서 | 본교재

- Ⅰ. 선사 문화와 고대 국가의 형성 / 1주차 1회 14~15쪽, 1주차 3회 22~23쪽
- Ⅱ. 남북국 시대의 전개 / 2주차 1회 38~39쪽
- Ⅲ. 고려의 성립과 발전 / 2주차 3회 46~47쪽
- Ⅳ. 조선의 성립과 발전 / 3주차 1회 62~63쪽
- Ⅴ. 조선 사회의 변동 / 3주차 3회 70~71쪽
- Ⅵ. 근·현대 사회의 전개 / 4주차 1회 86~87쪽, 4주차 3회 94~95쪽

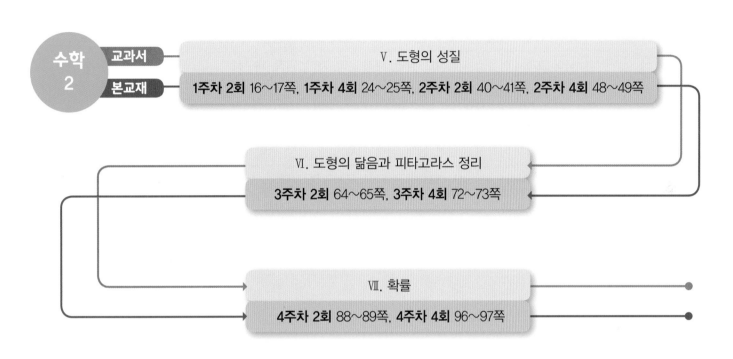

수학 2

교과서 ── V. 도형의 성질

본교재 ── **1주차 2회** 16~17쪽, **1주차 4회** 24~25쪽, **2주차 2회** 40~41쪽, **2주차 4회** 48~49쪽

VI. 도형의 닮음과 피타고라스 정리

3주차 2회 64~65쪽, **3주차 4회** 72~73쪽

VII. 확률

4주차 2회 88~89쪽, **4주차 4회** 96~97쪽

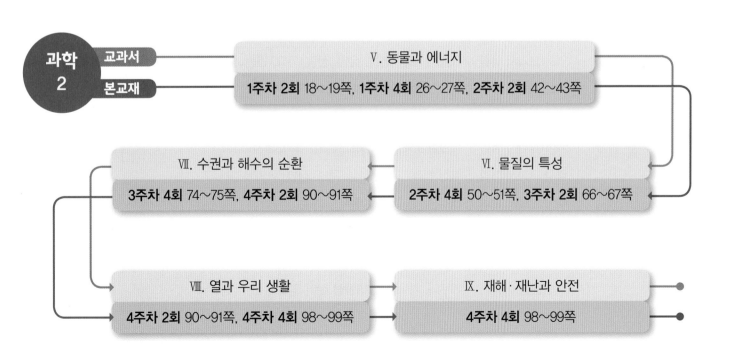

과학 2

교과서 ── V. 동물과 에너지

본교재 ── **1주차 2회** 18~19쪽, **1주차 4회** 26~27쪽, **2주차 2회** 42~43쪽

VII. 수권과 해수의 순환

3주차 4회 74~75쪽, **4주차 2회** 90~91쪽

VI. 물질의 특성

2주차 4회 50~51쪽, **3주차 2회** 66~67쪽

VIII. 열과 우리 생활

4주차 2회 90~91쪽, **4주차 4회** 98~99쪽

IX. 재해·재난과 안전

4주차 4회 98~99쪽

이 책의 차례

1주차 어휘 미리 보기

한 주 동안 공부할 어휘들이야. 쏙 한번 훑어볼까?

1회 학습 계획일 ◯월 ◯일

국어 교과서 어휘	역사 교과서 어휘
개성적	선사 시대
고백적	제정일치
독백체	중계 무역
자기표현	제천 행사
인상적	순장
발상	복속

2회 학습 계획일 ◯월 ◯일

수학 교과서 어휘	과학 교과서 어휘
이등변삼각형	세포
내각	기관
수직이등분선	기관계
합동	영양소
직각삼각형	소화계
	융털
	암죽관

3회 학습 계획일 ◯월 ◯일

국어 교과서 어휘	역사 교과서 어휘
시나리오	율령
장면	중앙 집권
배경 음악	토착 세력
자막	국교
원작	고전
재구성	껴묻거리

4회 학습 계획일 ◯월 ◯일

수학 교과서 어휘	과학 교과서 어휘
외접	순환계
삼각형의 외심	동맥
각의 이등분선	정맥
내접	모세 혈관
삼각형의 내심	심장
	판막
	온몸 순환
	폐순환

5회 학습 계획일 ◯월 ◯일

한자 어휘	영문법 어휘
결자해지	현재완료
결론	과거완료
단결	과거진행
구사일생	미래진행
사력	

어휘력 테스트

2주차
어휘 학습으로
가 보자!

국어 교과서 어휘

✏️ 단어와 그 뜻을 익히고, 빈칸에 알맞은 단어를 써 보자.

개성적

낱 個 + 성품 性 +
~한 상태로 되는 的
🖱 '的'의 대표 뜻은 '과녁'임.

글쓴이의 생각, 느낌, 경험 등 개인적인 일이나 특성이 글에 나타나는 것.

예 수필에는 글쓴이의 가치 있는 경험과 [ ] 인 표현이 나타난다.

플러스 개념어 **개성**
다른 사람과 나를 구별해 주는 나만의 특성.

고백적

알릴 告 + 아뢸 白 +
~한 상태로 되는 的
🖱 '白'의 대표 뜻은 '희다'임.

글쓴이가 직접 겪은 일이나 자신의 생각을 솔직하게 말하는 것.

예 이 수필은 침묵의 의미를 깨닫고 자신의 언어 습관을 되돌아보는 자기 [ ] 인 성격의 글이다.

독백체

홀로 獨 + 아뢸 白 + 서체 體
🖱 '體'의 대표 뜻은 '몸'임.

혼자서 말하는 느낌으로 쓴 문체.

예 글쓴이는 자신의 체험에서 얻은 생각을 [ ] 의 형식으로 표현하였다.

플러스 개념어 **문체**
문장의 개성적 특색. 시대나 문장의 종류, 글쓴이에 따라 그 특성이 문장의 전체나 부분에 드러남.

자기표현

스스로 自 + 자기 己 +
겉 表 + 나타낼 現
🖱 '己'의 대표 뜻은 '몸'임.

자기의 내면적 생각이나 생활을 겉으로 드러내 보임.

예 수필은 자신의 삶을 소재로 경험과 생각을 드러내는 [ ] 의 과정이다.

인상적

찍힐 印 + 모양 象 +
~한 상태로 되는 的
🖱 '印'의 대표 뜻은 '도장', '象'의 대표 뜻은 '코끼리'임.

어떤 대상에 대하여 마음속에 새겨지는 느낌이 강하게 남는 것.

예 그는 외국 생활을 하면서 오래 기억에 남는 [ ] 경험들을 소재로 글을 쓰곤 했다.

발상

드러낼 發 + 생각 想
🖱 '發'의 대표 뜻은 '피다'임.

어떤 생각을 해 내는 일. 또는 그 생각.

예 글을 읽으며 글쓴이의 참신한 [ ] 이 드러났는지 살펴볼 수 있다.

확인 문제

정답과 해설 ▶ 2쪽

1 단어의 뜻을 보기 에서 찾아 사다리를 타고 내려간 곳에 기호를 써 보자.

> 보기
> ㉠ 어떤 생각을 해 내는 일. 또는 그 생각.
> ㉡ 자기의 내면적 생각이나 생활을 겉으로 드러내 보임.
> ㉢ 어떤 대상에 대하여 마음속에 새겨지는 느낌이 강하게 남는 것.
> ㉣ 글쓴이가 직접 겪은 일이나 자신의 생각을 솔직하게 말하는 것.

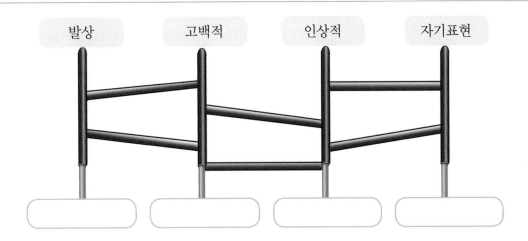

발상   고백적   인상적   자기표현

2 밑줄 친 단어에 대한 설명이 알맞으면 ○표, 알맞지 않으면 ✕표 해 보자.

(1) 혼자서 말하는 느낌으로 쓴 문체를 독백체라고 한다. (   )

(2) 글쓴이에 따라 그 특성이 문장의 전체나 부분에 드러나는 것을 발상이라고 한다. (   )

(3) 글쓴이의 생각, 느낌, 경험 등 개인적인 일이나 특성이 글에 나타날 때 개성적이라고 한다.

(   )

3 (   ) 안에 들어갈 단어를 보기 에서 찾아 써 보자.

> 보기
> 발상   고백적   인상적

(1) 글쓰기 활동에 앞서 자유로운 (   )을 해 본다.

(2) 이 글은 작가가 자신의 생각을 솔직하게 말하며 (   )으로 쓴 것이다.

(3) 우중충한 날씨에 분홍색 모자를 쓰고 걸어가는 노부인의 뒷모습은 오랫동안 마음에 남아 있을 정도
로 (   )이었다.

역사 교과서 어휘

✏️ 단어와 그 뜻을 익히고, 빈칸에 알맞은 단어를 써 보자.

선사 시대

앞 先 + 역사 史 +
때 時 + 시대 代
👆 '代'의 대표 뜻은 '대신하다'임.

문자 기록이 없던 시대. 일반적으로 선사 시대는 구석기 시대와 신석기 시대, 청동기 시대를 일컬음.

구석기 시대	인류가 처음으로 나타난 시기부터 약 1만 년 전에 해당하는 시기. 돌을 깨뜨려 만든 뗀석기를 사용하고, 주로 사냥이나 채집으로 식량을 구함.
신석기 시대	약 1만 년 전에 시작하여 기원전 3000년 무렵까지의 시기. 돌을 갈아서 만든 간석기와 토기를 사용함. 목축과 농경이 시작되면서 정착 생활을 함.
청동기 시대	무기, 생산 도구와 같은 주요 기구를 청동으로 만들어 사용하던 시대.

예 문자 기록이 없던 시대를 ☐☐ ☐☐ 라 하고, 문자 기록이 나타난 이후를 역사 시대라고 한다.

제정일치

제사 祭 + 정사 政 +
하나 一 + 이를 致

제사와 정치가 일치하는 정치 형태. 고대 국가에서는 지도자가 제사와 정치를 모두 담당하며 강력한 권력을 행사함.

예 권력이 있고 재산이 많은 족장이 부족을 거느리면서 제사를 이끌었던 사회를 ☐☐☐☐ 사회라고 한다.

중계 무역

가운데 中 + 이을 繼 +
바꿀 貿 + 바꿀 易

다른 나라에서 사들인 물자를 그대로 제3국으로 수출하는 형식의 무역.

예 고조선은 중국의 한나라와 한반도 남쪽의 나라들 사이에서 ☐☐ ☐☐ 을 하며 경제적인 이익을 얻었다.

제천 행사

제사 祭 + 하늘 天 +
행할 行 + 일 事
👆 '行'의 대표 뜻은 '다니다'임.

하늘에 제사를 지내는 행사.

예 부여에는 '영고'라는 ☐☐ ☐☐ 가 있었는데, 행사 기간에는 날마다 노래하고 춤을 추며 즐겼다고 한다.

플러스 개념어
• **동맹**: 고구려에서 해마다 10월에 지내던 제천 행사.
• **무천**: 동예에서 10월에 지내던 제천 행사.

순장

따라 죽을 殉 + 장사 지낼 葬

한 집단의 지배층 계급에 속하는 사람이 죽었을 때 그의 아내나 신하 또는 종들을 함께 매장하던 고대 장례 풍속.

예 부여에는 왕이나 귀족이 죽으면 노비나 신하 등을 함께 묻는 ☐☐ 의 풍습이 있었다.

복속

따를 服 + 복종할 屬
👆 '服'의 대표 뜻은 '옷', '屬'의 대표 뜻은 '무리'임.

복종하여 따름.

예 옥저와 동예는 힘이 세고 전투에 익숙한 고구려에 ☐☐ 하게 되었다.

확인 문제

1 뜻에 알맞은 단어를 빈칸에 써 보자.

가로 열쇠 ❶ ☐☐☐ 행사: 하늘에 제사를 지내는 행사.
❸ ☐☐☐ 시대: 청동으로 도구를 만들어 사용하던 시대.

세로 열쇠 ❶ 제사와 정치가 일치하는 정치 형태.
❷ 동예에서 10월에 지내던 제천 행사.
❹ 고구려에서 10월에 지내던 제천 행사.
❺ ☐☐☐ 시대: 약 1만 년 전에 시작하여 기원전 3000
년 무렵까지의 시기로, 간석기와 토기를 사용하던 시기.

2 밑줄 친 부분과 바꿔 쓰기에 알맞은 단어에 ◯표 해 보자.

(1)
백제의 근초고왕은 남쪽으로는 마한의 남은 세력을 복종하여 따르게 하여 남해안까지 진출하였
고, 가야에 영향력을 행사하였다.

① 복속시켜 (   )   ② 복원시켜 (   )   ③ 지속시켜 (   )

(2)
단군왕검은 신을 받들고 소통하는 제사장과 정치 지배자의 역할을 함께 하였는데, 이는 고조선이
제사와 정치가 일치하는 사회였음을 보여 준다.

① 언행일치 (   )   ② 만장일치 (   )   ③ 제정일치 (   )

3 (   ) 안에 들어갈 단어를 보기 에서 찾아 써 보자.

보기
순장   선사 시대   중계 무역   제천 행사

(1) 고대 국가들은 영고, 동맹, 무천 등의 (   )을/를 열어 농사가 잘되기를 기원하였다.

(2) 문자 기록이 없던 (   )을/를 이해하는 데에는 박물관의 유물을 살펴보는 것이 도움이 된다.

(3) 대가야 왕의 무덤에는 신하와 시종들이 함께 묻혀 있어 대가야 왕의 권력을 짐작할 수 있으며
(   ) 풍습을 엿볼 수 있다.

(4) 장보고는 신라나 일본의 물건들을 사서 당나라로 싣고 가 팔고 그곳에서 신라나 일본이 원하는 물품
을 사 와서 신라나 일본에 되파는 (   )을/를 독점하였다.

수학 교과서 어휘

✏️ 단어와 그 뜻을 익히고, 빈칸에 알맞은 단어를 써 보자.

이등변삼각형

두 二 + 같을 等 + 가장자리 邊 + 셋 三 + 모서리 角 + 모양 形

🔖 '等'의 대표 뜻은 '무리', '角'의 대표 뜻은 '뿔'임.

두 변의 길이가 같은 삼각형.

예 삼각형 ABC에서 두 변 AB, AC의 길이가 같으면 삼각형 ABC는 ☐☐☐☐☐ 이다.

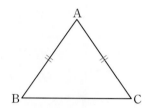

내각

안 內 + 모서리 角

다각형의 안쪽에 있는 각.

예 삼각형 ABC에서 색칠된 ∠A, ∠B, ∠C는 삼각형 ABC의 ☐☐ 이다.

플러스 개념어 **외각**

다각형의 바깥쪽에 있는 각.

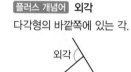

수직이등분선

드리울 垂 + 곧을 直 + 두 二 + 같을 等 + 나눌 分 + 줄 線

'드리우다'는 '한쪽이 위에 고정된 천이나 줄 따위가 아래로 늘어지는 것'을 뜻함.

선분의 중점을 지나고 그 선분에 수직인 직선.

예 선분 AB의 중점 M을 지나면서 선분 AB에 수직인 직선 𝑙이 선분 AB의 ☐☐☐☐ 이다.

합동

합할 合 + 같을 同

두 도형이 모양과 크기가 같아 완전히 포개어지는 것.

예 두 도형이 ☐☐ 이면 대응변의 길이가 서로 같고, 대응각의 크기도 서로 같다.

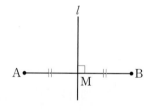

삼각형 ABC와 삼각형 DEF가 서로 합동일 때, 기호로 나타내면 △ABC≡△DEF임.

직각삼각형

곧을 直 + 모서리 角 + 셋 三 + 모서리 角 + 모양 形

한 각이 직각인 삼각형.

예 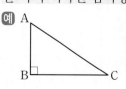 삼각형 ABC는 ∠B가 90°이고 변 AC가 빗변인 ☐☐☐☐☐ 이다.

플러스 개념어 **빗변**

직각삼각형의 가장 긴 변으로, 직각과 마주 보고 있는 변.

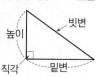

확인 문제

1
주
차

2회

1 뜻에 알맞은 단어를 글자판에서 찾아 묶어 보자.(단어는 가로, 세로, 대각선 방향에서 찾기)

❶ 직각삼각형의 가장 긴 변.
❷ 다각형의 안쪽에 있는 각.
❸ 다각형의 바깥쪽에 있는 각.
❹ 두 도형이 모양과 크기가 같아 완전히 포개어지는 것.

2 뜻에 알맞은 단어와 **예**를 찾아 선으로 이어 보자.

(1) 두 변의 길이가
같은 삼각형. ·

· 이등변삼각형 ·

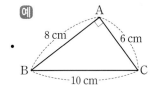

(2) 한 각이 직각인
삼각형. ·

· 직각삼각형 ·

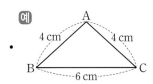

3 빈칸에 들어갈 단어를 초성을 바탕으로 써 보자.

(1)
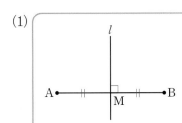

선분 AB의 중점 M을 지나면서 선분 AB에 수직인 직선 l이 선분 AB의 | ㅅ | ㅈ | ㅇ | ㄷ | ㅂ | ㅅ |일 때, 선분 AM의 길이가 5 cm이면 선분 BM의 길이도 5 cm이다.

(2)
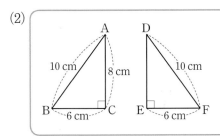

두 직각삼각형이 | ㅎ | ㄷ |일 때, $\overline{DE}$와 그 대응변인 $\overline{AC}$는 길이가 서로 같다. 따라서 $\overline{DE}=\overline{AC}=8$ cm이다.

과학 교과서 어휘

✏️ 단어와 그 뜻을 익히고, 빈칸에 알맞은 단어를 써 보자.

세포
가늘 細 + 세포 胞

생물을 구성하는 구조적·기능적 기본 단위.

예 [   ]의 모양과 크기는 생물의 종류에 따라 다양하다.

플러스 개념어
• **단세포 생물**: 몸이 하나의 세포로만 이루어진 생물.
• **다세포 생물**: 몸이 여러 개의 세포로 이루어진 생물.

기관
기관 器 + 기관 官
'器'의 대표 뜻은 '그릇', '官'의 대표 뜻은 '벼슬'임.

다세포 생물에서 여러 조직이 모여 일정한 형태를 가지고 특정한 기능을 수행하는 부분.

예 동물의 [   ]에는 뇌, 심장, 간, 위, 폐 등이 있다.

플러스 개념어 조직
모양과 기능이 비슷한 세포들의 모임.

예 상피 조직, 근육 조직, 신경 조직, 결합 조직

기관계
기관 器 + 기관 官 + 묶을 系

서로 연관된 기능을 수행하는 기관들이 모여 일정한 역할을 하는 집합체.

예 동물은 [   ]의 작용으로 에너지를 얻고 노폐물을 내보내는 등 다양한 생명 활동을 한다.

영양소
경영할 營 + 기를 養 + 성질 素
'素'의 대표 뜻은 '바탕'임.

우리 몸을 구성하고 에너지원으로 쓰이거나 몸의 기능을 조절하는 데 필요한 영양분이 있는 물질.

예 우리 몸의 건강을 지키기 위해 반드시 섭취해야 하는 3대 [   ]는 탄수화물, 단백질, 지방이다.

플러스 개념어
• **수용성 영양소**: 물에 잘 녹는 영양소.
• **지용성 영양소**: 물에 잘 녹지 않는 영양소.

소화계
삭일 消 + 변화 化 + 묶을 系
'消'의 대표 뜻은 '사라지다', '化'의 대표 뜻은 '되다'임. '삭이다'는 '소화시키다'라는 뜻임.

소화 작용에 관계되는 기관으로 이루어진 기관계.

예 음식물의 소화와 흡수에 관여하는 [   ]는 입, 위, 소장, 간, 대장 등 여러 소화 기관으로 이루어져 있다.

플러스 개념어 소화관
음식물의 소화, 흡수에 관여하는 통로. '입 → 식도 → 위 → 소장 → 대장 → 항문'으로 연결되어 있음.

융털
융 絨 + 털
'絨'의 대표 뜻은 '가는 베'임. '융(絨)'은 '솜털이 일어나게 짠 천'을 뜻함.

소장의 안쪽 벽에 빽빽하게 분포하는 작은 돌기로, 소장 안쪽의 표면적을 넓혀 분해된 영양소의 흡수를 도움.

예 소화된 영양소는 [   ]을 이루는 세포를 통과하여 체내로 흡수된다.

소장 / 융털 / 모세 혈관 / 암죽관

암죽관
암 + 미음 粥 + 대롱 管

융털의 내부에 있는 림프관으로, 물에 잘 녹지 않는 영양소가 흡수됨.

예 지방산, 지용성 비타민 등은 융털의 [   ]으로 흡수된다.

 **확인 문제**

1 단어의 뜻을 보기에서 찾아 사다리를 타고 내려간 곳에 기호를 써 보자.

> 보기
> ㉠ 소장의 안쪽 벽에 빽빽하게 분포하는 작은 돌기.
> ㉡ 소화 작용에 관계되는 기관으로 이루어진 기관계.
> ㉢ 융털의 내부에 있는 림프관으로, 물에 잘 녹지 않는 영양소가 흡수됨.
> ㉣ 서로 연관된 기능을 수행하는 기관들이 모여 일정한 역할을 하는 집합체.
> ㉤ 다세포 생물에서 여러 조직이 모여 일정한 형태를 가지고 특정한 기능을 수행하는 부분.

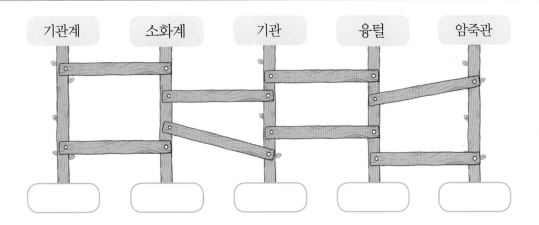

기관계 소화계 기관 융털 암죽관

2 ( ) 안에서 알맞은 단어를 골라 ○표 해 보자.

(1) 물에 잘 녹는 영양소는 (수용성 , 지용성) 영양소이고, 물에 잘 녹지 않는 영양소는 (수용성 , 지용성) 영양소이다.

(2) 몸이 하나의 세포로만 이루어진 생물은 (단세포 , 다세포) 생물이고, 여러 개의 세포로 이루어진 생물은 (단세포 , 다세포) 생물이다.

3 ( ) 안에 들어갈 단어를 보기에서 찾아 써 보자.(같은 단어가 두 번 쓰일 수 있음.)

> 보기
> 세포   소화관   영양소

(1) 음식물이 ( )을/를 지나가는 동안 소화액이 분비되어 작게 분해된다.

(2) 하나의 생물체 내에서도 몸의 부위와 ( )의 기능에 따라 ( )의 모양과 크기가 다양하다.

(3) 탄수화물, 단백질, 지방 등의 ( )은/는 소화 기관을 거치면서 포도당, 아미노산, 지방산 등으로 분해되어 소장에서 흡수된다.

국어 교과서 어휘

 단어와 그 뜻을 익히고, 빈칸에 알맞은 단어를 써 보자.

시나리오

영화를 만들기 위해서 쓴 대본. 등장인물의 동작이나 대사, 배경 등이 적혀 있음.

예 잘 작성된 ☐☐☐ 는 좋은 영화를 만드는 기본이 된다.

장면

무대 場 + 모습 面
'場'의 대표 뜻은 '마당', '面'의 대표 뜻은 '얼굴'임.

같은 장소, 같은 시간에 여러 가지 행동이나 대사가 이루어지는 영화의 구성 단위. '신(scene)'이라고 함.

예 영화에서 같은 인물이 동일한 공간 안에서 벌이는 사건은 하나의 ☐☐ 에 나타난다.

플러스 개념어 **장면 번호(S#)**
시나리오에서 각 장면에 차례를 나타내기 위해 붙이는 숫자. 간단히 'S#'으로 표시함.

배경 음악

뒤 背 + 경치 景 +
음악 音 + 노래 樂
'背'의 대표 뜻은 '등', '音'의 대표 뜻은 '소리'임.

영화에서 등장인물의 대사나 동작의 배경으로 연주되는 음악.

예 영화에서 ☐☐☐☐ 은 장면의 분위기를 형성하는 역할을 한다.

플러스 개념어 **효과음**
영상 장면의 실감을 더하기 위해 넣는 소리.

자막

글자 字 + 막 幕

영화에서 관객이 읽을 수 있도록 화면에 보여 주는 글자.

예 영화에서는 제목이나 배우의 역할, 등장인물의 대화 등을 ☐☐ 으로 나타낸다.

원작

근원 原 + 작품 作
'作'은 대표 뜻은 '짓다'임.

연극이나 영화의 대본으로 고쳐 쓰기 이전의 원래 작품.

예 시나리오 작가는 자신의 생각을 더해 ☐☐ 을 각색하기도 한다.

플러스 개념어 **각색**
서사나 소설 따위의 문학 작품을 희곡이나 시나리오로 고쳐 쓰는 일.

재구성

다시 再 + 얽을 構 + 이룰 成

새로운 관점이나 상상력을 더해 원래 작품의 내용이나 형식, 표현 방법 등을 자유롭게 바꾸는 일.

예 문학 작품을 노래나 그림, 영상, 만화 등의 다른 갈래로 ☐☐☐ 할 수 있다.

---

1 뜻에 알맞은 단어를 글자판에서 찾아 묶어 보자.(단어는 가로, 세로, 대각선 방향에서 찾기)

장	단	자	전	인
배	면	막	정	시
경	말	허	평	나
소	효	과	음	리
재	구	성	절	오

❶ 영화를 만들기 위해서 쓴 대본.
❷ 영상 장면의 실감을 더하기 위해 넣는 소리.
❸ 영화에서 관객이 읽을 수 있도록 화면에 보여 주는 글자.
❹ 같은 곳, 같은 시간에 여러 가지 행동이나 대사가 이루어지는 영화의 구성 단위.
❺ 새로운 관점이나 상상력을 더해 원래 작품의 내용이나 형식, 표현 방법 등을 자유롭게 바꾸는 일.

2 ( ) 안에 공통으로 들어갈 단어로 가장 적절한 것은? ( )

연극에는
( ) 소설에 없던
배역들이 새로 생겼어.

소설을 시나리오로 고쳐 쓰면서
내용이 ( )와/과는
많이 달라졌어.

① 원작   ② 자막   ③ 장면   ④ 재구성   ⑤ 시나리오

3 문장에 어울리는 단어를 ( ) 안에서 골라 ○표 해 보자.

(1) 영화의 대본인 (시나리오 , 희곡)을/를 쓰기 위해서는 우선 영화를 많이 보는 것이 중요하다.

(2) 영화에서 등장인물들이 헤어지고 2년의 시간이 흘렀다는 것을 (자막 , 지시문)으로 알려 주었다.

(3) 영화 대본에서 'S#'은 촬영이나 편집을 쉽게 하기 위해 각 장면에 붙이는 (장면 번호 , 해설)이다.

(4) 주인공의 이별을 더 슬프게 나타내기 위해서 피아노 연주곡을 (배경 음악 , 효과음)으로 사용할 수 있다.

역사 교과서 어휘

✏️ 단어와 그 뜻을 익히고, 빈칸에 알맞은 단어를 써 보자.

율령
법 律 + 법령 令
👆 '令'의 대표 뜻은 '하여금'임.

각종 범죄와 형벌에 관한 법률 체계 및 제도와 행정에 관한 규정.

예 4세기 중반 고구려의 소수림왕은 ☐☐을 반포하여 통치 조직을 정비하였다.

플러스 개념어 반포
세상에 널리 퍼뜨려 모두 알게 함.
예 율령의 반포, 훈민정음의 반포

중앙 집권
가운데 中 + 가운데 央 +
모을 集 + 권세 權

국가의 통치 권력이 지방에 따로 나누어져 있지 않고 중앙 정부에 집중되어 있는 통치 형태.

예 고구려는 소수림왕 때 왕 중심의 ☐☐☐ 체제를 강화하였다.

플러스 개념어 지방 분권
통치 권력이 중앙 정부에 집중되지 않고 지방 자치 단체에 나누어져 있는 일.

토착 세력
흙 土 + 붙을 着 +
형세 勢 + 힘 力

대대로 그 땅에서 살고 있는 세력.

예 기원전 18년, 부여와 고구려에서 내려온 세력이 한강 유역의 ☐☐☐과 서로 힘을 합쳐 백제를 건국하였다.

국교
나라 國 + 사귈 交

나라와 나라 사이에 맺는 외교 관계.

예 백제의 근초고왕은 확대된 영토와 해상 교통로를 바탕으로 중국 남조의 동진과 ☐☐를 맺고, 바다 건너 왜와도 교류하였다.

동음이의어 국교(나라 國 + 가르칠 敎)
국가에서 법으로 정하여 온 국민이 믿도록 하는 종교.
예 삼국 시대에는 불교를 국교로 삼았다.

고전
괴로울 苦 + 싸울 戰

전쟁이나 운동 경기 따위에서, 몹시 힘들고 어렵게 싸움. 또는 그 싸움.

예 백제와 신라의 압박 속에 ☐☐하던 대가야는 결국 신라의 공격으로 멸망하였다.

동음이의어 고전(옛 古 + 법 典)
① 옛날의 의식이나 법식.
② 오랫동안 많은 사람에게 널리 읽히고 모범이 될 만한 문학이나 예술 작품.
③ 옛날의 서적이나 작품.

껴묻거리

장사 지낼 때, 죽은 사람과 함께 묻는 물건을 통틀어 이르는 말. '부장품'이라고도 함.

예 삼국 시대 사람들은 사람이 죽더라도 그 영혼이 다른 세상에서 살아간다고 생각하여 무덤 안에 ☐☐☐☐를 넣었다.

1 뜻에 알맞은 단어가 되도록 보기의 글자를 조합해 써 보자.

보기

고	토	외
국	전	력
착	교	세

(1) 몹시 힘들고 어렵게 싸움. → ☐☐

(2) 나라와 나라 사이에 맺는 외교 관계. → ☐☐

(3) 대대로 그 땅에서 살고 있는 세력. → ☐☐ ☐☐

2 뜻에 알맞은 단어를 찾아 선으로 이어 보자.

(1) 범죄와 형벌에 관한 법률 체계 및 제도와 행정에 관한 규정.   •

(2) 장사 지낼 때, 죽은 사람과 함께 묻는 물건.   •

(3) 국가 통치 권력이 중앙 정부에 집중되어 있는 통치 형태.   •

• 껴묻거리

• 중앙 집권

• 율령

3 밑줄 친 '고전'이 보기와 같은 뜻으로 사용된 것을 골라 ○표 해 보자.

보기
당나라 군대는 안시성의 강력한 저항에 고전하다가 식량이 떨어지자 어쩔 수 없이 철수하였다.

(1) 그는 자신의 역량을 넘어서는 일을 맡고는 고전을 면치 못하고 있다. (   )

(2) 중세 수도원의 수도사들은 성서를 비롯한 고전을 필사하여 문화 보존에 기여하였다. (   )

4 문장에 어울리는 단어를 (   ) 안에서 골라 ○표 해 보자.

(1) 삼국은 국가의 권력이 중앙 정부에 집중되는 (지방 분권 , 중앙 집권) 체제를 강화하였다.

(2) 신라 말에 지방의 군사와 행정을 장악한 호족들은 대부분 그 지역에 대대로 뿌리를 내리고 살아온 (토착 세력 , 이주 세력) 출신들이었다.

수학 교과서 어휘

✏️ 단어와 그 뜻을 익히고, 빈칸에 알맞은 단어를 써 보자.

외접
바깥 外 + 접할 接

도형이 다른 도형과 접할 때, 바깥쪽에서 접하는 것.

예 다각형의 모든 꼭짓점이 한 원 위에 있을 때, 다각형은 원의 안쪽에 있게 되고, 이 원은 다각형에 [   ]한다고 한다.

플러스 개념어 **외접원**
다각형의 바깥쪽에서 다각형의 모든 꼭짓점을 지나며 둘러싸고 있는 원.

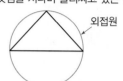

삼각형의 외심
셋 三 + 모서리 角 + 모양 形 + 의 + 바깥 外 + 중심 心
🖐 '角'의 대표 뜻은 '뿔', '心'의 대표 뜻은 '마음'임.

삼각형의 외접원의 중심으로, 삼각형의 세 변의 수직이등분선의 교점.

예 삼각형 ABC에서 세 변 AB, BC, CA의 수직이등분선 $\overline{OD}$, $\overline{OE}$, $\overline{OF}$의 교점 O는 삼각형 ABC의 [   ]이므로 세 꼭짓점에 이르는 거리 $\overline{OA}=\overline{OB}=\overline{OC}$이다.
외접원의 반지름

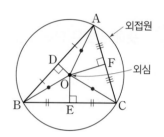

각의 이등분선
모서리 角 + 의 + 두 二 + 같을 等 + 나눌 分 + 줄 線
🖐 '等'의 대표 뜻은 '무리'임.

각을 같은 크기의 두 각으로 나누는 직선.

예 각 AOB에서 ∠AOP＝∠BOP인 반직선 OP가 각 AOB의 [   ]이다.

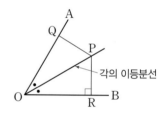

각의 이등분선

내접
안 內 + 접할 接

도형이 다른 도형과 접할 때, 안쪽에서 접하는 것.

예 다각형의 모든 변에 한 원이 접할 때, 다각형은 원의 바깥쪽에 있게 되고, 이 원은 다각형에 [   ]한다고 한다.

플러스 개념어 **내접원**
다각형의 안쪽에서 다각형의 모든 변에 접하는 원.

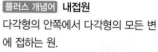

삼각형의 내심
셋 三 + 모서리 角 + 모양 形 + 의 + 안 內 + 중심 心

삼각형의 내접원의 중심으로, 삼각형의 세 내각의 이등분선의 교점.

예 삼각형 ABC에서 각 ABC, 각 BCA, 각 CAB의 이등분선의 교점 I는 삼각형 ABC의 [   ]이므로 세 변에 이르는 거리 $\overline{ID}=\overline{IE}=\overline{IF}$이다.
내접원의 반지름

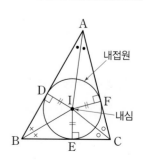

확인 문제

1 뜻에 알맞은 단어를 찾아 선으로 이어 보자.

(1) 삼각형의 세 변의 수직이등분선의 교점. •   • 삼각형의 내심

(2) 삼각형의 세 내각의 이등분선의 교점. •   • 삼각형의 외심

2 ( ) 안에서 알맞은 단어를 골라 ○표 해 보자.

(1) 도형이 다른 도형과 안쪽에서 접하는 것은 (외접 , 내접)한다고 하고, 도형이 다른 도형과 바깥쪽에서 접하는 것은 (외접 , 내접)한다고 한다.

(2) 다각형의 바깥쪽에서 다각형의 모든 꼭짓점을 지나며 둘러싸고 있는 원을 (외접원 , 내접원)이라고 하고, 다각형의 안쪽에서 다각형의 모든 변에 접하는 원을 (외접원 , 내접원)이라고 한다.

3 빈칸에 들어갈 말을 초성을 바탕으로 써 보자.

(1)
각 AOB에서 반직선 OP가 각 AOB의 [ㅇ | ㄷ | ㅂ | ㅅ]일 때
$\angle AOP = 30°$이면 $\angle BOP = 30°$이다.

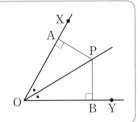

(2)
삼각형 ABC에서 세 변 AB, BC, CA의 수직이등분선 $\overline{OD}$, $\overline{OE}$, $\overline{OF}$의 교점 O가 삼각형 ABC의 [ㅇ | ㅅ]일 때, 세 꼭짓점에 이르는 거리는 [ㅇ | ㅈ | ㅇ]의 반지름이므로 $\overline{OA} = \overline{OB} = \overline{OC} = 4\text{cm}$이다.

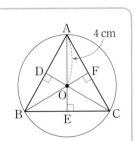

(3)
삼각형 ABC에서 각 ABC, 각 BCA, 각 CAB의 이등분선의 교점 I가 삼각형 ABC의 [ㄴ | ㅅ]일 때, 세 변에 이르는 거리 $\overline{ID}$, $\overline{IE}$, $\overline{IF}$는 [ㄴ | ㅈ | ㅇ]의 반지름이므로 $\overline{ID} = \overline{IE} = \overline{IF} = 3\text{cm}$이다.

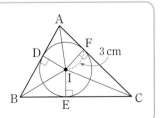

과학 교과서 어휘

✏️ 단어와 그 뜻을 익히고, 빈칸에 알맞은 단어를 써 보자.

순환계 돌 循 + 고리 環 + 묶을 系	혈액을 전신에 순환시키는 기관으로 이루어진 기관계. 예 심장, 혈관, 혈액 등으로 구성된 ☐☐☐ 는 물질의 운반을 담당한다.
동맥 움직일 動 + 혈관 脈 🖐 '脈'의 대표 뜻은 '줄기'임.	심장에서 폐나 온몸으로 나가는 혈액이 흐르는 혈관. 예 ☐☐ 은 혈관 벽이 두껍고 탄력이 커서 강한 압력을 견딜 수 있다.
정맥 고요할 靜 + 혈관 脈	폐나 온몸에서 심장으로 들어가는 혈액이 흐르는 혈관. 예 ☐☐ 의 혈액은 노폐물과 이산화 탄소를 수거해 다시 심장으로 들어온다.
모세 혈관 털 毛 + 가늘 細 + 피 血 + 대롱 管	동맥과 정맥을 연결하는 그물 모양의 가는 혈관으로, 조직 세포와 물질 교환이 이루어짐. 예 혈액은 온몸에 그물처럼 분포되어 있는 ☐☐ ☐☐ 을 흐르면서 산소와 영양소를 조직 세포에 공급하고 조직 세포에서 발생한 이산화 탄소와 노폐물을 받아 온다.
심장 심장 心 + 오장 臟 🖐 '心'의 대표 뜻은 '마음'임. '오장'은 간장, 심장, 비장, 폐장, 신장의 다섯 가지 내장을 통틀어 이르는 말임.	혈액 순환의 원동력이 되는 기관으로, 혈액을 온몸으로 이동시킴. 예 ☐☐ 은 주먹만 한 크기로, 2개의 심방과 2개의 심실로 이루어져 있다. **플러스 개념어** • **심방**: 심장 중에서 정맥과 연결되어 있는 부분으로, 심장으로 들어오는 혈액을 받아들이는 곳. • **심실**: 심장 중에서 동맥과 연결되어 있는 부분으로, 혈액을 내보내는 곳.
판막 외씨 瓣 + 꺼풀 膜 🖐 '외씨'는 '오이씨'라는 뜻임.	심장이나 혈관 속에서 혈액이 거꾸로 흐르는 것을 막는 막. 예 심장의 심방과 심실 사이, 심실과 동맥 사이에 ☐☐ 이 있다.
온몸 순환 온몸 + 돌 循 + 돌 環 🖐 '環'의 대표 뜻은 '고리'임.	심장에서 나간 혈액이 온몸을 돌고 다시 심장으로 돌아오는 순환. 예 폐에서 산소를 받은 혈액이 좌심실에서 나와 온몸의 모세 혈관을 거쳐 우심방으로 돌아오는 경로를 ☐☐ ☐☐ 이라고 한다. **플러스 개념어** 혈액 순환 몸속에 혈액이 일정한 방향으로 도는 것으로, 온몸 순환과 폐순환의 두 가지 경로가 있음.
폐순환 허파 肺 + 돌 循 + 돌 環	심장에서 나간 혈액이 폐를 거쳐 다시 심장으로 돌아오는 순환. 예 우심실에서 나온 혈액이 폐를 지나면서 이산화 탄소를 내보내고 산소를 받아 좌심방으로 돌아오는 경로를 ☐☐☐ 이라고 한다.

확인 문제

1 뜻에 알맞은 단어를 글자판에서 찾아 묶어 보자.(단어는 가로, 세로, 대각선 방향에서 찾기)

폐	박	세	심	동
순	동	장	평	맥
환	판	온	몸	순
혈	심	막	환	혈
실	관	계	폐	액

❶ 혈액을 전신에 순환시키는 기관으로 이루어진 기관계.
❷ 심장이나 혈관 속에서 혈액이 거꾸로 흐르는 것을 막는 막.
❸ 심장에서 나간 혈액이 폐를 거쳐 다시 심장으로 돌아오는 순환.
❹ 혈액 순환의 원동력이 되는 기관으로, 혈액을 온몸으로 이동시킴.

2 ( ) 안에서 알맞은 단어를 골라 ○표 해 보자.

(1) 심장에서 폐나 온몸으로 나가는 혈액이 흐르는 혈관은 (동맥 , 정맥)이다.

(2) 폐나 온몸에서 심장으로 들어가는 혈액이 흐르는 혈관은 (동맥 , 정맥)이다.

(3) 심장 중에서 동맥과 연결되어 있는 부분으로, 혈액을 내보내는 곳은 (심방 , 심실)이다.

(4) 심장 중에서 정맥과 연결되어 있는 부분으로, 심장으로 들어오는 혈액을 받아들이는 곳은 (심방 , 심실)이다.

3 ( ) 안에 들어갈 단어를 보기에서 찾아 써 보자.

보기

심장   모세 혈관   온몸 순환

(1) (   )의 경로는 '좌심실 → 대동맥 → 온몸의 모세 혈관 → 대정맥 → 우심방'이다.

(2) 동맥과 정맥을 연결하는 (   )은 혈관 벽이 하나의 세포층으로 이루어져 있어 매우 얇기 때문에 혈액이 흐르는 속도가 느리다.

(3) 달리기와 같은 운동을 할 때 세포는 평상시보다 더 많은 에너지가 필요하기 때문에 영양소와 산소를 빠르게 공급하기 위해 (   )이 빨리 뛰는 것이다.

한자 어휘

結(결), 死(사)가 들어간 단어

結
맺을 결

결(結)은 주로 '맺다'라는 뜻으로 쓰여. 매듭을 만들거나 어떤 관계를 이루는 것을 '맺다'라고 해. 결(結)은 '마치다', '모으다'라는 뜻으로 쓰일 때도 있어.

死
죽을 사

사(死)는 주로 '죽다'라는 뜻으로 쓰여. 생물이 생명을 잃는 것을 '죽다'라고 하지. 사(死)는 '목숨을 걸다'라는 뜻으로 쓰이기도 해.

✎ 단어와 그 뜻을 익히고, 빈칸에 알맞은 단어를 써 보자.

결자해지

맺을 結 + 사람 者 +
풀 解 + 그것 之
🖙 '之'의 대표 뜻은 '가다'임.

> 결자(結者) + 해지(解之)
> 맺은 사람   풀어야 함
> 일은 맺은 사람이 풀어야 한다는 뜻이야. 자기가 한 일에 책임을 져야 해.

맺은 사람이 풀어야 한다는 뜻으로, 자기가 저지른 일은 자기가 해결해야 함을 이르는 말.

예 문제를 일으킨 사람이 [   ]해서 책임을 지고 일을 그만두기로 하였다.

결론

마칠 結 + 논할 論

> '결(結)'이 '마치다'라는 뜻으로 쓰였어.

말이나 글의 끝을 맺는 부분. 또는 맨 나중에 내리는 판단.

예 나는 연설문을 어떻게 끝맺을지 고민하다가 [   ]을 완성하지 못하였다.

단결

모일 團 + 모을 結

> '결(結)'이 '모으다'라는 뜻으로 쓰였어.

여러 사람이 마음과 힘을 한데 모음.

예 우리 국민은 위기가 닥칠 때마다 [   ]된 모습으로 위기를 극복하여 왔다.

동의어 **단합**
많은 사람이 마음과 힘을 한데 뭉침.
예 온 국민이 단합하여 국난을 극복했다.

구사일생

아홉 九 + 죽을 死 +
하나 一 + 살 生
🖙 '生'의 대표 뜻은 '나다'임.

> 구사(九死) + 일생(一生)
> 아홉 번 죽음   한 번 삶
> 아홉 번 죽을 뻔하다 한 번 살아난다는 뜻이야.

여러 차례 죽을 고비를 겪고 간신히 목숨을 건짐.

예 그는 전쟁에 나갔다가 포로로 잡혀 [   ]으로 살아 돌아왔다.

사력

목숨을 걸 死 + 힘 力

> '사(死)'가 '목숨을 걸다'라는 뜻으로 쓰였어. 죽을 각오를 한다는 의미야.

목숨을 아끼지 않고 쓰는 힘.

예 국가 대표 선수들은 국민들의 성원에 보답하기 위해 [   ]을 다해 경기에 임하였다.

동음이의어 **사력**(생각 思 + 힘 力)
생각하는 힘.
예 독서를 통해 사력을 키우다.

확인 **문제**

1 단어의 뜻을 찾아 선으로 이어 보자.

(1) 단결 •

(2) 결론 •

(3) 사력 •

• 목숨을 아끼지 않고 쓰는 힘.

• 여러 사람이 마음과 힘을 한데 모음.

• 말이나 글의 끝을 맺는 부분.

2 뜻에 알맞은 단어가 되도록 보기 의 글자를 조합해 써 보자.

보기

| 사 | 구 | 해 | 결 | 자 | 생 | 일 | 지 |

(1) 자기가 저지른 일은 자기가 해결해야 함. → ☐☐☐☐

(2) 여러 차례 죽을 고비를 겪고 간신히 목숨을 건짐. → ☐☐☐☐

3 ( ) 안에 들어갈 단어를 보기 에서 찾아 써 보자.

보기

결론   단결   결자해지   구사일생

(1) 나라가 어려운 때일수록 국론의 분열을 막고 모두가 굳게 (   )해야 한다.

(2) 어선을 타고 바다에 나갔던 어부들은 폭풍에 휘말렸다가 (   )(으)로 살아 돌아왔다.

(3) 논설문의 (   ) 부분은 전체 내용을 조리 있게 정리하고 주장을 다시 한 번 강조하여 쓴다.

(4) 헛소문을 퍼뜨린 사람을 찾아 (   ) 차원에서 그로 인해 생긴 피해를 보상하게 해야 한다.

영문법 어휘

> 1학년 2학기에서 영어의 과거, 현재, 현재진행, 미래 시제에 대해 공부했던 것 기억하지? 이번에는 영어에서 자주 쓰이는 현재완료(present perfect), 과거완료(past perfect), 과거진행(past progressive), 미래진행(future progressive) 시제에 대해 알아볼 거야. 각 시제의 뜻과 예를 공부해 보자.

✎ 단어와 그 뜻을 익히고, 빈칸에 알맞은 단어를 써 보자.

---

present perfect
현재완료
나타날 現 + 있을 在 +
완전할 完 + 마칠 了

과거에 일어난 일이 현재까지 계속되거나 영향을 미치고 있음을 나타내는 시제를 가리키는 말. 형태는 「have/has+과거분사」로 되어 있음.

• I **have played** the piano for 10 years.
과거부터 현재까지의 동작을 나타내는 현재완료
(나는 10년 동안 피아노를 연주해 왔다.)

예 "I have finished my homework.(나는 내 숙제를 끝냈다.)"에서 have finished는 과거의 행동이 현재에 마무리된 ☐☐☐ 시제이다.

플러스 개념어 과거분사
동사원형에 -ed를 붙여 써서 시제에 쓰이거나 형용사처럼 쓰이는 말.

---

past perfect
과거완료
지날 過 + 갈 去 +
완전할 完 + 마칠 了

과거 이전에서 일어난 일이 과거까지 계속되거나 영향을 미치고 있음을 나타내는 시제를 가리키는 말. 형태는 「had + 과거분사」로 되어 있음.

• I **had known** this before he came home.
과거 이전부터 과거까지의 동작을 나타내는 과거완료
(나는 그가 집에 오기 전에 이 사실을 알았었다.)

예 "He said that he had found the lost key before.(전에 잃어버린 열쇠를 찾았었다고 그가 말했다.)"에서 had found(찾았었다)는 말하고 있는 과거(said) 시점보다 더 앞선 것이므로 ☐☐☐ 시제이다.

플러스 개념어 대과거
'과거완료'와 같은 의미로 '과거 이전의 시점'을 강조할 때 종종 쓰임.

---

past progressive
과거진행
지날 過 + 갈 去 +
나아갈 進 + 다닐 行

말하고 있는 시점이 과거이면서 동작이나 상황이 진행 중임을 나타내는 말. 보통 be동사 과거형 was / were 뒤에 현재분사(-ing)가 이어 나옴.

• She **was laughing** at that time.(그녀는 그때 웃고 있었다.)
과거 시점의 동작 진행을 나타내는 과거진행

예 "She was crossing the street when we met.(우리가 만났을 때 그녀는 길을 건너고 있었다.)"에서 과거 시점의 동작 진행인 was crossing은 ☐☐☐ 시제이다.

---

future progressive
미래진행
아닐 未 + 올 來 +
나아갈 進 + 다닐 行

말하고 있는 시점이 미래이면서 동작이나 상황이 진행 중임을 나타내는 말. 보통 조동사 will을 사용하여 「will be+현재분사(-ing)」로 나타냄.

• They **will be coming** back home
미래 시점의 동작 진행을 나타내는 미래진행
(그들은 집으로 돌아오고 있을 것이다.)

예 "A man will be waiting for you.(한 남자가 너를 기다리고 있을 것이다.)"에서 will be waiting은 미래 시점에서 동작의 진행을 나타내는 ☐☐☐ 시제이다.

확인 문제

1 뜻에 알맞은 단어를 빈칸에 써 보자.

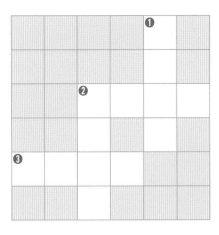

가로 열쇠 ❷ 과거 이전에 일어난 일이 과거까지 계속되거나 영향을 미치고 있음을 나타내는 시제.
❸ 말하고 있는 시점이 미래이면서 동작이나 상황이 진행 중임을 나타내는 시제.

세로 열쇠 ❶ 과거에 일어난 일이 현재까지 계속되거나 영향을 미치고 있음을 나타내는 시제.
❷ 말하고 있는 시점이 과거이면서 동작이나 상황이 진행 중임을 나타내는 시제.

2 밑줄 친 말의 시제가 맞으면 ○표, 맞지 <u>않으면</u> ✕표 해 보자.

(1) I **had done** homework in my room.(나는 내 방에서 숙제를 해 왔었다.)
　　과거완료　　　　　　　　　　　　　　　　　　　　　　　　　　(　　)

(2) I **was doing** homework in my room.(나는 내 방에서 숙제를 하고 있었다.)
　　과거진행　　　　　　　　　　　　　　　　　　　　　　　　　　(　　)

(3) I **have done** homework in my room.(나는 내 방에서 숙제를 해 왔다.)
　　현재완료　　　　　　　　　　　　　　　　　　　　　　　　　　(　　)

(4) I **will be doing** homework in my room.(나는 내 방에서 숙제를 하고 있을 것이다.)
　　현재진행　　　　　　　　　　　　　　　　　　　　　　　　　　(　　)

3 보기의 ㉠, ㉡에 사용된 시제를 바르게 설명한 친구에게 ○표 해 보자.

보기
㉠ I have lost my book.(나는 내 책을 잃어버렸다.)
㉡ I had finished my work when she called me.(그녀가 나를 불렀을 때 나는 일을 끝냈었다.)

(1) ㉠에는 과거의 상황이 현재까지 이어지는 현재완료 시제가 사용되었어.
(　　)

(2) ㉡에는 과거에 일어난 동작이 진행되는 과거진행 시제가 사용되었어.
(　　)

✎ 1주차 1~5회에서 공부한 단어를 떠올리며 문제를 풀어 보자.

국어

1 ㉠, ㉡과 바꿔 쓸 수 있는 단어끼리 묶은 것은? (   )

> ㉠원래의 작품은 청소년 소설인데 ㉡영화를 만들기 위해 쓴 대본으로 각색을 한 것이다.

	㉠	㉡		㉠	㉡		㉠	㉡
①	원작	희곡	②	원작	소설	③	희곡	시나리오
④	원작	시나리오	⑤	시나리오	소설			

국어

2 (   ) 안에 들어갈 단어로 가장 어울리는 것은? (   )

> 이 회사가 만든 제품 광고 영상은 흔히 볼 수 있는 평범한 것이었다. 그래서 과감하게 (   )을 전환하지 않으면 새로운 것을 창조해 낼 수 없다는 평가를 들었다.

① 발견   ② 발생   ③ 발언   ④ 발각   ⑤ 발상

사회

3 (   ) 안에 들어갈 단어를 보기 에서 찾아 써 보자.

보기

제정일치

토착 세력

(1) 백제는 기원 전후 한강 유역으로 내려온 고구려 이주민이 그 지역에 대대로 살던 (   )와/과 결합하여 세운 나라이다.

(2) 고조선의 첫 임금인 단군왕검의 '단군'은 '하늘에 제사를 지내는 제사장', '왕검'은 '나라를 다스리는 통치자'라는 뜻으로, 당시가 (   ) 사회였음을 짐작하게 한다.

수학

4 (   ) 안에서 알맞은 말을 골라 ○표 해 보자.

(1) 외각: 다각형의 (안쪽 , 바깥쪽)에 있는 각.

(2) 합동: 두 도형이 모양과 크기가 (같아 완전히 , 비슷해 부분적으로) 포개어지는 것.

수학

5 초성을 바탕으로 빈칸에 들어갈 단어를 써 보자.

> 각을 같은 크기의 두 각으로 나누는 직선을 각의 | ㅇ | ㄷ | ㅂ | ㅅ | 이라고 한다.

과학

6 ( ) 안에 들어갈 단어를 보기에서 찾아 써 보자.

> **보기**
>
> 혈액   소화계   세포

(1) (   )은/는 입, 위, 소장, 대장, 간 등의 기관으로 이루어진 기관계이다.

(2) 순환계는 (   )을/를 전신에 순환시키는 기관으로 이루어진 기관계이다.

(3) 동물의 몸은 '(   ) → 조직 → 기관 → 기관계 → 개체'의 단계로 구성된다.

과학

7 ㉠, ㉡과 바꿔 쓸 수 있는 단어를 보기에서 찾아 쓰시오.

> **보기**
>
> 정맥
> 동맥
>
> 혈관의 종류에는 ㉠심장에서 나간 혈액이 지나가는 혈관, ㉡심장으로 들어가는 혈액이 지나가는 혈관, 모세 혈관이 있다.

㉠ → (   ), ㉡ → (   )

한자

8 대화를 읽고, 상황에 어울리는 한자 성어를 ( ) 안에서 골라 ○표 해 보자.

> 현정: 어제 몰래 산 게임기를 엄마한테 들켰는데 다행히 아빠 도움으로 조용히 넘어갔거든. 그런데 또 엄마가 아끼는 꽃병을 깨뜨린 거야! 이번엔 목숨이 여러 개라도 살아남기 어렵겠다고 절망했는데, 엄마가 고양이 짓이라고 생각하시더라. 정말 (구우일모 , 구사일생)이었어.
>
> 정미: 뭐야, 잘못도 없는 고양이한테 떠넘긴 거야? (결자해지 , 결초보은)(이)라고 하니 네가 저지른 일은 네가 해결해야지.

영문법

9 보기의 글자를 조합해 빈칸에 들어갈 단어를 써 보자.

> **보기**
>
> 재 진 료 과 완 행 현 거

(1) 말하고 있는 시점이 과거이면서 동작이나 상황이 진행 중임을 나타내는 시제.

→ ☐☐☐

(2) 과거에 일어난 일이 현재까지 계속되거나 영향을 미치고 있음을 나타내는 시제.

→ ☐☐☐

2주차 어휘 미리 보기

한 주 동안
공부할 어휘들이야.
쏙 한번 훑어볼까?

1회 학습 계획일 ◯월 ◯일

국어 교과서 어휘	역사 교과서 어휘
매체 자료	요충지
적절성	위상
의도	연호
생산자	유민
보도	선종
정보 윤리	동요
	빈번하다

2회 학습 계획일 ◯월 ◯일

수학 교과서 어휘	과학 교과서 어휘
평행	호흡계
평행사변형	폐포
대변	기체 교환
대각	흉강
동위각	배설계
엇각	네프론
평행선	세포 호흡

3회 학습 계획일 ◯월 ◯일

국어 교과서 어휘	역사 교과서 어휘
훈민정음	북진 정책
창제	중서문하성
소릿값	문벌
상형	정변
가획	화의
병서	도모
합성	

4회 학습 계획일 ◯월 ◯일

수학 교과서 어휘	과학 교과서 어휘
대각선	순물질
직사각형	혼합물
마름모	끓는점
직교	녹는점
정사각형	어는점
	밀도
	용해

5회 학습 계획일 ◯월 ◯일

한자 어휘	영문법 어휘
외국	가주어
외유내강	가목적어
소외	비인칭 주어
권선징악	강조구문
개선	

어휘력 테스트

3주차 어휘 학습으로 가 보자!

국어 교과서 어휘

 단어와 그 뜻을 익히고, 빈칸에 알맞은 단어를 써 보자.

매체 자료

매개할 媒 + 물체 體 +
재물 資 + 거리 料

🖱 '媒'의 대표 뜻은 '중매', '體'의 대표 뜻은 '몸', '料'의 대표 뜻은 '생각하다'임.

매체의 발달에 따라 생겨난, 음악이나 사진, 동영상 등의 자료.

예 ☐☐ ☐☐ 의 종류에는 도표나 사진 등의 시각 자료, 소리나 음악 등의 청각 자료, 동영상이나 애니메이션 등의 복합 자료가 있다.

> 플러스 개념어 **매체**
> 정보를 전달하는 수단.
> • **매체의 종류**
> – 인쇄 매체: 신문, 잡지 등
> – 방송 매체: 라디오, 텔레비전 등
> – 인터넷 매체: 블로그, 누리 소통 망(SNS) 등

적절성

알맞을 適 + 적절할 切 + 성질 性

🖱 '切'의 대표 뜻은 '끊다', '性'의 대표 뜻은 '성품'임.

꼭 알맞은 특성.

예 매체에 담긴 정보가 객관적이고 정확한지 살펴보는 것은 매체 내용의 ☐☐ 을 평가하는 방법이다.

의도

뜻 意 + 꾀할 圖

🖱 '圖'의 대표 뜻은 '그림'임.

무엇을 하고자 하는 생각이나 계획.

예 뉴스에서 다루고 있는 주요 내용을 살펴보면, 뉴스를 제작한 ☐☐ 를 알 수 있다.

> 유의어
> • **뜻**: 무엇을 하겠다고 속으로 먹는 마음.
> • **의사**: 무엇을 하고자 하는 생각.
> • **의지**: 어떠한 일을 이루고자 하는 마음.
> • **의향**: 마음이 향하는 바. 또는 무엇을 하려는 생각.

생산자

만들 生 + 생산할 産 + 사람 者

🖱 '生'의 대표 뜻은 '나다', '産'의 대표 뜻은 '낳다'임.

매체 자료의 정보를 만들어 내는 사람.

예 ☐☐ ☐ 가 어떤 의도로 자료를 제시했는지에 따라 자료의 적절성이 달라질 수 있다.

보도

알릴 報 + 방법 道

🖱 '報'의 대표 뜻은 '갚다', '道'의 대표 뜻은 '길'임.

매체를 통해 일반 사람들에게 새로운 소식을 알리는 것이나 그 소식.

예 새로운 정보가 매체를 통해 ☐☐ 되었을 때에 뉴스가 될 수 있다.

> 동음이의어
> • **보도**(걸음 步+길 道): 보행자의 통행에 사용하도록 된 도로.
> • **보도**(보배 寶+칼 刀): 보배로운 칼. 또는 잘 만든 귀한 칼.

정보 윤리

사실 情 + 알릴 報 +
인륜 倫 + 도리 理

🖱 '情'의 대표 뜻은 '뜻', '理'의 대표 뜻은 '다스리다'임.

매체에서 자료를 가져오거나 새로 만들 때 지켜야 할 마땅한 태도.

예 여러 매체에서 자료를 가져올 때에는 객관적인 정보를 제시하고 출처를 명확하게 밝히는 등의 ☐☐ ☐☐ 를 지켜야 한다.

확인 문제

1 단어의 뜻을 찾아 선으로 이어 보자.

(1) 생산자 •

(2) 매체 자료 •

(3) 정보 윤리 •

• 매체 자료의 정보를 만들어 내는 사람.

• 매체에서 자료를 가져오거나 새로 만들 때 지켜야 할 마땅한 태도.

• 매체의 발달에 따라 생겨난, 음악이나 사진, 동영상 등의 자료.

2 보기 의 밑줄 친 '의도'와 바꿔 쓰기에 알맞지 <u>않은</u> 것은? (   )

보기

매체 자료를 볼 때에는 매체를 만든 <u>의도</u>가 무엇인지 파악하는 것이 중요하다.

① 뜻   ② 의향   ③ 의지   ④ 방법   ⑤ 의사

3 보기 의 밑줄 친 '보도'와 같은 뜻으로 사용된 것을 골라 ○표 해 보자.

보기

기사에 <u>보도</u>된 내용은 그래프를 활용하여 한눈에 알아볼 수 있었다.

(1) 학교 앞 <u>보도</u>에 경계표지를 세우기로 결정했다. (   )

(2) 집안의 가보로 전해져 내려온 <u>보도</u>를 박물관에 기증하였다. (   )

(3) 사건을 많은 사람들에게 빨리 전달하려면 매체에 <u>보도</u>하는 것이 좋다. (   )

4 (   ) 안에 들어갈 단어를 보기 에서 찾아 써 보자.

보기

매체   생산자   적절성

(1) 오늘날은 인터넷 환경의 발달로 누구나 매체 자료의 (   )이/가 될 수 있다.

(2) 매체 자료에 쓰인 표현 방법과 효과를 정리해 보며 그 (   )을/를 평가하였다.

(3) 시각과 청각을 동시에 자극하는 동영상이나 애니메이션은 시청각 (   )에 해당한다.

역사 교과서 어휘

✎ 단어와 그 뜻을 익히고, 빈칸에 알맞은 단어를 써 보자.

요충지

중요할 要 + 요긴할 衝 + 땅 地
🖱 '衝'의 대표 뜻은 '찌르다'임.

땅의 생긴 모양이나 형세가 군사적으로 아주 중요한 곳.

예 642년 신라는 백제 의자왕의 공격을 받아 군사 ☐☐☐인 대야성을 비롯한 40여 개의 성을 빼앗겼다.

위상

위치 位 + 모양 相
🖱 '相'의 대표 뜻은 '서로'임.

어떤 사물이 다른 사물과의 관계 속에서 가지는 위치나 상태.

예 발해는 건국 초기의 혼란을 수습하여 나라를 안정시키고 대외적으로 ☐☐을 높여 나갔다.

연호

해 年 + 부를 號

임금이 즉위한 해에 붙이던 칭호. 중국 황제들이 자신의 통치 이념을 표현한 것으로, 즉위한 해부터 연도를 나타내는 역할도 함.

예 발해의 무왕은 독자적인 ☐☐를 사용하고, 영토 확장에 힘써 만주 북부 지역까지 장악하였다.

> 연호는 원칙적으로 중국 황제들이 사용하는 것으로 왕은 독자적인 연호를 사용하지 못했어. 이런 연호를 사용하고 황제라고 칭한 것에는 중국 황제와 대등하다는 의식을 드러내 왕권을 높이려는 의도가 담겨 있어.

유민

남길 遺 + 백성 民

망하여 없어진 나라의 백성.

예 발해의 주민은 고구려 ☐☐과 말갈인으로 구성되었다.

> **동음이의어** 유민(흐를 流 + 백성 民)
> 일정한 거처 없이 이리저리 떠돌아다니는 백성.
> 예 흉년으로 살기 어려워진 농민들은 <u>유민</u>이 되어 전국을 떠돌게 되었다.

선종

선 禪 + 교파 宗
🖱 '宗'의 대표 뜻은 '마루'임.

경전에 의지하지 않고 누구나 일상생활 속에서 내면의 진리를 발견할 수 있다고 하는 불교 종파.

예 신라 말에는 경전 연구와 교리를 중시한 교종과 달리 일상생활 속에서 내면의 진리를 발견할 수 있다는 ☐☐이 유행하였다.

동요

움직일 動 + 흔들 搖

어떤 체제나 상황 따위가 혼란스럽고 술렁임.

예 신라는 8세기 후반부터 왕권이 약해지고 진골 세력의 분열 등으로 정치적 ☐☐가 일어났다.

> **다의어** 동요
> ① 물체 따위가 흔들리고 움직임.
>   예 지진으로 건물의 동요가 심하다.
> ② 생각이나 상황 등이 확고하지 못하고 흔들림.
>   예 거센 반대에 부딪치자 마음에 동요가 일었다.

빈번하다

자주 頻 + 많을 繁 + 하다

번거로울 정도로 일어나는 횟수가 매우 잦다.

예 발해는 여러 교통로를 정비하여 주변 나라와 교류하였고, 상인도 ☐☐하게 왕래하였다.

확인 문제

1 빈칸에 알맞은 단어를 글자를 조합해 써 보자.

(1) ☐☐ 은/는 망하여 없어진 나라의 백성을 뜻한다.

| 민 | 망 | 유 | 속 | 국 |

(2) ☐☐☐ 은/는 군사적으로 아주 중요한 곳을 뜻한다.

| 중 | 지 | 군 | 충 | 요 |

(3) ☐☐ 은/는 누구나 일상생활 속에서 내면의 진리를 발견할 수 있다고 하는 불교 종파이다.

| 조 | 종 | 도 | 계 | 선 |

2 ( ) 안에서 알맞은 단어를 골라 ○표 해 보자.

(1) **동요** 어떤 체제나 상황 따위가 (평온하고 잠잠함 , 혼란스럽고 술렁임).

(2) **빈번하다** 번거로울 정도로 일어나는 횟수가 매우 (잦다 , 드물다).

3 ( ) 안에 들어갈 단어를 보기 에서 찾아 써 보자.

보기
요충지　　　위상　　　연호　　　유민

(1) 발해는 전략적 (　　　　　)(이)나 국경 지대에 별도의 지방군을 두어 지방관이 직접 지휘하도록 하였다.

(2) 고려는 신라와 후백제뿐만 아니라 거란에 멸망한 발해 (　　　　　)까지 받아들여 민족의 재통합을 이루었다.

(3) 고려의 광종은 왕권을 강화하기 위해 스스로를 황제로 칭하고 (　　　　　)을/를 사용하여 국가의 (　　　　　)을/를 높였다.

✏️ 단어와 그 뜻을 익히고, 빈칸에 알맞은 단어를 써 보자.

평행 평평할 平 + 다닐 行	두 직선이 서로 만나지 않는 것. 예 한 직선에 수직인 두 직선을 그었을 때, 만나지 않는 두 직선을 서로 ▢▢하다고 한다.	——————— l ——————— m 두 직선 l, m은 평행하다. ⇨ $l /\!/ m$
평행사변형 평평할 平 + 다닐 行 + 넷 四 + 가장자리 邊 + 모양 形	마주 보는 두 쌍의 변이 각각 평행인 사각형. 예 사각형 ABCD에서 $\overline{AB} /\!/ \overline{DC}$, $\overline{AD} /\!/ \overline{BC}$인 사각형은 ▢▢▢▢▢이다.	(평행사변형 ABCD)
대변 마주할 對 + 가장자리 邊 ☞ '對'의 대표 뜻은 '대하다'임.	서로 마주 보고 있는 변. 예 평행사변형 ABCD에서 변 AD와 마주 보는 변 BC가 변 AD의 ▢▢이고 두 변은 길이가 같다.	(평행사변형 ABCD, 대변)
대각 마주할 對 + 모서리 角 ☞ '角'의 대표 뜻은 '뿔'임.	서로 마주 보고 있는 각. 예 평행사변형 ABCD에서 각 ABC와 서로 마주 보는 각 ADC는 각 ABC의 ▢▢이고 두 각은 크기가 같다.	(평행사변형 ABCD, 대각)
동위각 같을 同 + 자리 位 + 모서리 角	같은 위치에 있는 각으로, 두 직선이 다른 한 직선과 만나서 생기는 각 중 같은 쪽에 있는 각. 예 두 직선 l, m이 다른 한 직선 n과 만나서 생기는 8개의 각 중 같은 위치에 있는 두 각 $\angle a$와 $\angle e$, $\angle b$와 $\angle f$, $\angle c$와 $\angle g$, $\angle d$와 $\angle h$는 ▢▢▢이다.	(직선 l, m, n 그림)
엇각 엇 + 모서리 角	엇갈린 위치에 있는 각으로, 두 직선이 다른 한 직선과 만나서 생기는 각 중 서로 반대쪽에 어긋나 있는 각. 예 두 직선 l, m이 다른 한 직선 n과 만나서 생기는 8개의 각 중 엇갈린 위치에 있는 각 $\angle b$와 $\angle h$, $\angle c$와 $\angle e$는 ▢▢이다.	(직선 l, m, n 그림)
평행선 평평할 平 + 다닐 行 + 줄 線	한 평면 위에서 서로 만나지 않는 두 직선. 예 서로 만나지 않는 두 직선 l, m을 ▢▢▢이라 하고, 두 직선 l, m과 한 직선이 만날 때 동위각의 크기가 서로 같으면 두 직선 l, m은 서로 평행하다.	(직선 l, m 그림)

확인 문제

1 뜻에 알맞은 단어가 되도록 보기 의 글자를 조합해 써 보자.(같은 글자가 여러 번 쓰일 수 있음.)

보기

각	행	사
평	대	형
변	선	동

(1) 서로 마주 보고 있는 변. →

(2) 두 직선이 서로 만나지 않는 것. →

(3) 서로 만나지 않는 두 직선. →

2 ( ) 안에 들어갈 단어를 보기 에서 찾아 써 보자.

보기

평행사변형   대변   대각

(1) 사각형 ABCD에서 ∠A 와 서로 마주 보는 ∠C는 ∠A의 (   )이 다.

(2) 사각형 ABCD에서 $\overline{AB}$ 와 마주 보는 $\overline{DC}$가 $\overline{AB}$ 의 (   )이다.

(3) 사각형 ABCD에서 마주 보는 두 쌍의 변이 각각 평행한 사각형은 (   )이다.

3 밑줄 친 단어의 사용이 알맞으면 ○표, 알맞지 않으면 ✕표 해 보자.

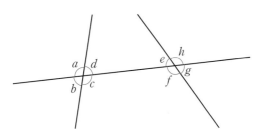

(1) ∠a와 ∠e는 같은 쪽에 있는 각으로 동위각이다. (   )

(2) ∠b와 ∠h는 서로 반대쪽에 어긋나 있는 각으로 엇각이다. (   )

(3) ∠c와 ∠e는 서로 반대쪽에 어긋나 있는 각으로 엇각이다. (   )

(4) ∠d와 ∠h는 같은쪽에 있는 각으로 동위각이다. (   )

✏️ 단어와 그 뜻을 익히고, 빈칸에 알맞은 단어를 써 보자.

호흡계 (숨을) 내쉴 呼 + 들이쉴 吸 + 묶을 系 ☞ '呼'의 대표 뜻은 '부르다', '吸'의 대표 뜻은 '마시다'임.	호흡에 필요한 산소를 흡수하고 몸 안의 이산화 탄소를 몸 밖으로 내보내는 역할을 하는 기관계. 예 코, 기관, 기관지, 폐와 같은 호흡 기관이 모여 ☐☐ 를 이룬다.
폐포 허파 肺 + 세포 胞	한 겹의 얇은 세포층으로 이루어진, 폐 속의 작은 공기주머니. 예 기관지 끝에 모세 혈관으로 둘러싸여 있는 포도송이 모양의 주머니를 ☐☐ 라고 한다.
기체 교환 공기 氣 + 물질 體 + 서로 交 + 바꿀 換 ☞ '氣'의 대표 뜻은 '기운', '體'의 대표 뜻은 '몸', '交'의 대표 뜻은 '사귀다'임.	폐포와 모세 혈관 사이, 조직 세포와 모세 혈관 사이에서 산소와 이산화 탄소가 교환되는 것. 예 ☐☐ ☐☐ 은 기체의 농도가 높은 곳에서 낮은 곳으로 이동하는 확산 현상에 의해 일어난다. 물속에 잉크를 떨어뜨리면 잉크가 물 전체로 퍼지는 현상, 향수를 뿌리면 향수 냄새가 방 전체로 퍼지는 현상도 '확산 현상'의 예야.
흉강 가슴 胸 + 속 빌 腔	가슴 안의 공간으로, 심장, 폐, 기관, 기관지, 식도 등이 있음. 예 호흡 운동은 횡격막과 갈비뼈의 움직임에 의해 ☐☐ 의 부피와 압력이 주기적으로 변함으로써 일어난다. **플러스 개념어 횡격막** 가슴과 배를 나누는 근육으로 된 막으로 가로막이라고도 함.
배설계 밀어낼 排 + 샐 泄 + 묶을 系 ☞ '排'의 대표 뜻은 '밀치다'임.	세포에서 영양소가 분해될 때 만들어진 노폐물을 몸 밖으로 내보내는 기관들로 이루어진 기관계. 예 콩팥, 오줌관, 방광, 요도 등의 배설 기관이 모여 ☐☐ 를 이룬다.

네프론	오줌을 만들어 내는 콩팥을 구성하는 가장 작은 기본 단위로, 사구체, 보먼주머니, 세뇨관으로 이루어짐.	
	사구체	둥글게 뭉쳐 있는 모세 혈관 덩어리.
	보먼주머니	사구체를 감싸고 있는 주머니.
	세뇨관	보먼주머니와 연결된 가늘고 긴 관.

예 ☐☐☐ 에서 만들어진 오줌은 콩팥 깔때기에 모였다가 오줌관을 통해 콩팥을 빠져나간다.

(네프론 그림: 콩팥 깔때기, 네프론, 보먼주머니, 사구체, 세뇨관, 모세 혈관, 집합관)

세포 호흡 가늘 細 + 세포 胞 + (숨을) 내쉴 呼 + 마실 吸	세포에서 영양소를 분해하여 생명 활동에 필요한 에너지를 얻는 과정. 예 ☐☐ ☐☐ 결과 얻은 에너지는 체온 유지, 운동, 두뇌 활동 등에 이용한다.

확인 문제

1 뜻에 알맞은 단어를 글자판에서 찾아 묶어 보자.(단어는 가로, 세로, 대각선 방향에서 찾기)

호	세	프	전	흉
네	폐	포	강	교
계	프	호	허	환
배	설	론	흡	계

❶ 오줌을 만들어 내는 콩팥을 구성하는 가장 작은 기본 단위.

❷ 가슴 안의 공간으로, 심장, 폐, 기관, 기관지, 식도 등이 있음.

❸ 한 겹의 얇은 세포층으로 이루어진, 폐 속의 작은 공기주머니.

2 단어의 뜻을 보기 에서 찾아 사다리를 타고 내려간 곳에 기호를 써 보자.

보기

㉠ 세포에서 영양소를 분해하여 생명 활동에 필요한 에너지를 얻는 과정.

㉡ 폐포와 모세 혈관 사이, 조직 세포와 모세 혈관 사이에서 산소와 이산화 탄소가 교환되는 것.

㉢ 호흡에 필요한 산소를 흡수하고 몸 안의 이산화 탄소를 몸 밖으로 내보내는 역할을 하는 기관계.

㉣ 세포에서 영양소를 분해할 때 만들어진 노폐물을 몸 밖으로 내보내는 기관들로 이루어진 기관계.

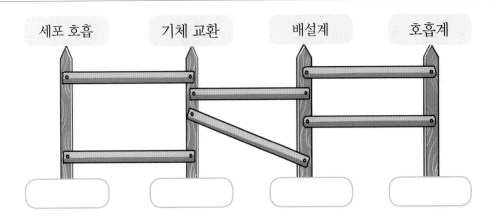

3 ( ) 안에 들어갈 단어를 보기 에서 찾아 써 보자.(같은 단어가 두 번 쓰일 수 있음.)

보기

세포 호흡 　　　폐포 　　　기체 교환 　　　배설계

(1) 순환계는 ( )에 필요한 산소와 영양소를 조직 세포로 운반하고, ( ) 결과로 생긴 노폐물을 ( )(으)로 운반한다.

(2) 폐는 수많은 ( )(으)로 이루어져 있어 공기와 접촉하는 표면적이 매우 넓으므로 효율적으로 ( )이/가 일어날 수 있다.

국어 교과서 어휘

✏️ 단어와 그 뜻을 익히고, 빈칸에 알맞은 단어를 써 보자.

훈민정음 가르칠 訓 + 백성 民 + 바를 正 + 소리 音	백성을 가르치는 바른 소리라는 뜻으로, 세종 대왕이 우리말을 나타내기 위하여 만든 우리나라 고유의 글자. 20세기 이후에는 '한글'이라고 부름. 예 ☐☐☐☐ 은 세계적으로 인정받는 과학적인 문자이다.
창제 비롯할 創 + 지을 製	이전에 없던 것을 처음으로 만들거나 정하는 일. 예 한글이 ☐☐ 되기 전에 일반 백성들은 문자를 몰라 어려움을 겪었다.
소릿값	낱낱의 글자가 지니고 있는 소리. '음가'라고도 함. 예 한글은 하나의 글자가 하나의 ☐☐☐ 을 가진다.
상형 본뜰 象 + 모양 形 👆 '象'의 대표 뜻은 '코끼리'임.	어떤 물건의 모양을 본떠서 글자를 만드는 원리. 예 한글의 자음 기본자는 발음 기관의 모양을 본떠서 만든 것이고, 모음 기본자는 '하늘(·), 땅(ㅡ), 사람(ㅣ)'의 모양을 본떠서 만든 것인데 이러한 원리를 ☐☐ 이라고 한다.
가획 더할 加 + 그을 劃	원래의 모양에 획을 더해 글자를 만드는 원리. 예 'ㅋ'과 같이 'ㄱ'에 획을 더하여 글자를 만드는 원리를 ☐☐ 이라고 한다. 플러스 개념어 **획** 글씨나 그림에서 붓 등으로 한 번 그은 줄이나 점.
병서 나란히 竝 + 글자 書 👆 '書'의 대표 뜻은 '글'임.	자음자를 가로로 나란히 붙여 글자를 만드는 원리. 예 자음자를 나란히 붙여서 'ㄲ, ㄸ, ㄹ, ㅃ'과 같은 글자를 만들었는데, 이러한 원리를 ☐☐ 라고 한다.
합성 합할 合 + 이룰 成	둘 이상의 것을 합쳐서 글자를 만드는 원리. 예 '· + ㅣ → ㅓ'와 같이 모음자는 기본자 '·, ㅡ, ㅣ'를 합하여 만드는데, 이러한 원리를 ☐☐ 이라고 한다. 플러스 개념어 **아래아** '·'는 하늘의 둥근 모양을 본떠 만든 모음자로 '아래아'라고 읽음. 현재는 쓰이지 않음.

확인 문제

정답과 해설 ▶ 18쪽

1 뜻에 알맞은 단어가 되도록 보기 의 글자를 조합해 써 보자.

보기

가	서	형
병	상	합
성	획	한

(1) 둘 이상의 것을 합쳐서 글자를 만드는 원리. → ☐☐

(2) 원래의 모양에 획을 더해 글자를 만드는 원리. → ☐☐

(3) 어떤 물건의 모양을 본떠서 글자를 만드는 원리. → ☐☐

(4) 자음자를 가로로 나란히 붙여 글자를 만드는 원리. → ☐☐

2 문장에서 밑줄 친 '창제'의 쓰임이 어울리면 ○표, 어울리지 않으면 ✕표 해 보자.

(1) 그는 새로운 문학 양식을 창제했다는 평가를 받는다. (   )

(2) 그는 부모님이 남긴 가업을 창제하여 발전시키는 데 최선을 다하였다. (   )

(3) 세종 대왕은 1443년에 한글을 창제하였으며 3년 후에 이를 반포하였다. (   )

(4) 그는 새로운 국민 참여 제도를 창제하면서 지도자로서의 능력을 발휘하였다. (   )

3 (   ) 안에 들어갈 단어를 보기 에서 찾아 써 보자.

보기

가획	병서	상형	소릿값	훈민정음

(1) 겹받침이나 쌍자음은 (   )의 원리로 만들어졌다.

(2) 우리말 자음 중 '이응(ㅇ)'이 초성으로 올 때는 (   )이/가 없다.

(3) 'ㅌ'은 'ㄷ'에 한 획을 더해 만든 것으로 (   )의 원리가 사용되었다.

(4) 'ㄱ'은 혀뿌리가 목구멍을 막는 모양을 본떠 만든 것으로 (   )의 원리가 사용되었다.

(5) 한글이 반포되었을 당시의 공식 명칭은 (   )(으)로, 이는 '백성을 가르치는 바른 소리'라는 뜻이다.

✏️ 단어와 그 뜻을 익히고, 빈칸에 알맞은 단어를 써 보자.

북진 정책
북녘 北 + 나아갈 進 +
정사 政 + 꾀 策

나라의 세력을 북쪽으로 확장하기 위하여 추진했던 고려와 조선 시대의 정책.

예 고려의 태조 왕건은 고구려의 옛 땅을 되찾기 위해 ☐☐☐☐에 관심을 기울였다.

중서문하성
가운데 中 + 글 書 +
문 門 + 아래 下 + 관청 省
👆 '省'의 대표 뜻은 '살피다'임.

국가의 정책을 논의하여 결정하던 고려 시대의 최고 관청.

예 고려의 최고 관청인 ☐☐☐☐☐의 장관인 문하시중이 국정을 총괄하였다.

플러스 개념어 **고려의 중앙 관제**
고려는 2성 6부제로 중앙 정치 기구를 정비하였음.

왕
├ 도병마사
├ 식목도감
2성 ┈ 중서문하성 · 상서성 · 중추원 · 어사대 · 삼사
6부 ┈ 이부 · 병부 · 호부 · 형부 · 예부 · 공부

문벌
집안 門 + 문벌 閥
👆 '門'의 대표 뜻은 '문'임.

고려 전기에 여러 세대에 걸쳐 높은 관직의 관리들을 배출한 가문들. 이들은 주요 관직을 독점하고 왕실과 결혼을 하며 세력을 확대하였음.

예 고려 시대에 경원 이씨 가문은 왕실과의 거듭된 혼인으로 세력을 키워 대표적인 ☐☐로 성장하였다.

플러스 개념어 **권문세족**
고려 후기 사회의 대표적인 지배 세력을 일컫는 말. 기존의 문벌 중 일부와 새롭게 정권을 잡은 일부 무신, 원나라에 기대어 출세한 세력들로 구성됨.

정변
정사 政 + 변할 變

무력으로 정권을 빼앗는 일
혁명이나 쿠데타 따위의 비합법적인 수단으로 생긴 정치상의 큰 변동.

예 고려 의종 때 무신을 차별하는 풍조가 널리 퍼지자 불만을 품은 무신들이 ☐☐을 일으켜 문신을 제거하고 의종을 몰아냈다.

화의
사이좋을 和 + 의논할 議

화해하려고 협의함.

예 거란이 침략해 오자, 고려의 일부 대신들은 북쪽 영토를 내어 주고 거란과 ☐☐를 맺자고 주장하였다.

플러스 개념어 **강화**
싸우던 두 편이 싸움을 그치고 평화로운 상태가 됨.
예 고려 태자는 몽골과 강화를 맺기 위해 중국으로 갔다.

도모
꾀할 圖 + 꾀할 謀
👆 '圖'의 대표 뜻은 '그림'임.

어떤 일을 이루기 위하여 대책과 방법을 세움.

예 고려의 노비 만적은 신분 해방을 위해 봉기를 ☐☐하였다.

1 뜻에 알맞은 단어를 빈칸에 써 보자.

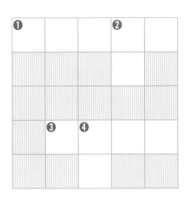

가로 열쇠
❶ 국가의 정책을 논의하여 결정하던 고려 시대의 최고 관청.
❸ 고려 후기 사회의 대표적인 지배 세력.

세로 열쇠
❷ 화해하려고 협의함.
❹ 고려 전기에 여러 세대에 걸쳐 높은 관직의 관리들을 배출한 가문들.

2 대화의 ㉠, ㉡에 알맞은 단어끼리 묶은 것을 골라 ◯표 해 보자.

- 조정에서는 국경까지 쳐들어온 적군에게 사신을 보내어 <u>화의</u>를 청하였다.
- 병자호란 때 최명길은 현실적인 문제를 들어서 청과 <u>강화</u>를 하자는 입장을 내세웠다.

위의 문장들에 쓰인 '화의'와 '강화'의 공통점은 무엇일까?

둘 다 (㉠) 상태에서 벗어나 (㉡) 상태로 지내려 한다는 것이지.

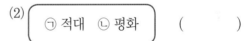

(1) ㉠ 협력   ㉡ 경쟁   (   )

(2) ㉠ 적대   ㉡ 평화   (   )

(3) ㉠ 외교   ㉡ 단교   (   )

3 ( ) 안에 들어갈 단어를 보기 에서 찾아 써 보자.

보기

북진 정책   정변   권문세족   도모

(1) 조선 태종 이후에는 명과 불필요한 충돌을 피하고 친선을 (   )하여 사대 관계를 확립하였다.

(2) 왕건은 (   )을/를 펼쳐 북방의 여진족을 정벌하고 고구려의 옛 영토 중 일부를 회복하였다.

(3) 나이가 어린 단종이 즉위하면서 재상을 중심으로 정치가 이루어지자, 이에 불만을 품은 수양 대군은 (   )을/를 일으켜 왕위에 올랐다.

(4) 고려 후기에는 원나라에 기대어 권력을 누리던 (   )이/가 새로운 지배 세력으로 성장하였는데, 이들은 높은 관직을 독점하고 다른 사람의 노비와 토지를 빼앗기도 했다.

✏️ 단어와 그 뜻을 익히고, 빈칸에 알맞은 단어를 써 보자.

대각선 마주할 對 + 모서리 角 + 줄 線 🖐 '角'의 대표 뜻은 '뿔'임.	다각형에서 서로 이웃하지 않는 두 꼭짓점을 이은 선분. 예 삼각형은 꼭짓점이 3개인데 3개의 꼭짓점이 모두 서로 이웃하고 있으므로 ☐☐을 그을 수 없다.	다각형의 대각선 수 삼각형: 없음. 사각형: 2개 오각형: 5개
직사각형 곧을 直 + 넷 四 + 모서리 角 + 모양 形	네 각의 크기가 모두 같은 사각형. 예 사각형 ABCD는 ∠A, ∠B, ∠C, ∠D의 크기가 모두 90°인 ☐☐☐☐으로, 두 대각선의 길이가 같다.	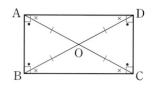
마름모	네 변의 길이가 모두 같은 사각형. 예 사각형 ABCD는 네 변 $\overline{AB}$, $\overline{BC}$, $\overline{CD}$, $\overline{DA}$의 길이가 모두 같은 ☐☐☐이고, 두 대각선은 서로 다른 것을 수직이등분한다.	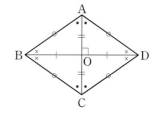
직교 곧을 直 + 교차할 交 🖐 '交'의 대표 뜻은 '사귀다'임.	두 직선이 서로 직각으로 만나는 것. 예 두 직선이 ☐☐할 때, 두 직선 AB, CD가 만나는 각의 크기는 직각이다.	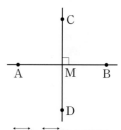 $\overleftrightarrow{AB}$는 $\overleftrightarrow{CD}$의 수선이다.
정사각형 바를 正 + 넷 四 + 모서리 角 + 모양 形	네 각의 크기가 모두 같고, 네 변의 길이가 모두 같은 사각형. 예 사각형 ABCD는 $\overline{AB}=\overline{BC}=\overline{CD}=\overline{DA}$이고, ∠A＝∠B＝∠C＝∠D＝90°인 ☐☐☐☐으로, 두 대각선의 길이가 같고, 서로 다른 것을 수직이등분한다.	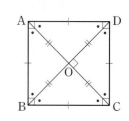

> 정사각형은 네 각의 크기가 같으므로 직사각형이고, 네 변의 길이가 같으므로 마름모, 두 쌍의 변이 평행하므로 평행사변형이야. 즉, 정사각형은 직사각형, 마름모, 평행사변형의 성질을 모두 가지고 있어.

확인 문제

1 단어의 뜻을 보기에서 찾아 사다리를 타고 내려간 곳에 기호를 써 보자.

보기
- ㉠ 네 각의 크기가 모두 같은 사각형.
- ㉡ 네 변의 길이가 모두 같은 사각형.
- ㉢ 직선이 서로 직각으로 만나는 것.
- ㉣ 네 각의 크기가 모두 같고, 네 변의 길이가 모두 같은 사각형.

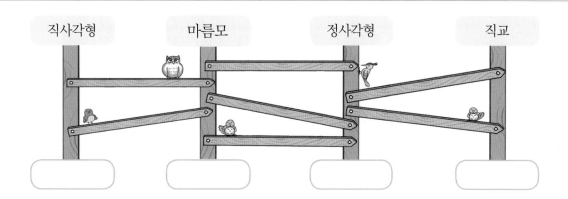

직사각형　　마름모　　정사각형　　직교

2 빈칸에 들어갈 말을 초성을 바탕으로 써 보자.

(1)
사각형 ABCD에서 ∠A, ∠B, ∠C, ∠D의 크기가 모두 같은 사각형
은 | ㅈ | ㅅ | ㄱ | ㅎ |이므로 ∠x=90°이다.

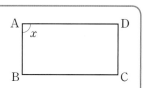

(2)
사각형 ABCD에서 네 변 $\overline{AB}$, $\overline{BC}$, $\overline{CD}$, $\overline{DA}$의 길이가 모두 같은
사각형은 | ㅁ | ㄹ | ㅁ |이므로 x=$\overline{AB}$=5이다.

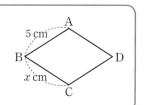

(3)
네 변 $\overline{AB}$, $\overline{BC}$, $\overline{CD}$, $\overline{DA}$의 길이가 모두 같고, ∠A=∠B=∠C=
∠D=90°인 사각형 ABCD는 | ㅈ | ㅅ | ㄱ | ㅎ |이다.

두 | ㄷ | ㄱ | ㅅ |의 길이가 같고 서로 다른 것을 수직이등분하므로
x=$\overline{BD}$=$\overline{AC}$=7×2=14이다.

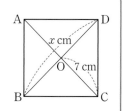

✏️ 단어와 그 뜻을 익히고, 빈칸에 알맞은 단어를 써 보자.

순물질 순수할 純 + 물건 物 + 바탕 質	다른 물질이 섞이지 않고, 한 종류의 물질로만 이루어진 물질로 고유한 성질을 나타냄. 예 ☐☐에는 다이아몬드(C)처럼 한 종류의 원소로만 이루어진 것도 있고, 염화 나트륨(NaCl)처럼 두 종류 이상의 원소로 이루어진 것도 있다.
혼합물 섞을 混 + 합할 合 + 물건 物	두 가지 이상의 순물질이 섞여 있는 물질. 예 여러 가지 물질이 섞여 있는 설탕물, 우유, 공기 등은 ☐☐이다.
끓는점 끓는 + 점 點	액체가 기체로 상태 변화가 될 때 일정하게 유지되는 온도. 예 액체인 물을 가열하면 끓기 시작하여 기체 상태인 수증기로 변하는 현상이 일어나고 물이 끓고 있는 동안 유지되는 온도 100℃가 물의 ☐☐이다.

녹는점 녹는 + 점 點	고체가 액체로 상태 변화가 될 때 일정하게 유지되는 온도. 예 고체인 얼음이 녹아 액체인 물로 변하는 온도 0℃가 얼음의 ☐☐이다.

같은 물질은 녹는점과 어는점이 같아.

물질	녹는점/어는점(0℃)
철	1538.0
금	1064.2
이산화 탄소	−56.6
에탄올	−114.1
질소	−210.0

어는점 어는 + 점 點	액체가 고체로 상태 변화가 될 때 일정하게 유지되는 온도. 예 액체인 물을 냉각시킬 때 더 이상 온도가 내려가지 않고 고체인 얼음으로 바뀌기 시작하는 온도 0℃가 물의 ☐☐이다.
밀도 빽빽할 密 + 정도 度 🖱 '度'의 대표 뜻은 '법도'임.	일정한 부피에 해당하는 물질의 질량. $$밀도 = \frac{질량}{부피} (단위: g/cm^3, g/mL 등)$$ 예 액체나 기체에 다른 물질이 섞이면 두 물질 중 ☐☐가 큰 물질은 가라앉고, ☐☐가 작은 물질은 뜬다.
용해 녹을 溶 + 녹일 解 🖱 '解'의 대표 뜻은 '풀다'임.	한 물질이 다른 물질에 녹아 고르게 섞이는 현상. 예 소금이 물에 녹는 것과 같이 한 물질이 다른 물질에 녹아 고르게 섞이는 현상을 ☐☐라고 한다.

플러스 개념어
- **용질**: 어떤 물질에 녹는 물질.
- **용매**: 어떤 물질을 녹이는 물질.
- **용액**: 한 물질이 다른 물질에 녹아 고르게 섞여 있는 혼합물.

확인 문제

1 뜻에 알맞은 단어를 글자판에서 찾아 묶어 보자. (단어는 가로, 세로, 대각선 방향에서 찾기)

녹	는	점	사	용
물	용	형	액	순
어	주	질	매	물
용	는	밀	도	합
끓	해	점	용	매

❶ 어떤 물질에 녹는 물질.
❷ 어떤 물질을 녹이는 물질.
❸ 일정한 부피에 해당하는 물질의 질량.
❹ 한 물질이 다른 물질에 녹아 고르게 섞이는 현상.
❺ 한 물질이 다른 물질에 녹아 고르게 섞여 있는 혼합물.

2 뜻에 알맞은 단어를 찾아 선으로 이어 보자.

(1) 고체가 액체로 상태 변화가 될 때 일정하게 유지되는 온도.　　·

(2) 액체가 고체로 상태 변화가 될 때 일정하게 유지되는 온도.　　·

(3) 액체가 기체로 상태 변화가 될 때 일정하게 유지되는 온도.　　·

·　끓는점

·　녹는점

·　어는점

3 (　　) 안에 들어갈 단어를 보기 에서 찾아 써 보자.

보기

밀도　　　　순물질　　　　용액　　　　혼합물

(1) 기름이 물 위에 뜨는 것은 기름의 (　　　　　　)이/가 물보다 작기 때문이다.

(2) 설탕과 물이 골고루 섞여 있는 설탕물은 용질인 설탕과 용매인 물이 섞여 있는 혼합물로 (　　　　　　)이다.

(3) 얼음과 아이스크림 중 (　　　　　　)인 얼음은 0℃에서 녹기 시작하지만, (　　　　　　)인 아이스크림은 얼음보다 낮은 온도에서 녹는다.

한자 어휘

外(외), 善(선)이 들어간 단어

外
바깥 외

외(外)는 주로 '바깥'이라는 뜻으로 쓰여. 밖이 되는 곳을 '바깥'이라고 하지. 외(外)는 '겉', '멀리하다'라는 뜻으로 쓰일 때도 있어.

善
착할 선

선(善)은 주로 '착하다'라는 뜻으로 쓰여. 마음씨나 행동 등이 곱고 바르며 상냥한 것을 '착하다'라고 해. 선(善)은 '좋다'라는 뜻으로 쓰이기도 해.

✎ 단어와 그 뜻을 익히고, 빈칸에 알맞은 단어를 써 보자.

외국
바깥 外 + 나라 國

'외(外)'가 '바깥'이라는 뜻으로 쓰였어.

자기 나라 바깥의 딴 나라.

예 준아는 ☐☐에 오래 살아서 한국어가 서툴다.

유의어
• 타국: 자기 나라가 아닌 남의 나라.
• 이국: 인정, 풍속 따위가 전혀 다른 남의 나라.

외유내강
겉 外 + 부드러울 柔 + 안 內 + 굳셀 剛

외유(外柔) + 내강(內剛)
겉은 부드러움   속은 굳셈

겉모습은 약해 보이지만 성격이 굳세고 포기를 모르는 사람들을 일컫는 말이야.

겉은 순하고 부드러워 보이지만 속은 곧고 굳셈.

예 온화한 미소에 대쪽 같은 성품을 지니신 아버지는 ☐☐☐☐의 표본이시다.

소외
멀어질 疏 + 멀리할 外
'疏'의 대표 뜻은 '소통하다'임.

'외(外)'가 '멀리하다'라는 뜻으로 쓰였어.

따돌려 멀리함.

예 우리는 사회의 그늘지고 ☐☐된 이웃에게 관심을 기울여야 한다.

권선징악
권할 勸 + 착할 善 + 징계할 懲 + 악할 惡

권선(勸善) + 징악(懲惡)
착함을 권함   악함을 징계함

착한 일을 하면 복을 받고 나쁜 일을 하면 벌을 받아.

착한 일을 권장하고 못된 일을 벌함.

예 이 작품은 ☐☐☐☐의 교훈을 담고 있다.

개선
고칠 改 + 좋을 善

'선(善)'이 '좋다'라는 뜻으로 쓰였어.

부족한 점, 잘못된 점, 나쁜 점 등을 고쳐서 더 좋아지게 함.

예 교통 불편 ☐☐을 위해 버스 노선을 새롭게 바꾸었다.

확인 문제

1 빈칸에 알맞은 단어를 글자를 조합해 써 보자.

(1)
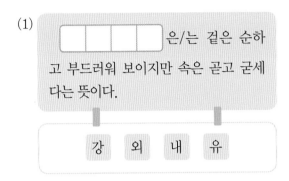
□□□□ 은/는 겉은 순하고 부드러워 보이지만 속은 곧고 굳세다는 뜻이다.

강 외 내 유

(2)

□□□□ 은 착한 일을 권장하고 못된 일을 벌한다는 뜻이다.

권 악 징 선

2 단어의 뜻을 찾아 선으로 이어 보자.

(1) 외국 •

(2) 개선 •

(3) 소외 •

• 따돌려 멀리함.

• 자기 나라 바깥의 딴 나라.

• 부족한 점, 잘못된 점, 나쁜 점 등을 고쳐서 더 좋아지게 함.

3 ( ) 안에 들어갈 단어를 보기 에서 찾아 써 보자.

보기

소외   개선   외유내강   권선징악

(1) 「흥부전」은 (   )을/를 주제로 한 대표적인 고전 문학이다.

(2) 농민들은 유통 구조를 (   )하여 소비자에게 농산물을 싼 가격에 공급하였다.

(3) 정부에서는 정보화 물결에서 (   )되기 쉬운 저소득 계층을 위해 무료로 컴퓨터 교육을 시켜 주었다.

(4) 그는 평소에는 온순해 보이지만 자신이 옳다고 믿는 일이 생기면 자신의 주장을 끝까지 굽히지 않는 (   )의 인물이다.

영문법 어휘

대명사 it의 쓰임

영어에서 대명사 it는 여러 용도로 사용되고 있어. 문장에서 주어나 목적어가 너무 길 때 it는 이들을 대신하여 사용되고, 가리키는 대상이 불명확할 때나 무언가를 강조할 때도 it가 사용돼. 여기에서는 it의 쓰임을 가리키는 단어를 알아보고, it가 어떻게 쓰이는지 예를 통해 확인해 보자.

✏️ 단어와 그 뜻을 익히고, 빈칸에 알맞은 단어를 써 보자.

---

pseudo subject
가주어
거짓 假 + 주인 主 + 말씀 語

길이가 긴 주어를 문장 뒤로 보내고, 그 자리에 주어로 대신 사용되는 it를 가리키는 말.

- **It** is important to write email in English.
  주어 to write email in English를 뒤로 보낸 가주어
  (영어로 이메일 쓰는 것이 중요하다.)

예 "It isn't easy to forget bad dream.(악몽을 잊는 것은 쉽지 않다.)"에서 It는 진짜 주어 to forget bad dream을 대신하는 ☐☐☐이다.

> **플러스 개념어** 진주어
> it를 가주어로 삼을 때, 문장 뒷부분으로 보낸 주어를 가리키는 말. 진주어는 주로 to부정사의 형태임.
> 예 It is natural to respect the old.(노인들을 공경하는 것은 당연하다.)

---

pseudo object
가목적어
거짓 假 + 눈 目 + 과녁 的 + 말씀 語

길이가 긴 목적어를 문장 뒤로 보내고, 그 자리에 목적어로 대신 사용되는 it를 가리키는 말.

- I think **it** wrong to tell a lie.
  목적어 to tell a lie를 뒤로 보낸 가목적어
  (나는 거짓말하는 것이 나쁘다고 생각한다.)

예 "I think it good to keep a diary.(나는 일기 쓰는 것이 좋다고 생각한다.)"에서 it는 진짜 목적어 to keep a diary를 대신하는 ☐☐☐이다.

> **플러스 개념어** 진목적어
> it를 가목적어로 삼을 때, 문장 뒷부분으로 보낸 목적어를 가리키는 말. 진목적어는 주로 to부정사의 형태임.
> 예 I think it impossible to live under the sea.
> (나는 바다 밑에서 사는 것이 불가능하다고 생각해.)

---

impersonal subject
비인칭 주어
아닐 非 + 사람 人 + 일컬을 稱 + 주인 主 + 말씀 語

아무런 의미를 갖지 않으며, 시각, 날짜, 날씨, 거리 등을 나타낼 때 사용하는 it를 가리키는 말.

- **It** is seven thirty. (7시 30분이야.)
  아무런 의미가 없으며, 시각을 나타내는 비인칭 주어

예 "It is windy and rainy today.(오늘 바람 불고 비가 내린다.)"에서 It는 날씨를 나타내는 ☐☐☐ ☐☐이다.

---

emphasis phrase
강조구문
강할 強 + 고를 調 + 얽을 構 + 글월 文

어떤 강조할 것을 It be동사와 that 사이에 넣어 강조하는 구문.
글의 짜임

- **It** is you and I that do this. (이것을 한 사람은 '너와 나'이다.)
  It is와 that 사이의 you and I를 강조하는 강조구문

예 "It was Jessy that helped me.(나를 도왔던 사람은 Jessy였다.)"에서 It was ~ that는 Jessy를 강조하는 ☐☐☐☐이다.

확인 문제

1 단어의 뜻을 찾아 선으로 이어 보자.

(1) 가주어 •
(2) 가목적어 •
(3) 비인칭 주어 •
(4) 강조구문 •

• 목적어로 대신 사용되는 it를 가리키는 말.

• 강조할 것을 It be동사와 that 사이에 넣어 강조하는 구문.

• 주어로 대신 사용되는 it를 가리키는 말.

• 아무런 의미를 갖지 않으며, 시각, 날짜, 날씨, 거리 등을 나타낼 때 사용하는 it를 가리키는 말.

2 밑줄 친 'It'의 쓰임이 알맞으면 ○, 알맞지 <u>않으면</u> ✕표 해 보자.

(1) **It** is so hot today.(오늘 날씨가 너무 덥다.)
비인칭 주어 ( )

(2) **It**'s good to hear from you again.(다시 너에게서 소식을 들어 좋다.)
가주어 ( )

(3) **It** was yesterday that we won the game.(우리가 게임을 이긴 것은 어제였다.)
가목적어 ( )

(4) I think **it** possible to master Hanguel.(나는 한글을 습득하는 것이 가능하다고 생각한다.)
강조구문 ( )

3 밑줄 친 'it'의 쓰임을 보기 에서 찾아 기호를 써 보자.

보기
㉠ 가주어   ㉡ 가목적어   ㉢ 비인칭 주어   ㉣ 강조구문

(1) **It** is 3 km to the airport.(공항까지 3킬로미터이다.) ···································( )

(2) **It** was my dad that made this toy.(이 장난감을 만든 사람은 내 아빠다.) ···········( )

(3) **It** is unfair to lay the blame on you.(너를 비난하는 것은 불공정하다.) ··············( )

(4) This light makes **it** possible to see at night.(이 등은 밤에 볼 수 있게 한다.) ·········( )

2주차 1~5회에서 공부한 단어를 떠올리며 문제를 풀어 보자.

국어

1 ㉠~㉢과 관련된 한글 창제 원리를 보기 에서 골라 써 보자.

보기
> 가획   합성   상형

> 한글의 자음 기본자 ㉠'ㄱ, ㄴ, ㅁ, ㅅ, ㅇ'은 발음 기관의 모양을 본떠 만들었고, 'ㅋ'은 'ㄱ'보다 거세게 발음되므로 ㉡'ㄱ'에 획을 더하여 만든 것이다. 한글 모음자는 자연의 모양을 본떠서 모음 기본자 '·, ㅡ, ㅣ'를 만들고, ㉢이를 합하여 'ㅏ, ㅓ, ㅗ, ㅜ, ㅑ, ㅕ, ㅛ, ㅠ' 등 다른 모음자를 만들었다.

(1) ㉠ → (   )   (2) ㉡ → (   )   (3) ㉢ → (   )

사회

2 밑줄 친 단어의 뜻으로 알맞은 것에 ○표 해 보자.

(1) 경남 합천에 있는 대야성은 백제에서 신라로 가는 <u>요충지</u>에 있다.

  ① 비상식량이나 물품을 보관해 두는 장소. (   )
  ② 땅의 생긴 모양이나 형세가 군사적으로 아주 중요한 곳. (   )

(2) 왕건은 고구려를 계승한다는 의미로 나라 이름을 고려라 정하고 <u>연호</u>를 천수라고 하였다.

  ① 임금을 부르는 호칭. (   )
  ② 임금이 즉위한 해에 붙이던 칭호. (   )

사회

3 밑줄 친 부분과 바꿔 쓰기에 알맞은 말은? (   )

> 고구려 유민들은 나라를 다시 찾기 위해 <u>대책과 방법을 세웠으나</u> 실패하고 말았다.

① 동요하였으나   ② 빈번하였으나   ③ 화의하였으나   ④ 복속하였으나   ⑤ 도모하였으나

수학

4 빈칸에 알맞은 단어를 써 보자.

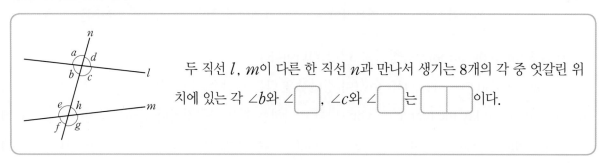

> 두 직선 l, m이 다른 한 직선 n과 만나서 생기는 8개의 각 중 엇갈린 위치에 있는 각 $\angle b$와 $\angle$ ☐ , $\angle c$와 $\angle$ ☐ 는 ☐☐ 이다.

수학

5 ㉠, ㉡에 들어갈 단어를 차례대로 쓴 것을 골라 ○표 해 보자.

> 정사각형은 네 각의 크기가 모두 같으므로 (㉠)이고, 네 변의 길이가 모두 같으므로 (㉡)이다.

(1) 마름모, 직사각형 ( ) (2) 직사각형, 마름모 ( ) (3) 마름모, 평행사변형 ( )

과학

6 보기 의 설명에 해당하는 단어로 알맞은 것은? ( )

> **보기**
> • 혈액 속의 노폐물을 걸러 내는 기능을 함. • 콩팥, 오줌관, 방광, 요도 등의 기관이 모여 이루어짐.

① 호흡계 ② 배설계 ③ 순환계 ④ 소화계 ⑤ 신경계

과학

7 ( ) 안에서 알맞은 단어를 골라 ○표 해 보자.

(1) (밀도 , 용해): 한 물질이 다른 물질에 녹아 고르게 섞이는 현상.

(2) (흉강 , 폐포): 가슴 안의 공간으로, 심장, 폐, 기관, 기관지, 식도 등이 있음.

한자

8 밑줄 친 단어의 '외(外)'가 '멀리하다'의 뜻으로 쓰인 것은? ( )

① 삼촌은 외국(外國)으로 유학을 가셨다.
② 선생님은 외유내강(外柔內剛)하신 분이다.
③ 코로나 감염이 심각해 외출(外出)을 삼가는 편이다.
④ 10만 원 내외(內外)의 비용을 들여 여행을 다녀왔다.
⑤ 나는 가끔 주위 사람들에게서 소외(疏外)된 느낌을 받는다.

영문법

9 밑줄 친 'it'의 쓰임을 보기 에서 골라 써 보자.

> **보기**
> 가주어   가목적어   비인칭 주어   강조구문

(1) **It** is sunny.(날씨가 화창하다.) → ( )

(2) **It** was Tom that used the pen.(그 펜을 사용한 사람은 바로 Tom이었다.) → ( )

(3) **It** is dangerous to swim in this river.(이 강에서 수영하는 것은 위험하다.) → ( )

(4) He thinks **it** possible to go abroad.(그는 외국에 가는 것이 가능하다고 생각한다.)
→ ( )

3주차 어휘 미리 보기

한 주 동안 공부할 어휘들이야. 쓱 한번 훑어볼까?

1회 학습 계획일 ◯월 ◯일

국어 교과서 어휘	역사 교과서 어휘
발표	회군
핵심	풍수지리설
청중	사림
지식수준	향약
준언어	붕당
비언어	공론

2회 학습 계획일 ◯월 ◯일

수학 교과서 어휘	과학 교과서 어휘
닮은 도형	포화 용액
닮음비	증류
넓이의 비	순도
부피의 비	재결정
삼각형의 닮음 조건	추출
	크로마토그래피

3회 학습 계획일 ◯월 ◯일

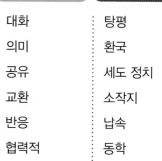

국어 교과서 어휘	역사 교과서 어휘
대화	탕평
의미	환국
공유	세도 정치
교환	소작지
반응	납속
협력적	동학
	실학

4회 학습 계획일 ◯월 ◯일

수학 교과서 어휘	과학 교과서 어휘
중점	수권
삼각형의 중선	수자원
삼각형의 무게 중심	염류
	염분
피타고라스 정리	염분비 일정 법칙
전개도	난류
최단 거리	한류
수선의 발	조경 수역

5회 학습 계획일 ◯월 ◯일

한자 어휘	영문법 어휘
우후죽순	의문대명사
후진	의문형용사
풍력	의문부사
미풍양속	간접의문문
풍경	

어휘력 테스트

4주차 어휘 학습으로 가 보자!

국어 교과서 어휘

✏️ 단어와 그 뜻을 익히고, 빈칸에 알맞은 단어를 써 보자.

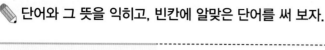

발표
드러낼 發 + 겉 表
🖱 '發'의 대표 뜻은 '피다'임.

여러 사람 앞에서 자기 생각이나 의견 또는 어떤 사실에 대해 이야기하는 말하기.
예 ☐☐의 목적은 정보를 전달하거나 다른 사람을 설득하는 것에 있다.

핵심
핵심核 + 중심 心
🖱 '核'의 대표 뜻은 '씨', '心'의 대표 뜻은 '마음'임.

어떤 것에서 가장 중심이 되는 부분.
예 발표할 때는 ☐☐ 정보가 잘 드러나도록 내용을 구성하여 전달해야 한다.

청중
들을 聽 + 무리 衆

강연이나 설교 등을 듣기 위하여 모인 사람들.
예 발표를 계획할 때는 발표를 들을 ☐☐이 어떤 사람들인지 미리 분석해야 한다.

> 플러스 개념어 **청중 분석하기**
> • 청중의 관심사와 요구 파악
> • 청중의 나이, 성별, 발표 주제에 관한 배경지식 등의 파악

지식수준
알 知 + 알 識 + 평평할 水 + 표준 準
🖱 '水'의 대표 뜻은 '물', '準'의 대표 뜻은 '준하다'임.

어떤 대상에 대하여 배우거나 알고 있는 내용의 정도.
예 발표 내용은 청중의 ☐☐☐☐에 맞는 것으로 골라야 한다.

준언어
준할 準 + 말씀 言 + 말씀 語

말의 속도, 목소리의 크기, 발음, 억양 등 언어 표현에 직접 드러나 의미를 전달하는 표현.
예 목소리의 크기와 억양 등의 ☐☐☐적 표현을 상황에 맞게 사용할 때 의사소통을 효과적으로 할 수 있다.

> 플러스 개념어 **준언어적 표현의 예**
> • 억양: 음의 높낮이가 이어져 생기는 일정한 유형.
>   ┌ 단조로운 억양: 무미건조함, 무성의함 등을 느끼게 함.
>   └ 변화가 심한 억양: 흥분, 과장 등을 느끼게 함.
> • 목소리 크기
>   ┌ 큰 목소리: 자신감, 열정, 분노 등을 느끼게 함.
>   └ 작은 목소리: 온화함, 나약함 등을 느끼게 함.

비언어
아닐 非 + 말씀 言 + 말씀 語

시선, 표정, 몸짓, 자세 등 언어 표현과는 별도로 의미를 전달하는 표현.
예 자연스러운 표정이나 몸짓 등 ☐☐☐적 표현을 사용하면 언어적 표현의 의미를 보완할 수 있다.

1 뜻에 알맞은 단어를 글자판에서 찾아 묶어 보자.(단어는 가로, 세로, 대각선 방향에서 찾기)

식	준	언	어	지
핵	심	분	석	식
발	사	억	설	수
표	청	교	양	준
중	수	비	언	어

❶ 어떤 것에서 가장 중심이 되는 부분.
❷ 음의 높낮이가 이어져 생기는 일정한 유형.
❸ 강연이나 설교 등을 듣기 위하여 모인 사람들.
❹ 어떤 대상에 대하여 배우거나 알고 있는 내용의 정도.

2 ( ) 안에 들어갈 단어를 보기에서 찾아 써 보자.

보기

발표   지식수준   청중   핵심

(1) 그의 발표를 들은 (   )은/는 큰 깨달음을 얻었다.

(2) 그 학생은 발표 내용의 가장 중심이 되는 (   )을/를 이해하지 못했다.

(3) 청중에게 내용을 잘 전달하려면 청중의 (   )을/를 파악할 필요가 있다.

(4) 여러 사람 앞에서 자기 생각이나 의견을 (   )할 때는 말하는 중간중간 청중의 반응을 살펴
야 한다.

3 설명에 해당하는 단어를 빈칸에 써 보자.

(1)

언어 표현과는 별도로 의미를 전달하는 표현이야.
시선이나 표정, 몸짓, 자세 등을 통해 나타낼 수 있어.

☐☐ 적 표현

(2)

언어 표현에 직접 드러나 의미를 전달하는 표현이야.
말의 속도, 크기, 발음, 억양 등으로 나타낼 수 있어.

☐☐ 적 표현

✏️ 단어와 그 뜻을 익히고, 빈칸에 알맞은 단어를 써 보자.

회군
돌아올 回 + 군사 軍

군사를 돌리어 돌아가거나 돌아옴.

예 이성계는 위화도에서 [　　] 하여 정권을 장악하고 정도전을 비롯한 사대부와 함께 개혁에 나섰다.

풍수지리설
바람 風 + 물 水 + 땅 地 +
이치 理 + 말씀 說
🖱 '理'의 대표 뜻은 '다스리다'임.

땅의 생긴 모양이나 형세, 방위를 인간의 길흉화복과 연결시켜, 죽은 사람을 묻거나 집을 짓는 데 알맞은 장소를 구하는 이론.

예 태조 이성계는 [　　　　] 에서 명당으로 꼽는 한양으로 도읍을 옮겼다.

플러스 개념어 **길흉화복**
운이 좋고 나쁨, 불행한 일과 행복한 일을 아울러 이르는 말.

사림
선비 士 + 집단 林
🖱 '林'의 대표 뜻은 '수풀(숲)'임.

조선 건국에 참여하지 않고 지방에서 학문 연구와 교육에 힘쓰던 사대부의 제자들로, 조선 중기에 세력을 얻어 집권 세력인 훈구파에 대응함.

예 성종은 왕권을 제약할 정도로 커진 훈구 세력을 견제하기 위해 영남 지역 출신의 [　　] 을 많이 등용하였다.

플러스 개념어 **훈구**
조선 건국과 국왕 즉위에 공을 세운 공신들을 가리킴. 이들은 대를 이어 권력을 독점하며 왕권을 제약하였으며, 일부는 왕실과 혼인 관계를 맺어 세력 기반을 확대하였음.

향약
시골 鄕 + 조약 約
🖱 '約'의 대표 뜻은 '맺다'임.

시골의 마을　　　　서로 지키도록 협의하여 정한 규칙
향촌 사회를 교화하기 위해 만든 자치 규약.
가르치고 이끌어 좋은 방향으로 나아가게 함.

예 사림은 향촌에 본래부터 있던, 이웃끼리 서로 돕는 풍속에 유교 윤리를 더하여 [　　] 을 만들었다.

플러스 개념어 **향약의 4가지 덕목**
• **덕업상권**: 좋은 일은 서로 권함.
• **과실상규**: 잘못된 것은 서로 꾸짖음.
• **예속상교**: 예의 바른 풍속으로 서로 교제함.
• **환난상휼**: 어려운 일은 서로 도움.

붕당
벗 朋 + 무리 黨

이익과 손해
조선 시대에, 이념이나 이해에 따라 이루어진 사림의 집단을 이르던 말.

예 [　　] 은 정치적, 학문적 의견 차이에 따라 형성되었다.

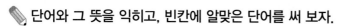

동인 ─ 이황 학파 ─ 남인 ─ 유성룡 김성일
　　　 조식 학파 ─ 북인 ─ 곽재우 정인홍

서인 ─ 이이 학파 성혼 학파 ─ 노론 ─ 송시열
　　　　　　　　　　　　　　 소론 ─ 윤증

공론
여러 公 + 논할 論
🖱 '公'의 대표 뜻은 '공평하다'임.

여러 사람이 뜻을 같이하는 것. 사림 집권기의 공론은 붕당 내에서 토론을 거쳐 합의된 의견으로, 일종의 여론을 의미함.

예 사림은 붕당 내에서 합의된 의견인 [　　] 을 존중하고 언론 활동을 보장해야 한다고 주장하였다.

1 빈칸에 알맞은 단어를 글자를 조합해 써 보자.

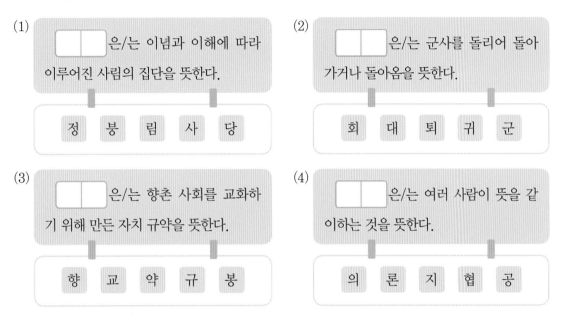

(1) ☐☐ 은/는 이념과 이해에 따라 이루어진 사람의 집단을 뜻한다.

정 붕 림 사 당

(2) ☐☐ 은/는 군사를 돌리어 돌아가거나 돌아옴을 뜻한다.

회 대 퇴 귀 군

(3) ☐☐ 은/는 향촌 사회를 교화하기 위해 만든 자치 규약을 뜻한다.

향 교 약 규 봉

(4) ☐☐ 은/는 여러 사람이 뜻을 같이하는 것을 뜻한다.

의 론 지 협 공

2 ( ) 안에서 알맞은 단어를 골라 ○표 해 보자.

(1) (훈구 , 사림)은/는 조선 건국과 국왕 즉위에 공을 세워 권력을 차지한 세력이다.

(2) (훈구 , 사림)은/는 조선 건국에 참여하지 않고 지방에서 학문 연구와 교육에 힘쓰던 사대부의 제자들로, 조선 중기에 정치 세력으로 성장하였다.

3 ( ) 안에 들어갈 단어를 보기 에서 찾아 써 보자.

보기

풍수지리설   회군

(1) 적의 계략에 속은 것을 깨달은 장군은 도성으로 돌아가기로 하고 (   )을 알리는 나팔을 불게 했다.

(2) 고려 인종 때의 승려 묘청은 (   )을 내세워 서경(평양)으로 도읍을 옮기면 국력이 다시 번창할 것이라고 주장했다.

✏️ 단어와 그 뜻을 익히고, 빈칸에 알맞은 단어를 써 보자.

닮은 도형

닮은 + 그림 圖 + 모양 形

서로 닮음인 관계에 있는 두 도형으로, 크기는 다르지만 모양이 같은 도형.

예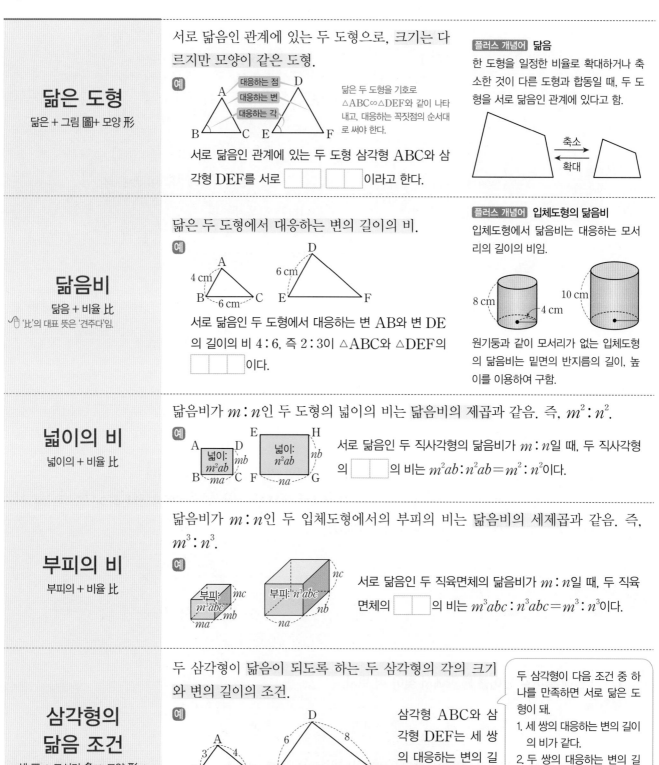

대응하는 점
대응하는 변
대응하는 각

닮은 두 도형을 기호로 △ABC∽△DEF와 같이 나타내고, 대응하는 꼭짓점의 순서대로 써야 한다.

서로 닮음인 관계에 있는 두 도형 삼각형 ABC와 삼각형 DEF를 서로 [ ][ ][ ]이라고 한다.

플러스 개념어 **닮음**
한 도형을 일정한 비율로 확대하거나 축소한 것이 다른 도형과 합동일 때, 두 도형을 서로 닮음인 관계에 있다고 함.

축소 ← → 확대

닮음비

닮음 + 비율 比
🖰 '比'의 대표 뜻은 '견주다'임.

닮은 두 도형에서 대응하는 변의 길이의 비.

예

$4 \, cm$ $6 \, cm$

$6 \, cm$

서로 닮음인 두 도형에서 대응하는 변 AB와 변 DE의 길이의 비 $4:6$, 즉 $2:3$이 △ABC와 △DEF의 [ ][ ]이다.

플러스 개념어 **입체도형의 닮음비**
입체도형에서 닮음비는 대응하는 모서리의 길이의 비임.

$8 \, cm$ $10 \, cm$ $4 \, cm$

원기둥과 같이 모서리가 없는 입체도형의 닮음비는 밑면의 반지름의 길이, 높이를 이용하여 구함.

넓이의 비

넓이의 + 비율 比

닮음비가 $m:n$인 두 도형의 넓이의 비는 닮음비의 제곱과 같음. 즉, $m^2:n^2$.

예

넓이: m^2ab 넓이: n^2ab

서로 닮음인 두 직사각형의 닮음비가 $m:n$일 때, 두 직사각형의 [ ][ ]의 비는 $m^2ab:n^2ab=m^2:n^2$이다.

부피의 비

부피의 + 비율 比

닮음비가 $m:n$인 두 입체도형에서의 부피의 비는 닮음비의 세제곱과 같음. 즉, $m^3:n^3$.

예

부피: m^3abc 부피: n^3abc

서로 닮음인 두 직육면체의 닮음비가 $m:n$일 때, 두 직육면체의 [ ][ ]의 비는 $m^3abc:n^3abc=m^3:n^3$이다.

삼각형의 닮음 조건

셋 三 + 모서리 角 + 모양 形 + 의 + 닮음 + 가지 條 + 조건 件
🖰 '角'의 대표 뜻은 '뿔', '件'의 대표 뜻은 '물건'임.

두 삼각형이 닮음이 되도록 하는 두 삼각형의 각의 크기와 변의 길이의 조건.

예

3 4 5 6 8 10

삼각형 ABC와 삼각형 DEF는 세 쌍의 대응하는 변의 길이의 비가 $1:2$로 같기 때문에 닮음이다. 이때 '세 쌍의 대응하는 변의 길이의 비가 같다.'라는 것은 삼각형의 [ ][ ][ ] 중 하나이다.

두 삼각형이 다음 조건 중 하나를 만족하면 서로 닮은 도형이 돼.
1. 세 쌍의 대응하는 변의 길이의 비가 같다.
2. 두 쌍의 대응하는 변의 길이의 비가 같고, 그 끼인각의 크기가 같다.
3. 두 쌍의 대응하는 각의 크기가 각각 같다.

확인 문제

1 ㉠~㉢을 나타낸 식을 찾아 선으로 이어 보자.

㉠ 　높이의 비가 $m:n$인 두 원기둥의 닮음비.　　　•

㉡ 　닮음비가 $m:n$인 두 도형에서의 넓이의 비.　　•

㉢ 　닮음비가 $m:n$인 두 입체도형에서의 부피의 비.　•

•　$m^2:n^2$

•　$m^3:n^3$

•　$m:n$

2 빈칸에 들어갈 말을 초성을 바탕으로 써 보자.

(1)
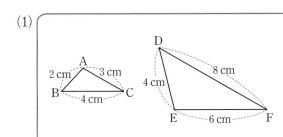

삼각형 ABC와 삼각형 EDF는 세 쌍의 대응하는 변의 길이의 비가 1:2로 같기 때문에 서로 ⬚ ⬚ 이다. 이때 '세 쌍의 대응하는 변의 길이의 비가 같다.'라는 것은 삼각형의 ⬚ ⬚ ⬚ ⬚ 중 하나이다.

(2)
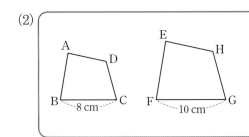

사각형 ABCD와 사각형 EFGH가 닮음일 때, 대응하는 변 BC와 변 FG의 길이의 비 4:5는 사각형 ABCD와 사각형 EFGH의 ⬚ ⬚ ⬚ 이다. 두 사각형의 ⬚ ⬚ 의 비는 $4^2:5^2$이다.

(3)
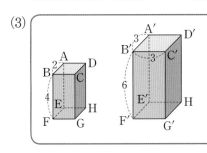

두 직육면체가 서로 닮은 도형일 때, $\overline{AB}$에 대응하는 모서리는 $\overline{A'B'}$이다. 사각형 BFGC와 사각형 B'F'G'C'의 ⬚ ⬚ ⬚ 가 4:6=2:3일 때 두 직육면체의 ⬚ ⬚ 의 비는 $2^3:3^3$이다.

✏️ 단어와 그 뜻을 익히고, 빈칸에 알맞은 단어를 써 보자.

포화 용액

가득할 飽 + 화할 和 +
녹을 溶 + 진액 液
🖱 '飽'의 대표 뜻은 '배부르다'임.

일정한 양의 용매에 용질이 최대로 녹아서 더 이상 녹을 수 없는 상태의 용액.

예 어떤 온도에서 일정한 양의 설탕을 물에 녹일 때 설탕을 계속 넣어 주면 더 이상 녹지 않는 상태가 되는데, 이때의 용액을 [ ][ ][ ]이라고 한다.

증류

김이 오를 蒸 + 물방울 溜
🖱 '蒸'의 대표 뜻은 '찌다'임.

혼합물을 가열하여 나오는 기체 물질을 냉각하여 순수한 액체 물질을 얻는 방법.

예 끓는점이 낮은 성분이 먼저 [ ]되어 나오고, 끓는점이 높은 성분은 나중에 [ ]되어 나온다.

순도

순수할 純 + 정도 度
🖱 '度'의 대표 뜻은 '법도'임.

순수한 정도로, 혼합물에서 주성분인 순물질이 차지하는 비율.

예 증류해서 얻은 물질을 반복해서 증류하면 [ ]가 높은 물질을 얻을 수 있다.

재결정

거듭 再 + 맺을 結 + 결정 晶
🖱 '晶'의 대표 뜻은 '맑다'임.

고체 혼합물 또는 불순물이 포함된 고체 물질에서 순수한 고체를 얻는 과정.

예 불순물이 섞여 있는 소금을 뜨거운 물에 녹인 다음, 불순물을 거름 장치로 제거하고 물을 증발시켜 순수한 소금을 얻는 방법을 [ ][ ][ ]이라고 한다.

추출

뽑아낼 抽 + 나갈 出

혼합물에서 특정 성분만을 녹이는 용매를 사용하여 그 성분 물질을 분리하는 방법.

예 티백을 뜨거운 물에 넣어 차 성분을 우려내는 것은 [ ][ ]을 이용한 것이다.

크로마토그래피

혼합물을 이루는 각 성분 물질이 용매를 따라 이동하는 속도의 차를 이용하여 혼합물을 분리하는 방법.

예 운동선수가 금지 약물을 복용하였는지 검사하기 위해 소변의 성분 물질을 분리하는 방법에 [ ][ ][ ][ ][ ][ ]가 활용된다.

플러스 개념어 **도핑 테스트**
운동선수가 성적을 올리기 위해 금지 약물을 복용했는지의 여부를 검사하는 일. 도핑 테스트를 할 때 선수의 혈액이나 소변을 검사함.

확인 문제

정답과 해설 ▶ 29쪽

1 단어의 뜻을 보기 에서 찾아 사다리를 타고 내려간 곳에 기호를 써 보자.

보기

　㉠ 순수한 정도로, 혼합물에서 주성분인 순물질이 차지하는 비율.

　㉡ 고체 혼합물 또는 불순물이 포함된 고체 물질에서 순수한 고체를 얻는 과정.

　㉢ 일정한 양의 용매에 용질이 최대로 녹아서 더 이상 녹을 수 없는 상태의 용액.

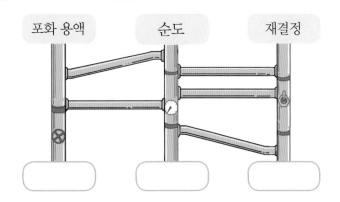

포화 용액　　순도　　재결정

2 단어와 그 뜻이 알맞게 짝 지어진 것에 ○표 해 보자.

(1) 증류 – 혼합물을 가열하여 나오는 기체 물질을 냉각하여 순수한 액체 물질을 얻는 방법. (　　　)

(2) 크로마토그래피– 혼합물에서 특정 성분만을 녹이는 용매를 이용하여 그 성분 물질을 분리하는 방법.
　　　　　　　　　　　　　　　　　　　　　　　　　　　　　　　　　(　　　)

(3) 추출 – 혼합물을 이루는 각 성분 물질이 용매를 따라 이동하는 속도의 차를 이용하여 혼합물을 분리하는 방법. (　　　)

3 (　　) 안에 들어갈 단어를 보기 에서 찾아 써 보자.

보기

　　　　　　재결정　　　　증류　　　　추출

(1) 에탄올을 용매로 사용하여 식물의 꽃이나 잎 등에서 향기 나는 성분을 (　　　　　)하기도 한다.

(2) 고체 물질을 높은 온도의 용매에 녹인 다음 서서히 냉각하여 순수한 결정을 얻는 방법은 (　　　　　)
이다.

(3) 바닷물을 가열하면 끓는점이 낮은 물이 수증기로 나오는데, 이 수증기를 냉각하여 식수로 마실 수
있는 순수한 물을 얻는 방법이 (　　　　　)의 한 예이다.

✏️ 단어와 그 뜻을 익히고, 빈칸에 알맞은 단어를 써 보자.

대화
대할 對 + 말할 話

둘 이상의 사람이 마주 대하여 이야기를 주고받는 것.

• 대화의 요소

| 말하는 이 | ←------ 대화 내용 ------→ | 듣는 이 |

예 ☐☐로 생각을 함께 나누면서 생각이 바뀌기도 하고, 그 차이가 좁혀지기도 한다.

유의어 **대담**
마주 대하고 말함. 일반적으로 '대담'은 전문적인 주제에 대해 이야기를 주고받을 때 쓰임. 예 정상 대담

플러스 개념어
• **면담**: 서로 만나서 이야기함.
• **좌담**: 여러 사람이 한자리에 모여 앉아서 어떤 문제에 대하여 의견이나 견문을 나누는 일.

의미
뜻 意 + 뜻 味
👆 '味'의 대표 뜻은 '맛'임.

말이나 글의 뜻.

예 듣기와 말하기는 상대방과 함께 ☐☐를 나누는 과정이다.

다의어 **의미**
① 행위나 현상 등에 숨어 있는 속뜻.
예 삶의 의미, 역사적 의미
② 어떠한 일, 행동, 현상 등이 지닌 가치나 중요성.
예 방학을 의미 있게 보냈다.

공유
함께 共 + 가질 有
👆 '有'의 대표 뜻은 '있다'임.

두 사람 이상이 하나의 것을 함께 가지는 것.

예 우리는 듣고 말하는 과정에서 서로의 생각을 ☐☐할 수 있다.

동음이의어 **공유**(공적인 公 + 가질 有)
국가나 지방 자치 단체의 소유.
예 지방 자치 단체의 공유 재산 현황을 조사하였다.

교환
서로 交 + 바꿀 換
👆 '交'의 대표 뜻은 '사귀다'임.

서로 주고받고 함.

예 우리는 듣기와 말하기를 통해 생각이나 느낌을 ☐☐할 수 있다.

반응
돌아올 反 + 응할 應
👆 '反'의 대표 뜻은 '돌이키다'임.

자극에 대해 어떤 현상이 일어남.

예 상대방의 말에 공감하며 대화하려면 적극적으로 ☐☐해야 한다.

협력적
도울 協 + 힘 力 +
~한 상태로 되는 的
👆 '的'의 대표 뜻은 '과녁'임.

힘을 합하여 서로 돕는 것.

예 의사소통 과정에서는 ☐☐☐인 태도가 중요하다.

확인 문제

정답과 해설 ▶ 30쪽

1 단어의 뜻을 [보기]에서 찾아 사다리를 타고 내려간 곳에 기호를 써 보자.

보기
ㄱ 서로 바꾸는 일.
ㄴ 말이나 글의 뜻.
ㄷ 둘 이상의 사람이 마주 대하여 이야기를 주고받는 것.

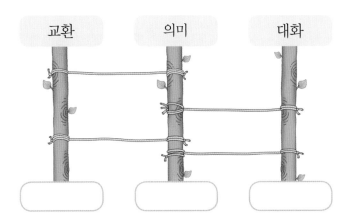

교환   의미   대화

2 빈칸에 공통으로 들어갈 글자를 써 보자.

• 대◻ : 마주 대하고 말함.
• 면◻ : 서로 만나서 이야기함.
• 좌◻ : 여러 사람이 한자리에 모여 앉아서 의견이나 견문을 나누는 일.

→ ◻

3 밑줄 친 단어의 뜻이 나머지와 다른 것은? ( )

① 마을 사람들이 놀이터 땅을 공유하고 있다.
② 정보의 공유는 정보화 시대에 매우 중요하다.
③ 우리 민족은 같은 문화와 언어를 공유한 단일 민족이다.
④ 정부의 공유 건물을 서민들에게 싼값으로 빌려주고 있다.
⑤ 대화는 상대방과 생각이나 느낌을 표현하고 공유하는 활동이다.

4 ㄱ, ㄴ에 들어가기에 알맞은 말끼리 묶은 것은? ( )

• 듣기를 할 때에는 상대방의 말에 주의를 집중하며 적절하게 (ㄱ)해야 한다.
• 대화를 할 때에는 자신의 의사를 명확하게 전달하고 (ㄴ)인 태도로 참여해야 한다.

ㄱ   ㄴ
① 공감, 소극적
④ 반응, 미온적

ㄱ   ㄴ
② 자극, 타협적
⑤ 무시, 타협적

ㄱ   ㄴ
③ 반응, 협력적

✏️ 단어와 그 뜻을 익히고, 빈칸에 알맞은 단어를 써 보자.

탕평

털어 없앨 蕩 + 평평할 平

당파를 이루어 싸우면서 나타나는 해로운 현상
조선 영조 때에, 당쟁의 폐단을 없애기 위하여 각 당파에서 고르게 인재를 뽑아 쓰던 정책.

예 영조는 붕당의 대립을 줄이고 왕권을 강화하기 위해 고르게 인재를 뽑아 쓰는 ☐☐을 시행했다.

다의어 **탕평**
싸움, 시비, 논쟁 따위에서 어느 쪽에도 치우침이 없이 공평함.

환국

바꿀 換 + 판 局

국내 및 국제 정세 또는 일이 벌어지는 형편이 바뀜.

예 숙종은 집권 붕당을 급격히 교체하는 ☐☐을 여러 차례 실시하였다.

조선 숙종 때는 남인과 서인이 파벌을 이루어 정권 다툼이 치열했어. 숙종은 왕권을 강화하기 위해 일방적으로 지배 세력을 교체해 버리곤 했는데 이를 '환국'이라고 해.

세도 정치

형세 勢 + 길 道 +
정사 政 + 다스릴 治

촌수가 가까운 일가
왕의 근친이나 신임을 얻은 신하가 강력한 정치적 권세를 잡고 마음대로 나라를 다스리는 정치 형태.

예 순조, 헌종, 철종의 3대 60여 년 동안 ☐☐ ☐☐가 이어지면서 왕권이 크게 약화되고, 정치 질서와 법도가 어지러워졌다.

소작지

작을 小 + 지을 作 + 땅 地

땅 주인에게 땅을 빌려 농사를 짓고 소작료를 지급하는 땅.

예 조선 후기에 ☐☐☐마저 얻지 못한 농민들은 도시나 광산으로 떠나거나 머슴이 되었다.

납속

바칠 納 + 조 粟
🖱 '納'의 대표 뜻은 '들이다'임. '粟'는 곡식 이름임.

조선 시대에, 나라의 어려운 재정을 보충하기 위해 돈이나 곡식을 받고 그 대가로 벼슬이나 성을 주거나 노비 신분에서 벗어나게 해 주던 정책.

예 조선 후기에는 노비도 ☐☐을 이용하거나 전쟁에서 공을 세워 신분 상승을 하였다.

플러스 개념어 **공명첩**
이름을 쓰는 칸이 비어 있는 백지 임명장. 돈이나 곡식을 받고 명예 관직을 주거나 노비 신분을 면하도록 허가해 주는 문서임.

동학

동녘 東 + 학문 學
🖱 '學'의 대표 뜻은 '배우다'임.

19세기 중엽에 최제우가 세상과 백성을 구제하려는 뜻으로 창시한 민족 종교. 유교, 불교, 도교를 바탕으로 민간 신앙을 융합함.

예 ☐☐은 '사람이 곧 하늘'이라는 인내천 사상을 중심으로 평등을 강조하였다.

실학

실제로 행할 實 + 학문 學
🖱 '實'의 대표 뜻은 '열매'임.

경험적 사실의 관찰과 실험에 따라 적극적으로 증명하는 것
실증적인 방법으로 학문을 연구하고, 그 결과를 실생활에 활용하여 현실 문제를 해결하려 한 학파.

예 ☐☐은 유형원, 정약용 등이 주장한 농업 중심의 개혁론과 박지원, 박제가 등이 주장한 상공업 중심의 개혁론으로 발전하였다.

확인 문제

1 뜻에 알맞은 단어를 글자판에서 찾아 묶어 보자.(단어는 가로, 세로, 대각선 방향에서 찾기)

동	학	천	환
속	탕	도	소
실	납	평	작
학	세	정	지

❶ 땅 주인에게 땅을 빌려 농사를 짓고 소작료를 지급하는 땅.
❷ 최제우가 세상과 백성을 구제하려는 뜻으로 창시한 민족 종교.
❸ 조선 영조 때에, 당쟁의 폐단을 없애기 위하여 각 당파에서 고르게 인재를 뽑아 쓰던 정책.
❹ 실증적인 방법으로 연구한 학문의 결과를 실생활에 활용하여 현실 문제를 해결하려 한 학파.

2 빈칸에 들어갈 단어를 보기에서 찾아 써 보자.

보기
환국	세도 정치	납속	탕평

(1) 영조와 정조는 각 당파에서 고르게 인재를 등용하는 [   ] 정책을 시행하여 왕권 강화와 정치 안정을 가져왔어.
( )

(2) 왕실과 혼인 관계를 맺은 일부 가문이 정권을 장악한 [   ](으)로 왕권이 약해지고 정치 기강이 어지럽게 되었어.
( )

(3) 조선 후기 신분제에 변동이 일어나면서 노비들도 [   ]을/를 이용해 자신의 신분을 상승시킬 수 있었어.
( )

(4) 숙종은 집권 붕당을 급격히 교체하는 [   ]을/를 여러 차례 실시했는데, 한 붕당이 정권을 잡을 때마다 상대 붕당은 몰락했어.
( )

3 ( ) 안에서 알맞은 단어를 골라 ○표 해 보자.

(1) (실학 , 동학)은 학문 연구 결과를 실생활에 활용해 현실 문제에 관한 다양한 개혁 방안을 제시한 사상이다.

(2) 조선 후기 모내기법이 전국적으로 보급되면서 일부 농민은 농사짓는 땅을 늘려 부농이 되었지만, 땅 주인에게 (경작지 , 소작지)도 얻지 못한 농민은 머슴이 되기도 했다.

✏️ 단어와 그 뜻을 익히고, 빈칸에 알맞은 단어를 써 보자.

중점 가운데 中 + 점 點	가운데 점으로, 선분의 양 끝점에서 같은 거리에 있는 점. 예 선분 AB 위의 양 끝점에서 같은 거리에 있는 점 M이 선분 AB의 [　　]이다.	A ── M ── B $\overline{AM}=\overline{BM}=\dfrac{1}{2}\overline{AB}$
삼각형의 중선 셋 三 + 모서리 角 + 모양 形 + 의 + 가운데 中 + 줄 線 👆'角'의 대표 뜻은 '뿔'임.	삼각형의 한 꼭짓점과 마주 보는 변의 중점을 연결한 선분. 예 삼각형 ABC의 꼭짓점 A에서 대변 BC의 중점 M을 연결한 선분 AM을 [　　]이라고 한다.	A 중선 B M C
삼각형의 무게중심 셋 三 + 모서리 角 + 모양 形 + 의 + 무게 + 가운데 中 + 중심 心 👆'心'의 대표 뜻은 '마음'임.	삼각형의 세 중선의 교점. 예 삼각형 ABC의 세 중선 $\overline{AD}$, $\overline{BE}$, $\overline{CF}$가 만나는 교점 G를 삼각형의 [　　　　]이라고 한다.	A F E G B D C
피타고라스 정리 피타고라스 + 정할 定 + 이치 理 👆'理'의 대표 뜻은 '다스리다'임.	직각삼각형에서 직각을 끼고 있는 두 변의 길이의 제곱의 합은 빗변의 길이의 제곱과 같음. 예 직각삼각형에서 직각을 낀 두 변의 길이를 각각 a, b라 하고, 빗변의 길이를 c라고 할 때, $a^2+b^2=c^2$이 성립하는 것이 [　　　　　　]이다.	A c b B a C
전개도 펼칠 展 + 열 開 + 그림 圖	입체도형을 펼쳐서 평면에 나타낸 그림. 예 직육면체에서 서로 마주 보는 면은 합동이 되도록 그리고, 접히는 부분은 점선으로, 나머지 부분은 실선으로 나타낸다. 같은 입체도형이라도 [　　]의 모양은 달라질 수 있다.	
최단 거리 가장 最 + 짧을 短 + 떨어져 있을 距 + 떨어질 離 👆'離'의 대표 뜻은 '떠나다'임.	가장 짧은 거리. 예 입체도형에서 두 점 사이의 [　　][　　]는 전개도를 이용해 구할 수 있다.	A a D c B E C P c H F G b → A a D c H B l P b C G
수선의 발 드리울 垂 + 줄 線 + 의 발	직선 위에 있지 않은 한 점에서 직선에 그은 수선과 직선의 교점. 예 직선 l 위에 있지 않은 점 P에서 직선 l에 그은 수선과 직선 l이 만나서 생기는 교점이 H일 때, 점 H를 점 P에서 직선 l에 내린 [　　]의 [　　]이라고 한다.	P 점 P와 직선 l 사이의 거리 H 수선의 발 l 직선 위에 있지 않은 한 점에서 직선에 내린 수선의 발까지의 거리를 '점과 직선 사이의 거리'라고 함.

확인 문제

1 뜻에 알맞은 말을 찾아 선으로 이어 보자.

(1)   입체도형을 펼쳐서 평면에 나타낸 그림. •   • 중점

(2)   가운데 점으로, 선분의 양 끝점에서 같은
거리에 있는 점. •   • 전개도

(3)   직선 위에 있지 않은 한 점에서 직선에
그은 수선과 직선의 교점. •   • 수선의 발

2 빈칸에 들어갈 말을 초성을 바탕으로 써 보자.

(1)   삼각형 ABC에서 세
점 D, E, F가 세 변의
중점일 때, 삼각형의 각
꼭짓점과 대변의 중점
을 연결한 선분 $\overline{AD}$,

$\overline{BE}$, $\overline{CF}$를 ⌈ㅈ⌉⌈ㅅ⌉이라고 하고,
세 선분이 만나는 교점 G를 삼각형의
⌈ㅁ⌉⌈ㄱ⌉⌈ㅈ⌉⌈ㅅ⌉이라고 한다.

(2)   직각삼각형에서 직
각을 낀 두 변의 길이
$\overline{AB}=6cm$,
$\overline{BC}=8cm$이고,
빗변의 길이 $\overline{AC}=10cm$일 때,
$6^2+8^2=10^2$이 성립하는 것을
⌈ㅍ⌉⌈ㅌ⌉⌈ㄱ⌉⌈ㄹ⌉⌈ㅅ⌉⌈ㅈ⌉⌈ㄹ⌉라고 한다.

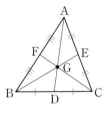

(3)   직육면체의 점 B에서 점 H까지의
⌈ㅊ⌉⌈ㄷ⌉ ⌈ㄱ⌉⌈ㄹ⌉는 사각형 ABCD와
DCGH의 두 면을 펼친 전개도에서 $\overline{BH}$의
길이와 같다.

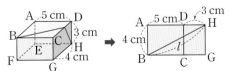

(4)

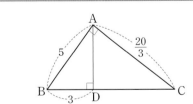

직각삼각형 ABC의 점 A에서 $\overline{BC}$에
내린 ⌈ㅅ⌉⌈ㅅ⌉의 ⌈ㅂ⌉을 D라고 할 때,
$\overline{AD}$는 점 A에서 $\overline{BC}$ 사이의 거리이다.

과학 교과서 어휘

 단어와 그 뜻을 익히고, 빈칸에 알맞은 단어를 써 보자.

수권

물 水 + 구역 圈

'圈'의 대표 뜻은 '우리'임.

지구에서 물이 분포하는 영역.

예 □□을 구성하는 물의 약 97.2 %는 바닷물이다.

수자원

물 水 + 재물 資 + 근원 源

수권에서 자원으로 사용할 수 있는 물.

예 강수량은 계절, 지역에 따라 차이가 매우 크기 때문에 안정적인 □□□을 확보하기 위해 댐과 같은 저수 시설을 건설하거나 지하수를 개발한다.

염류

소금 鹽 + 무리 類

바닷물에 녹아 있는 여러 가지 물질.

예 □□ 중 가장 많은 부분을 차지하는 것은 짠맛을 내는 염화 나트륨이다.

염분

소금 鹽 + 나눌 分

'分'은 '성분'의 뜻을 더하는 접미사로 사용됨.

바닷물에 녹아 있는 염류의 농도로, 해수 1 kg에 녹아 있는 염류의 양을 g 단위로 나타낸 것.

예 전 세계 해수의 평균 □□은 약 35 psu로, 해수 1 kg에
염분의 단위로 psu 또는 ‰(퍼밀)을 사용함.
녹아 있는 염류의 양이 35 g이라는 것이다.

> 염분이 높은 바다는 건조하여 증발량이 많은 지역이고, 염분이 낮은 바다는 적도나 비가 많이 오는 지역, 강물이 흘러드는 지역 등이야.

염분비 일정 법칙

소금 鹽 + 나눌 分 + 비율 比 +
하나 一 + 정할 定 +
법 法 + 법칙 則

'比'의 대표 뜻은 '견주다'임.

바닷물의 염분 비율은 달라도 녹아 있는 염류 사이의 비율은 일정함.

예 염분은 지역에 따라 다르지만 바닷물에 녹아 있는 물질들 사이의 비율은 세계의 바닷물 어디에서나 거의 일정하다는 것이 □□□ □□ □□이다.

난류

따뜻할 暖 + 흐를 流

저위도에서 고위도로 흐르는 따뜻한 해류.

예 □□는 수온과 염분이 높지만 산소량이 적어 어종이 풍부하지 못하다.

플러스 개념어 **해류**
일정한 방향으로 지속적으로 흐르는 바닷물의 흐름.

한류

찰 寒 + 흐를 流

고위도에서 저위도로 흐르는 차가운 해류.

예 □□는 수온과 염분이 낮아 산소와 영양 염류가 풍부하므로 플랑크톤이 많아 청록색을 띤다.

조경 수역

밀물 潮 + 지경 境 +
물 水 + 구역 域

'域'의 대표 뜻은 '지경'임.
'지경'은 '땅의 가장자리, 즉 경계'라는 뜻임.

경계가 되는 부분
바닷물 흐름의 경계부로, 성질이 서로 다른 두 해류가 만나는 경계가 되는 수역.
즉 한류와 난류가 만나는 영역.

예 동해의 난류와 한류가 만나는 □□ □□은 영양 염류와 플랑크톤이 풍부하여 좋은 어장이 된다.

---

1 뜻에 알맞은 단어를 글자판에서 찾아 묶어 보자.(단어는 가로, 세로, 대각선 방향에서 찾기)

염	기	염	법	칙
비	용	분	수	난
해	류	자	일	정
수	원	한	염	결
일	권	서	자	류

❶ 지구에서 물이 분포하는 영역.

❷ 바닷물에 녹아 있는 여러 가지 물질.

❸ 수권에서 자원으로 사용할 수 있는 물.

❹ 바닷물에 녹아 있는 염류의 농도로, 해수 1 kg에 녹아 있는 염류의 양을 g 단위로 나타낸 것.

2 ( ) 안에서 알맞은 단어를 골라 ○표 해 보자.

(1) 난류는 저위도에서 고위도로 흐르는 (따뜻한 , 차가운) 해류이고, 한류는 고위도에서 저위도로 흐르는 (따뜻한 , 차가운) 해류이다.

(2) 바닷물의 (염분 , 염류) 비율은 달라도 녹아 있는 (염분, 염류) 사이의 비율은 일정하다는 법칙이 염분비 일정 법칙이다.

3 ( ) 안에 들어갈 단어를 보기에서 찾아 써 보자.

보기
난류   염분   수자원   조경 수역   한류

(1) ( )이/가 높은 해역은 강수량보다 증발량이 많은 해역이다.

(2) 지하수는 강과 호수의 물을 대체할 수 있는 ( )(으)로서 중요한 가치를 지닌다.

(3) ( )은/는 영양분이 풍부하므로 한류와 난류 두 해류의 어군이 모여들어 좋은 어장을 형성한다.

(4) ( )이/가 흐르는 해역은 주변 바다보다 수온이 높고, ( )이/가 흐르는 해역은 주변 바다보다 수온이 낮다.

한자 어휘

後(후), 風(풍)이 들어간 단어

後
뒤 후

후(後)는 주로 '뒤'라는 뜻으로 쓰여. 시간이나 순서상으로 다음이나 나중을 '뒤'라고 하지. 후(後)는 '뒤떨어지다'라는 뜻으로 쓰일 때도 있어.

風
바람 풍

풍(風)은 주로 '바람'이라는 뜻으로 쓰여. 공기의 움직임을 '바람'이라고 해. 풍(風)은 '풍속', '모습'이라는 뜻으로도 쓰여.

✏️ 단어와 그 뜻을 익히고, 빈칸에 알맞은 단어를 써 보자.

우후죽순

비 雨 + 뒤 後 + 대 竹 + 죽순 筍

'후(後)'가 '뒤'라는 뜻으로 쓰였어. 비가 오고 나면 죽순이 여기저기 쑥쑥 솟아난다는 뜻이야.

비가 온 뒤에 여기저기 솟는 죽순이라는 뜻으로, 어떤 일이 한때에 많이 생겨남을 비유적으로 이르는 말.

예 도시가 발달하면서 새로운 건물들이 [   ]처럼 생겨났다.

후진

뒤 後 + 나아갈 進

'후(後)'가 '뒤떨어지다'라는 뜻으로 쓰였어.

어떤 발전 수준에 뒤지거나 뒤떨어짐.

예 선진 국가들은 아시아나 아프리카의 [   ] 국가에 식량 및 기술을 지원하기로 했다.

다의어 **후진**
① 뒤쪽으로 나아감.
　예 후진으로 차를 몰다.
② 같은 학교를 나중에 나온 사람.
　예 그는 은퇴 후 후진 양성에 힘쓰고 있다.

풍력

바람 風 + 힘 力

'풍(風)'이 '바람'이라는 뜻으로 쓰였어.

바람의 힘.

예 바람이 많이 부는 이곳에서는 주로 [   ]을 이용해 전기를 일으킨다.

미풍양속

아름다울 美 + 바람 風 + 좋을 良 + 풍속 俗
👆 '良'의 대표 뜻은 '어질다'임.

미풍(美風) + 양속(良俗)
아름다운 풍속　좋은 풍속
'풍(風)'이 '풍속'이라는 뜻으로 쓰였어.

아름답고 좋은 풍속.

예 우리나라는 웃어른을 공경하는 [   ]을 간직하고 있다.

풍경

바람 風 + 경치 景
👆 '景'의 대표 뜻은 '볕'임.

'풍(風)'이 '모습'이라는 뜻으로 쓰였어.

산이나 들, 강, 바다 등의 자연이나 지역의 모습.

예 산꼭대기에서 바라본 [   ]이 아름다웠다.

동의어 **경치**(경치 景 + 멋 致)
자연이나 지역의 모습.
예 경치가 빼어나다.

확인 문제

1 뜻에 알맞은 단어가 되도록 보기 의 글자를 조합해 써 보자.

보기

후　양　죽　미　우　풍　속　순

(1) 아름답고 좋은 풍속. → ☐☐☐☐

(2) 어떤 일이 한때에 많이 생겨남. → ☐☐☐☐

2 단어의 뜻을 찾아 선으로 이어 보자.

(1) 후진　　•　　　　•　바람의 힘.

(2) 풍경　　•　　　　•　어떤 발전 수준에 뒤지거나 뒤떨어짐.

(3) 풍력　　•　　　　•　산이나 들, 강, 바다 등의 자연이나 지역의 모습.

3 (　) 안에 들어갈 단어를 보기 에서 찾아 써 보자.

보기
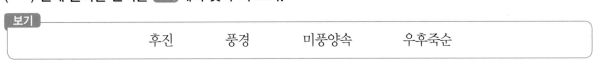

후진　　　풍경　　　미풍양속　　　우후죽순

(1) 경제 발전을 이루지 못하면 (　　　　) 사회에서 벗어나기 어렵다.

(2) 화가는 의자에 앉아 아름다운 공원의 (　　　　)을 스케치하고 있었다.

(3) 무인점포가 (　　　　)처럼 생겨나면서 업체들 간의 경쟁이 심화되고 있다.

(4) 조상에게 예를 갖추어 차례를 지내는 것은 (　　　　)으로, 효에서 나온 자연스러운 행동이었다.

영문법 어휘

"
의문사는 궁금함의 대상을 가리키는 말이야. 그런데 궁금한 대상이 무엇이냐에 따라 사용하는 의문사가 달라져. 사람이나 물건일 때는 의문대명사, 명사의 상태일 때는 의문형용사, 형용사나 부사의 상태일 때는 의문부사를 사용하지. 이제 의문사의 종류와 뜻을 알아보고, 다른 문장의 일부로 쓰이는 간접의문문에 대해서도 공부해 보자.
"

✏️ **단어와 그 뜻을 익히고, 빈칸에 알맞은 단어를 써 보자.**

---

interrogative pronoun
의문대명사
의심할 疑 + 물을 問 + 대신할 代 + 이름 名 + 말 詞

궁금함의 대상이 사람이나 물건일 때 사용하는 의문사를 가리키는 말. 의문대명사로는 What(무엇), Who(누구)가 있음.

· **Who** is he in front of the door?(문 앞에 있는 그는 누구니?)
'누구'인지 사람을 궁금해하는 의문대명사

예 "What is on the desk?(책상 위에 있는 것은 무엇이니?)"에서 what은 궁금함의 대상이 사물인 ⬜⬜⬜⬜⬜이다.

---

interrogative adjective
의문형용사
의심할 疑 + 물을 問 + 모양 形 + 얼굴 容 + 말 詞

궁금함의 대상이 명사의 상태일 때 사용하는 의문사를 가리키는 말. 의문형용사로는 What(어떤), Which(어떤)가 있음.

· **What** color is this dress?
명사 color의 상태를 궁금해하는 의문형용사
(이 드레스는 어떤 색깔이니?)

예 "Which food do you like better, pizza or spaghetti?(피자나 스파게티 중 어떤 음식을 더 좋아하니?)"에서 which는 명사 food에 대해 궁금해하는 ⬜⬜⬜⬜⬜이다.

> **플러스 개념어** **선택의문사**
> 의문형용사로 쓰인 which가 둘 중에 하나를 선택하도록 물을 때, 이를 선택의문사라고 함.
> 예 Which color do you like better, blue or red?(파랑 혹은 빨강 중에 어느 색을 더 좋아해?)

---

interrogative adverb
의문부사
의심할 疑 + 물을 問 + 버금 副 + 말 詞

궁금함의 대상이 장소, 시간, 이유, 형용사나 부사의 상태일 때 사용하는 의문사를 가리키는 말. 의문부사로는 Where(어디), When(언제), Why(왜), How(얼마나)가 있음.

· **How** long is this ruler?(이 자는 얼마나 기니?)
형용사 long의 상태를 궁금해하는 의문부사

예 "Why do you go to the Community Center?(너는 지역 센터에 왜 가니?)"에서 Why는 이유를 궁금해하는 ⬜⬜⬜⬜이다.

---

indirect question
간접의문문
사이 間 + 이을 接 + 의심할 疑 + 물을 問 + 글월 文

독립적으로 있지 않고, 의문문이 문장의 일부로 존재할 때를 가리키는 문장. 문장에서 주어와 동사 다음에 목적어로 의문문이 나오는 것임.

· I know **what your name is**.
주어 I와 동사 know 다음에 목적어로 온 간접의문문
(나는 네 이름이 무엇인지 안다.)

예 "Can you tell me how old you are?(네가 몇 살인지 나에게 말해 줄래?)"에서 의문문 how old you are는 주어와 동사 뒤에서 목적어 역할을 하는 ⬜⬜⬜⬜⬜이다.

> **플러스 개념어** **어순 정치**
> 의문문을 만들 때는 주어와 동사의 순서가 바뀌는 도치가 일어나지만, 간접의문문에서는 주어와 동사의 순서가 바뀌지 않고 정상적으로 나오므로 이를 '어순 정치'라고 함.
> 예 Who are you? (의문문)
> 　　동사 + 주어
> 　Tell me who you are. (간접의문문)
> 　　　　　　주어 + 동사

확인 문제

1 단어의 뜻을 찾아 선으로 이어 보자.

(1) 의문대명사 •

(2) 의문형용사 •

(3) 의문부사 •

(4) 간접의문문 •

• 궁금함의 대상이 명사의 상태일 때 사용하는 의문사.

• 궁금함의 대상이 사람이나 물건일 때 사용하는 의문사.

• 의문문이 문장의 일부로 존재할 때를 가리키는 문장.

• 궁금함의 대상이 장소, 시간, 이유, 형용사나 부사의 상태일 때 사용하는 의문사.

2 밑줄 친 부분에 해당하는 것을 보기 에서 찾아 기호를 써 보자.

보기
㉠ 의문대명사   ㉡ 의문형용사   ㉢ 의문부사   ㉣ 간접의문문

(1) **Where** do you live?(너는 어디에서 사니?) ··· (   )

(2) **What** are you doing now?(너는 지금 무엇을 하는 중이니?) ··· (   )

(3) Do you know **where he lives**?(너는 그가 어디에 사는지 아니?) ··· (   )

(4) **What** subject do you like best?(네가 가장 좋아하는 과목은 무엇이니?) ··· (   )

3 보기 의 ㉠~㉢에 대해 알맞게 말한 친구에게 ◯표 해 보자.

보기
• ㉠ **Who** is your hero?(너의 우상은 누구니?)
• ㉡ **When** is your birthday?(너의 생일은 언제니?)
• ㉢ **Which** hotel do we stay at?(우리는 어느 호텔에 묵니?)

(1) 궁금한 대상이 사람이므로 ㉠은 의문형용사야.

(2) 궁금한 대상이 시간이므로 ㉡은 의문부사야.

(3) 궁금한 대상이 명사의 상태이므로 ㉢은 의문대명사야.

(   )

(   )

(   )

✏️ 3주차 1~5회에서 공부한 단어를 떠올리며 문제를 풀어 보자.

국어

1 단어의 뜻과 예를 찾아 선으로 이어 보자.

(1) 준언어 ·

· 언어 표현과는 별도로 의미를 전달하는 표현. ·

· 예 시선, 표정, 몸짓, 자세

(2) 비언어 ·

· 언어 표현에 직접 드러나 의미를 전달하는 표현. ·

· 예 말의 속도, 목소리 크기, 발음, 억양

국어

2 문장에 어울리는 단어를 ( ) 안에서 골라 ○표 해 보자.

(1) 듣고 말하는 과정에서 서로의 생각을 (사유, 공유)할 수 있다.

(2) 의사소통을 원활하게 하기 위해서는 힘을 합해 서로 돕는 (협력적 , 독립적) 태도가 중요하다.

(3) 대화를 할 때는 상대방의 말에 적절한 공감을 표하거나 알맞은 (반응 , 반어)을/를 하도록 한다.

사회

3 빈칸에 들어갈 단어를 초성을 바탕으로 써 보자.

(1) 국내 및 국제 정세 또는 일이 벌어지는 형편이 바뀜. → ㅎ | ㄱ

(2) 조선 시대에, 이념이나 이해에 따라 이루어진 사람의 집단. → ㅂ | ㄷ

(3) 싸움, 시비, 논쟁 따위에서 어느 쪽에도 치우침이 없이 공평함. → ㅌ | ㅍ

(4) 왕의 근친이나 신임을 얻은 신하가 강력한 정치적 권세를 잡고 마음대로 나라를 다스리는 정치 형태. → ㅅ | ㄷ | ㅈ | ㅊ

수학

4 ( ) 안에 들어갈 단어를 보기 에서 찾아 써 보자.

> 보기
> 닮음   닮음비

(1) 닮은 두 도형에서 대응하는 변의 길이의 비를 ( )(이)라고 한다.

(2) 한 도형을 일정한 비율로 확대 또는 축소한 것이 다른 도형과 합동이 될 때 이 두 도형은 서로 ( )인 관계에 있다고 한다.

수학

5 ( ) 안에 들어갈 말을 [보기]에서 찾아 써 보자.

[보기]

| 수선의 발 | 삼각형의 중선 | 피타고라스 정리 |

(1) ( )은/는 삼각형의 한 꼭짓점과 마주 보는 변의 중점을 연결한 선분이다.

(2) 직선 위에 있지 않은 한 점에서 직선에 그은 수선과 직선의 교점을 ( )(이)라고 한다.

(3) 직각삼각형에서 직각을 낀 두 변의 길이를 각각 a, b라 하고, 빗변의 길이를 c라고 할 때, $a^2+b^2=c^2$ 이 성립하는 것은 ( )이다.

과학

6 빈칸에 들어갈 단어로 알맞은 것은? ( )

혼합물을 분리하는 방법 중 [ ]은/는 혼합물을 이루는 각 성분 물질이 용매를 따라 이동하는 속도의 차를 이용하여 혼합물을 분리한다.

① 추출   ② 재결정   ③ 증류   ④ 여과   ⑤ 크로마토그래피

과학

7 ㉠~㉢과 바꾸어 쓸 수 있는 단어를 ( ) 안에서 골라 ○표 해 보자.

• ㉠바닷물에 녹아 있는 여러 가지 물질 중 가장 많은 것을 차지하는 것은 짠맛을 내는 염화 나트륨이다.
• 해수는 일정한 방향으로 지속적으로 움직이는데, ㉡저위도에서 고위도로 흐르는 따뜻한 해류와 ㉢고위도에서 저위도로 흐르는 차가운 해류가 만나는 곳에는 다양한 어종이 모여들어 좋은 어장을 형성한다.

(1) ㉠ → (염류 , 염분)   (2) ㉡ → (한류 , 난류)   (3) ㉢ → (한류 , 난류)

한자

8 초성을 바탕으로 빈칸에 알맞은 단어를 써 보자.

(1) 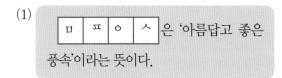 ㅁ ㅍ ㅇ ㅅ 은 '아름답고 좋은 풍속'이라는 뜻이다.

(2) 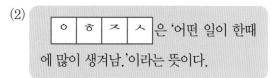 ㅇ ㅎ ㅈ ㅅ 은 '어떤 일이 한때에 많이 생겨남.'이라는 뜻이다.

영문법

9 밑줄 친 단어에 대한 설명이 알맞으면 ○표, 알맞지 않으면 ✕표 해 보자.

(1) 의문대명사는 궁금함의 대상이 명사의 상태일 때 사용하는 의문사이다. ( )

(2) 의문형용사는 궁금함의 대상이 사람이나 물건일 때 사용하는 의문사이다. ( )

(3) 의문부사는 궁금함의 대상이 장소, 시간, 이유, 형용사나 부사의 상태일 때 사용하는 의문사이다.

( )

4주차 어휘 미리 보기

한 주 동안 공부할 어휘들이야. 쏙 한번 훑어볼까?

1회 학습 계획일 ◯월 ◯일

국어 교과서 어휘	역사 교과서 어휘
설명문	문호
정의	근대화
예시	최혜국
비교	시해
분류	갑신정변
인과	의거
	의병

2회 학습 계획일 ◯월 ◯일

수학 교과서 어휘	과학 교과서 어휘
사건	조석
경우의 수	조류
사건 A 또는 사건 B가 일어나는 경우의 수	전도
	대류
사건 A와 사건 B가 동시에 일어나는 경우의 수	복사
	열평형
비율	
백분율	

3회 학습 계획일 ◯월 ◯일

국어 교과서 어휘	역사 교과서 어휘
고쳐쓰기	제헌 헌법
문단	신탁 통치
문맥	판문점
점검	계엄
맞춤법	직선제
브레인스토밍	외환 위기

4회 학습 계획일 〇월 〇일

수학 교과서 어휘	과학 교과서 어휘
확률	단열
어떤 사건이 일어 나지 않을 확률	패시브 하우스
	비열
사건 A 또는 사건 B가 일어날 확률	일교차
	열팽창
사건 A와 사건 B 가 동시에 일어 날 확률	기상 재해
	감염성 질병
	역학 조사

5회 학습 계획일 〇월 〇일

한자 어휘	영문법 어휘
역지사지	동명사
교역	의미상 주어
평이	수량 형용사
오비이락	빈도 부사
비약	

**어휘력
테스트**

2학기
어휘 학습 끝!
이젠 학교 공부
자신 있어!

✏️ 단어와 그 뜻을 익히고, 빈칸에 알맞은 단어를 써 보자.

설명문

서술할 說 + 밝힐 明 + 글월 文
🖱 '說'의 대표 뜻은 '말씀', '明'의 대표 뜻은 '밝다'임.

정보를 전달하기 위해 다양한 설명 방법을 사용하여 객관적이고 논리적으로 서술한 글.

예 ☐☐☐의 설명 방법에는 정의, 예시, 비교, 대조, 분류, 구분, 분석, 인과 등이 있다.

정의

정할 定 + 뜻 義
🖱 '義'의 대표 뜻은 '옳다'임.

설명 대상의 뜻을 밝혀 설명하는 방법.

예 주로 '~은/는 ~(이)다.'와 같은 형태의 문장으로 설명하는 방법은 ☐☐이다.

예시

본보기 例 + 보일 示
🖱 '例'의 대표 뜻은 '법식'임.

설명 대상과 관련하여 구체적이고 친근한 예를 들어 설명하는 방법.

예 '예를 들어'나 '예컨대'와 같은 말로 설명하는 방법은 ☐☐이다.

비교

견줄 比 + 견줄 較

설명 대상 간의 공통점을 견주어 설명하는 방법.

예 이 글에서는 진달래와 철쭉의 공통점을 들어 설명하는 ☐☐의 방법을 사용하였다.

플러스 개념어 **대조**
설명 대상 간의 차이점을 견주어 설명하는 방법.

분류

나눌 分 + 무리 類

설명 대상을 종류별로 묶어서 설명하는 방법.

예 가야금과 거문고는 현악기, 트롬본과 색소폰은 관악기, 팀파니와 북 따위는 타악기로 ☐☐할 수 있다.

플러스 개념어
• **구분**: 설명 대상을 공통되는 특징에 따라 나누어 설명하는 방법.
  예 자동차는 크기에 따라 경차, 소형차, 중형차, 대형차로 구분할 수 있다.
• **분석**: 설명 대상을 구성하는 요소나 부분으로 나누어 설명하는 방법.
  예 곤충의 몸은 머리, 가슴, 배로 나눌 수 있다.

인과

원인 因 + 결과 果
🖱 '果'의 대표 뜻은 '열매'임.

설명 대상을 원인과 결과에 따라 설명하는 방법.

예 기후 변화의 원인과 결과에 대해 알려 주려면 ☐☐의 설명 방법을 사용하는 것이 좋다.

---

1 뜻에 알맞은 단어를 글자판에서 찾아 묶어 보자.(단어는 가로, 세로, 대각선 방향에서 찾기)

과	설	문	예	시
문	대	명	정	교
분	류	조	문	대
예	인	석	정	비
과	설	의	시	유

❶ 설명 대상의 뜻을 밝혀 설명하는 방법.
❷ 설명 대상을 원인과 결과에 따라 설명하는 방법.
❸ 설명 대상과 관련하여 구체적이고 친근한 예를 들어 설명하는 방법.
❹ 정보를 전달하기 위해 다양한 설명 방법을 사용하여 객관적이고 논리적으로 서술한 글.

2 ( ) 안에서 알맞은 단어를 골라 ○표 해 보자.

(1) 설명문은 (의견 , 정보) 전달을 목적으로 하는 글이다.

(2) 비교는 설명 대상 간의 (공통점 , 차이점)을 견주어 설명하는 방법이고, 대조는 설명 대상 간의 (공통점 , 차이점)을 견주어 설명하는 방법이다.

(3) 설명 대상을 종류별로 묶어서 설명하는 방법은 (분류 , 분석)이고, 설명 대상을 구성하는 요소나 부분으로 나누어 설명하는 방법은 (분류 , 분석)이다.

3 친구들이 사용한 설명 방법을 보기 에서 찾아 빈칸에 써 보자.

보기

정의   구분   인과

(1) 온실 효과로 지구의 기온이 상승하면 남극과 북극의 빙하가 녹게 되어 해수면이 상승해.

(2) 악기는 소리를 내는 방법에 따라 현악기, 관악기, 타악기로 나뉘어.

(3) 수필은 일상생활을 하면서 느낀 점이나 겪은 일을 자유롭게 쓴 글이야.

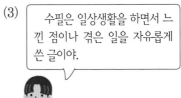

역사 교과서 어휘

✏️ 단어와 그 뜻을 익히고, 빈칸에 알맞은 단어를 써 보자.

문호
문 門 + 집 戶

외부와 교류하기 위한 통로나 수단을 비유적으로 이르는 말.

예 ☐☐를 개방하면서 신문명이 신문물과 함께 물밀듯이 들어왔다.

다의어 **문호**
① 집으로 드나드는 문.
② 대대로 내려오는 그 집안의 사회적 신분이나 지위.
　　예 이 집안에 <u>문호</u>를 빛낼 큰 자손이 태어날 것이다.

근대화
가까울 近 + 시대 代 + 될 化
👆'代'의 대표 뜻은 '대신하다'임.

사회나 문화, 제도 따위가 근대의 특징을 가진 상태로 됨.

예 문호를 개방한 후 우리 민족은 자주 국가를 유지하면서 ☐☐☐를 이룩하려 하였다.

플러스 개념어 **근대**
① 얼마 지나가지 않은 가까운 시대.
② 역사의 시대 구분의 하나로, 중세와 현대 사이의 시대.

최혜국
가장 最 + 은혜 惠 + 나라 國

<u>통상</u> 조약을 맺은 여러 나라 가운데 가장 유리한 대우를 받는 나라.
나라들 사이에 서로 물품을 사고팖.

예 개항 이후 ☐☐☐ 대우 규정을 앞세운 열강들은 조선의 이권 침탈을 본격화하였다.

시해
윗사람 죽일 弑 + 해할 害

부모나 임금을 죽임.

예 1895년 일본은 조선에서의 영향력이 축소되자 경복궁을 습격하여 명성 황후를 ☐☐하는 을미사변을 일으켰다.

갑신정변
첫째 천간 甲 + 아홉째 지지 申 + 정사 政 + 변할 變
👆'甲'의 대표 뜻은 '갑옷', '申'의 대표 뜻은 '거듭'임.

김옥균을 중심으로 한 <u>급진</u> 개화파가 일본의 재정적·군사적 지원을 약속받고 일으킨 정변.

예 1884년 급진 개화파가 일으킨 ☐☐☐☐은 청의 무력 개입으로 3일 만에 실패로 끝났다.

의거
옳을 義 + 일으킬 擧
👆'擧'의 대표 뜻은 '들다'임.

정의를 위하여 개인이나 집단이 <u>의로운</u> 일을 일으킴.

예 학생과 시민들은 독재자를 몰아내기 위해 ☐☐를 일으켰다.

동음이의어 **의거**(의지할 依 + 근거 據)
어떤 사실이나 원리 따위에 근거함.
예 법률에 <u>의거</u>하여 해석하다.

의병
옳을 義 + 병사 兵

외적의 침입을 물리치기 위하여 백성들이 자발적으로 조직한 군대. 또는 그 군대의 병사.

예 우리 민족은 국권을 지키기 위해 을미사변, 을사늑약 체결 등 나라에 어려움이 있을 때마다 항일 ☐☐을 일으켰다.

확인 문제

1 뜻에 알맞은 단어를 찾아 선으로 이어 보자.

(1) 사회나 문화, 제도 따위가 근대의 특징을 가진 상태로 됨. ・ ・ 의병

(2) 통상 조약을 맺은 여러 나라 가운데 가장 유리한 대우를 받는 나라. ・ ・ 최혜국

(3) 외적의 침입을 물리치기 위하여 백성들이 자발적으로 조직한 군대. ・ ・ 근대화

2 뜻을 참고하여 빈칸에 들어갈 단어를 써 보자.

(1) ▢▢▢▢ 은 우리나라 최초의 근대적 정치 개혁의 시도라는 점에서 의미가 있다.

김옥균을 중심으로 한 급진 개화파가 일본의 재정적·군사적 지원을 약속받고 일으킨 정변.

(2) ▢▢ 개방 이후 서양의 과학 기술과 외국 문물이 들어와 사람들의 생활 방식이 변화되었다.

외부와 교류하기 위한 통로나 수단.

(3) 일본군의 상하이 점령 기념식장에 폭탄을 던진 윤봉길 의사의 ▢▢ 를 계기로 중국 정부는 대

한민국 임시 정부의 활동을 지원하였다.

정의를 위하여 개인이나 집단이 의로운 일을 일으킴.

3 문장에 어울리는 단어를 ( ) 안에서 골라 ○표 해 보자.

(1) 개항 이후 정부는 통신, 교통, 전기, 의료 등 각 분야에 (근대 , 현대) 시설을 적극 도입하였어.

(2) 1895년 일본 공사가 주동이 되어 명성 황후를 (방해 , 시해)한 사건이 외부에 알려지자 반일 감정이 확산되어 을미의병이 일어났어.

✏️ 단어와 그 뜻을 익히고, 빈칸에 알맞은 단어를 써 보자.

사건 일 事 + 사건 件	같은 조건에서 반복할 수 있는 실험이나 관찰에 의하여 일어나는 결과. 예 '한 개의 주사위를 던져 1의 눈이 나온다.', '동전을 던져 앞면이 나온다.'라는 것은 동일한 조건으로 여러 번 반복할 수 있는 실험의 결과이므로 ☐☐의 예이다.
경우의 수 경우 境 + 만날 遇 + 의 + 셈 數 👆 '境'의 대표 뜻은 '지경'임.	어떤 사건이 일어날 수 있는 모든 가짓수. 예 한 개의 주사위를 던졌을 때, 짝수의 눈이 나오는 경우는 ⚁, ⚃, ⚅이므로 그 ☐☐의 ☐는 3이다.
사건 A 또는 사건 B가 일어나는 경우의 수	두 사건 A, B가 동시에 일어나지 않을 때, 사건 A가 일어나는 경우의 수가 m이고, 사건 B가 일어나는 경우의 수가 n이면 사건 A 또는 사건 B가 일어나는 경우의 수는 $m+n$임. $$(\text{사건 } A \text{ 또는 사건 } B \text{가 일어나는 경우의 수}) = m+n$$ 예 4종류의 티셔츠와 2종류의 블라우스 중 하나를 골라 입는 경우의 수는 $4+2=6$으로 티셔츠 ☐☐ 블라우스를 입는 경우의 수는 6이다.
사건 A와 사건 B가 동시에 일어나는 경우의 수	사건 A가 일어나는 경우의 수가 m이고, 그 각각의 경우에 대하여 사건 B가 일어나는 경우의 수가 n이면 사건 A와 사건 B가 동시에 일어나는 경우의 수는 $m \times n$임. $$(\text{사건 } A \text{와 사건 } B \text{가 동시에 일어나는 경우의 수}) = m \times n$$ 예 4종류의 티셔츠와 3종류의 바지가 있다. 티셔츠와 바지를 각각 하나씩 골라 짝 지어 입을 수 있는 경우의 수는 $4 \times 3 = 120$이므로 티셔츠와 바지를 하나씩 골라서 ☐☐☐ 짝 지어 입을 수 있는 경우의 수는 120이다.
비율 비율 比 + 비율 率 👆 '比'의 대표 뜻은 '견주다'임.	기준량에 대한 비교하는 양의 크기, 즉 $\dfrac{(\text{비교하는 양})}{(\text{기준량})}$ 임. 예 남학생 수가 20명, 여학생 수가 15명일 때 남학생 수에 대한 여학생 수의 ☐☐은 $\dfrac{(\text{여학생 수})}{(\text{남학생 수})} = \dfrac{15}{20} = \dfrac{3}{4}$이다.
백분율 일백 百 + 나눌 分 + 비율 率	기준량을 100으로 할 때 비교하는 양의 비율. 기호는 '%'로 나타내고 '퍼센트'라고 읽음. 예 비율 $\dfrac{2}{5}$를 기준량을 100으로 하는 분수로 나타내면 $\dfrac{40}{100}$이므로 ☐☐☐은 40%이다.

확인 문제

1 뜻에 알맞은 말이 되도록 보기의 글자를 조합해 써 보자.

보기

| 우 | 분 | 건 | 백 | 사 | 경 | 율 | 수 |

(1) 어떤 사건이 일어날 수 있는 모든 가짓수. → ☐☐ 의 ☐

(2) 기준량을 100으로 할 때 비교하는 양의 비율. → ☐☐☐

(3) 같은 조건에서 반복할 수 있는 실험이나 관찰에 의하여 일어나는 결과. → ☐☐

2 보기에서 알맞은 식을 찾아 기호를 써 보자.

사건 A가 일어나는 경우의 수가 m이고, 사건 B가 일어나는 경우의 수가 n이다.

보기
㉠ $m \times n$ ㉡ $m+n$

(1) 두 사건 A, B가 동시에 일어나지 않을 때, 사건 A 또는 사건 B가 일어나는 경우의 수. (   )

(2) 사건 A의 각각의 경우에 대하여 사건 B가 일어나는 경우의 수가 n이면 사건 A와 사건 B가 동시에 일어나는 경우의 수.   (   )

3 빈칸에 들어갈 말을 초성을 바탕으로 써 보자.

(1)
> 한 개의 주사위를 던졌을 때, 홀수의 눈이 나오는 경우는 1, 3, 5이므로 ☐ㄱ☐ㅇ☐ 의 ☐ㅅ☐는 3이다.

(2)
> 사과의 개수가 30개, 귤의 개수가 20개일 때 사과의 개수에 대한 귤의 개수의 ☐ㅂ☐ㅇ☐은 $\dfrac{(귤 수)}{(사과 수)}=\dfrac{20}{30}=\dfrac{2}{3}$이다.

(3)
> 비율 $\dfrac{3}{4}$을 기준량을 100으로 하는 분수로 나타내면 $\dfrac{75}{100}$이므로 ☐ㅂ☐ㅂ☐ㅇ☐은 75 %이다.

(4)
> 4종류의 김밥과 3종류의 라면을 파는 분식 가게에서 김밥 ☐ㄸ☐ㄴ☐ 라면 종류 중에서 하나를 주문하는 경우의 수는 4＋3＝7이다.

✏️ 단어와 그 뜻을 익히고, 빈칸에 알맞은 단어를 써 보자.

조석
밀물 潮 + 썰물 汐

밀물과 썰물에 의해 바닷물의 높이가 주기적으로 오르내리는 현상. 달과 태양 등 천체의 인력 작용으로 해수면이 하루에 2회 주기적으로 오르내림.

예 [   ] 현상이 일어나는 것은 지구와 달, 지구와 태양 사이의 만유인력 때문이다.

플러스 개념어
• **밀물**: 바닷가의 바닷물이 육지 쪽으로 흘러 들어오는 것.
• **썰물**: 바닷가의 바닷물이 바다 쪽으로 빠지는 것.

조류
바닷물 潮 + 흐를 流
🖱 '潮'의 대표 뜻은 '밀물'임.

밀물과 썰물에 의해 주기적으로 일어나는 바닷물의 흐름.

만조	밀물이 되어 바닷물의 높이가 가장 높아졌을 때.
간조	썰물이 되어 바닷물의 높이가 가장 낮아졌을 때.
조차	만조와 간조의 높이 차.

예 [   ] 가 활발하게 일어나는 지역에는 갯벌이 발달한다.

전도
전할 傳 + 이끌 導

물질을 이루는 입자의 운동이 이웃한 입자에 차례로 전달되어 열이 이동하는 현상. 주로 고체에서 일어나는 열의 이동 방법임.

예 뜨거운 국이 담긴 냄비에 국자를 담가 놓으면 국자가 점점 뜨거워지는데, 이는 [   ] 현상의 예이다.

플러스 개념어 **입자**
원자, 분자 등과 같이 물질을 이루는 아주 작은 알갱이.

대류
섞을 對 + 흐를 流
🖱 '對'의 대표 뜻은 '대하다'임.

기체나 액체를 이루는 입자가 직접 이동하여 열이 이동하는 현상.

예 주전자의 아래쪽만 가열해도 뜨거워진 아래쪽 물이 위로 올라가고, 위쪽의 찬물이 아래로 내려와 [   ] 에 의해 고르게 가열된다.

복사
바퀴살 輻 + 비출 射
🖱 '射'의 대표 뜻은 '쏘다'임.

물질의 도움 없이 열이 직접 이동하는 현상.
고체, 액체, 기체 물질
예 벽난로 앞에 서 있으면 따뜻함을 느끼는 것은 [   ] 현상의 예이다.

열평형
열 熱 + 평평할 平 + 저울대 衡

온도가 다른 두 물체를 접촉했을 때 어느 정도 시간이 지나면 두 물체의 온도가 같아져 더는 온도가 변하지 않고 일정한 상태.

예 귓속이나 손목 등에 체온계를 대고 기다려 체온을 측정하는 것은 몸의 열이 체온계로 이동하는 [   ] 상태의 이용 예이다.

확인 문제

1 뜻에 알맞은 단어를 글자판에서 찾아 묶어 보자.(단어는 가로, 세로, 대각선 방향에서 찾기)

썰	대	간	사	조
물	안	류	석	류
열	평	형	만	열
밀	자	접	전	조
물	복	사	물	도

❶ 물질의 도움 없이 열이 직접 이동하는 현상.

❷ 밀물과 썰물에 의해 주기적으로 일어나는 바닷물의 흐름.

❸ 기체나 액체를 이루는 입자가 직접 이동하여 열이 이동하는 현상.

❹ 물질을 이루는 입자의 운동이 이웃한 입자에 차례로 전달되어 열이 이동하는 현상.

❺ 온도가 다른 두 물체를 접촉했을 때 어느 정도 시간이 지나면 두 물체의 온도가 같아져 더는 온도가 변하지 않고 일정한 상태.

2 ( ) 안에서 알맞은 단어를 골라 ○표 해 보자.

(1) 바닷가의 바닷물이 육지 쪽으로 흘러 들어오는 것은 (밀물 , 썰물)이라고 하고, 바닷물이 바다 쪽으로 빠지는 것은 (밀물 , 썰물)이라고 한다.

(2) 밀물이 되어 바닷물의 높이가 가장 높아졌을 때를 (간조 , 만조)라고 하고, 썰물이 되어 바닷물의 높이가 가장 낮아졌을 때를 (간조 , 만조)라고 한다.

3 ( ) 안에 들어갈 단어를 보기 에서 찾아 써 보자.

보기
| 대류 | 복사 | 전도 | 조석 | 조차 |

(1) 전자렌지는 물질을 통하지 않고 열이 직접 이동하는 ( ) 현상의 예이다.

(2) 한여름에 피어오르는 아지랑이는 ( )에 의해 공기와 열이 함께 이동하는 현상이다.

(3) 우리나라에서 만조와 간조는 하루에 각각 2번 정도로 생기며, 이를 통해 바닷물의 높이가 오르내리는 ( ) 현상의 주기는 약 12시간 25분이다.

(4) ( )은/는 만조와 간조 때 바닷물의 높이 차이로, 우리나라의 서해안에서 가장 크고 동해안에서 가장 작다.

(5) 아궁이에 불을 지펴 그 열로 구들장을 데우고, 달궈진 구들장에서 나오는 열로 방바닥을 따뜻하게 하는 온돌은 ( )의 원리를 이용한 난방 방법이다.

4주차

2회

✏️ 단어와 그 뜻을 익히고, 빈칸에 알맞은 단어를 써 보자.

고쳐쓰기	글쓰기를 할 때 글의 잘못된 부분을 바르게 다시 쓰는 일. 예 [ ][ ][ ][ ]는 독자가 이해하기 쉽게 글을 수정하는 것이다.	**플러스 개념어 퇴고** 글을 지을 때 여러 번 생각하여 고치고 다듬음. 또는 그런 일. 예 퇴고를 하면서 문법에 어긋난 문장을 고쳤다.
문단 글월 文 + 구분 段	문장이 모여 하나의 중심 생각을 나타내는 덩어리의 글. 예 한 [ ][ ]에 적절한 하나의 중심 생각이 들어가 있는지 확인하며 불필요한 내용을 삭제하고 부족한 내용을 보충한다.	
문맥 글월 文 + 줄기 脈	글에 나타난 의미의 앞뒤 연결. 예 하나의 단어는 [ ][ ]에 따라 다양한 의미를 가지므로 단어의 정확한 의미는 [ ][ ]을 바탕으로 파악해야 한다.	
점검 검사할 點 + 검사할 檢 👆'點'의 대표 뜻은 '점'임.	하나하나 검사하는 일. 예 글을 쓸 때는 글쓰기의 모든 과정에서 자신의 글을 [ ][ ]하고 수정해야 한다.	
맞춤법 맞춤 + 법 法	_{적어서 나타냄.} 우리말을 한글로 표기할 때 지켜야 하는 규칙. 예 완성한 글을 다시 살펴볼 때는 단어를 [ ][ ][ ]에 맞게 썼는지 확인해야 한다.	**플러스 개념어 한글 맞춤법의 총칙** •제1항: 한글 맞춤법은 표준어를 소리대로 적되, 어법에 맞도록 함을 원칙으로 한다. •제2항: 문장의 각 단어는 띄어 씀을 원칙으로 한다. •제3항: 외래어는 '외래어 표기법'에 따라 적는다.
브레인스토밍	주제에 대해 머릿속에 있는 생각을 자유롭게 떠올리는 활동. 예 [ ][ ][ ][ ][ ][ ]을 통해 글로 쓸 다양한 내용을 떠올릴 수 있다.	**플러스 개념어 생각 그물** 어떤 주제와 관련하여 생각나는 것을 서로 연결 지어 나타내는 방법.

확인 문제

정답과 해설 ▶ 42쪽

1 단어의 뜻을 보기 에서 찾아 사다리를 타고 내려간 곳에 기호를 써 보자.

> 보기
> ㉠ 하나하나 검사하는 일.
> ㉡ 글에 나타난 의미의 앞뒤 연결.
> ㉢ 우리말을 한글로 표기할 때 지켜야 하는 규칙.
> ㉣ 글을 지을 때 여러 번 생각하여 고치고 다듬음. 또는 그런 일.

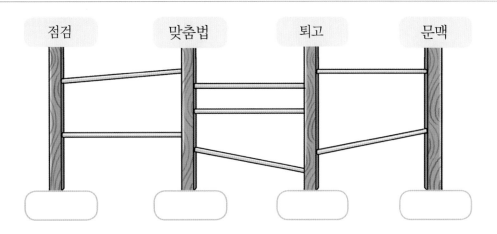

점검　　　맞춤법　　　퇴고　　　문맥

2 빈칸에 공통으로 들어갈 단어를 써 보자.

[　　　]은 문장이 모여 이루어지는 것으로, 한 [　　　]에는 하나의 중심 생각이 들어 있어.

글을 쓸 때 [　　　]이 바뀌면, 줄을 바꾸어 처음 한 칸을 비우고 써야 해.

3 (　　　) 안에 들어갈 단어를 보기 에서 찾아 써 보자.

> 보기
> 점검　　　맞춤법　　　고쳐쓰기　　　브레인스토밍

(1) '금새 왔다.'에서 '금새'는 (　　　　　)에 맞게 '금세'로 고쳐 써야 한다.

(2) 도서관을 효율적으로 운영하기 위해 문제점을 (　　　　　)하여 해결하였다.

(3) 우리는 (　　　　　)을/를 통해 축제 준비에 대한 아이디어를 많이 내고 있다.

(4) (　　　　　)을/를 하면서 빠진 내용을 보충할 수 있고, 문법에 맞지 않거나 적절하지 못한 표현을 바꿀 수도 있다.

✏️ 단어와 그 뜻을 익히고, 빈칸에 알맞은 단어를 써 보자.

제헌 헌법

지을 制 + 법 憲 +
법 憲 + 법 法
👆 '制'의 대표 뜻은 '절제하다'임.

1948년 7월 17일에 공포된 우리나라 최초의 헌법.

예 ⬜⬜ ⬜⬜ 은 대한민국이 민주 공화국임과 모든 주권이
국민에게 있음을 밝혔다.

플러스 개념어 **공포**
확정된 법이나 규정 등을 일
반 대중에게 널리 알림.

신탁 통치

믿을 信 + 부탁할 託 +
거느릴 統 + 다스릴 治

국제 연합(UN)이 믿고 맡긴 어떤 나라가 다른 나라의 일정한 지역을 대신 통치하
는 제도.

예 1945년 모스크바에서 열린 회의에서 미국, 영국, 소련이 한반도에 임시 정부를 세우고 ⬜⬜
⬜⬜ 를 실시할 것을 결정하였다.

판문점

널빤지 板 + 문 門 + 가게 店

남북한의 비무장지대에 있어 주로 회담이 개최되는 건
물을 포함한 그 주변의 장소.

예 2018년 4월에 개최된 남북 정상 회담에서 한반도의 평화와 번
영, 통일을 위한 ⬜⬜⬜ 선언이 발표되었다.

플러스 개념어 **비무장지대**
국제 조약이나 협약으로 군대
의 주둔이나 무기의 배치가
원칙적으로 금지된 곳.

계엄

경계할 戒 + 엄할 嚴

자연재해나 큰 사건
전시·사변 따위의 국가 비상사태가 발생했을 때 사법과
행정의 전부 또는 일부를 군대의 권력하에 이전하는 제도.

예 전두환을 중심으로 한 신군부는 1980년 5월 학생과 시민들이 민
주화 회복을 요구하며 벌인 시위를 막기 위해 전국으로 ⬜⬜
을 확대하였다.

플러스 개념어 **신군부**
전두환, 노태우 등 육군 사관
학교 출신 장교들이 만든 비
공식 사조직인 하나회를 중심
으로 정치권력을 장악한 군인
집단.

직선제

바로 直 + 가릴 選 + 법도 制
👆 '直'의 대표 뜻은 '곧다'임.

'직접 선거 제도'를 줄여 이르는 말로, 국민이 직접 선거
를 통하여 대표를 선출하는 제도.

예 6월 민주 항쟁의 결과 대통령 ⬜⬜⬜ 를 주요 내용으로 하
는 6·29 민주화 선언이 발표되었다.

플러스 개념어 **간선제**
유권자가 직접 대표자를 선출
하는 대신 유권자의 뜻을 대리
하는 선거인을 선출하고 그 대
리인이 대표자를 선출하도록
하는 선거 제도.

외환 위기

외국 外 + 바꿀 換 +
위태할 危 + 때 機
👆 '外'의 대표 뜻은 '바깥', '機'의 대표 뜻은
'틀'임.

외환이 부족하여 국가가 큰 어려움을 겪는 것.

예 ⬜⬜ ⬜⬜ 를 겪으면서 많은 기업이 문을 닫고 실업자가 늘어나 경제가 어려워졌다.

---

1 뜻에 알맞은 단어를 찾아 선으로 이어 보자.

(1) 1948년 7월 17일에 공포된 우리나라 최초의 헌법. •

(2) 국민이 직접 선거를 통하여 대표를 선출하는 제도. •

(3) 남북한의 비무장지대에 있어 주로 회담이 개최되는 건물을 포함한 그 주변의 장소. •

(4) 국제 연합이 믿고 맡긴 어떤 나라가 다른 나라의 일정한 지역을 대신 통치하는 제도. •

• 신탁 통치

• 제헌 헌법

• 직선제

• 판문점

2 빈칸에 알맞은 단어를 글자를 조합해 써 보자.

(1) 1997년에 우리나라는 외환 보유액이 부족하여 국제 통화 기금에서 자금 지원을 받는 ☐☐ ☐☐을/를 겪었다.

| 기 | 비 | 위 | 환 | 외 |

(2) 1948년에 공포된 ☐☐ 헌법은 우리나라 최초의 헌법으로 대한민국의 정통성을 담고 있다.

| 법 | 계 | 제 | 엄 | 헌 |

3 ( ) 안에서 알맞은 단어를 골라 ○표 해 보자.

(1) 1987년 6·29 민주화 선언 이후, 대통령을 직접 뽑는 (간선제 , 직선제) 개헌이 이루어졌다.

(2) 1980년 학생과 시민들은 신군부의 퇴진과 (계엄 , 파업) 철회, 민주주의를 요구하는 대규모 시위를 벌였다.

(3) 남북이 분단된 이후 평화 통일을 위한 노력이 계속되고 있으며, 무기의 배치가 금지된 (비무장지대 , 무장지대)에 있는 판문점에서 2018년 남북 정상 회담을 개최하였다.

단어와 그 뜻을 익히고, 빈칸에 알맞은 단어를 써 보자.

확률
굳을 確 + 비율 率

하나의 사건이 일어날 수 있는 가능성의 정도를 수로 나타낸 것. 사건이 일어날 수 있는 모든 경우의 수에 대한 사건 A가 일어나는 경우의 수의 비율을 사건 A가 일어날 확률이라고 함.

$$(\text{사건 } A\text{가 일어날 확률})=\frac{(\text{사건 } A\text{가 일어나는 경우의 수})}{(\text{모든 경우의 수})}$$

예 동전 한 개를 던질 때, 일어날 수 있는 모든 경우는 앞면, 뒷면의 2가지이고, 앞면이 나오는 경우는 1가지이므로 앞면이 나올 □□은 $\frac{(\text{앞면이 나오는 경우의 수})}{(\text{모든 경우의 수})}=\frac{1}{2}$이다.

**어떤 사건이
일어나지 않을
확률**

사건 A가 일어날 확률을 p라고 하면

$$(\text{사건 } A\text{가 일어나지 않을 확률})=1-(\text{사건 } A\text{가 일어날 확률})=1-p$$

예 가은이가 시험에 합격할 확률이 $\frac{2}{3}$이면 시험에 합격하지 □□□, 즉 불합격할 확률은 $1-(\text{합격할 확률})=1-\frac{2}{3}=\frac{1}{3}$이다.

**사건 A 또는
사건 B가
일어날 확률**

두 사건 A, B가 동시에 일어나지 않을 때, 사건 A가 일어날 확률을 p, 사건 B가 일어날 확률을 q라고 하면 사건 A 또는 사건 B가 일어날 확률은 $p+q$임.

$$(\text{사건 } A \text{ 또는 사건 } B\text{가 일어날 확률})=p+q$$

예 한 개의 주사위를 던질 때, 짝수의 눈이 나올 확률은 $\frac{3}{6}=\frac{1}{2}$, 3의 배수의 눈이 나올 확률은 $\frac{2}{6}=\frac{1}{3}$이다. 두 사건이 동시에 일어나지 않으므로 짝수의 눈 □□ 3의 배수의 눈이 나올 확률은 $\frac{1}{2}+\frac{1}{3}=\frac{5}{6}$이다. 한 개의 주사위를 던져 짝수의 눈이 나오는 경우는 2, 4, 6이므로 확률은 $\frac{3}{6}$, 3의 배수의 눈이 나오는 경우는 3, 6이므로 확률은 $\frac{2}{6}$임.

**사건 A와 사건
B가 동시에
일어날 확률**

사건 A와 사건 B가 서로 영향을 주지 않을 때, 사건 A가 일어날 확률을 p, 사건 B가 일어날 확률을 q라고 하면, 사건 A와 사건 B가 동시에 일어날 확률은 $p \times q$임.

$$(\text{사건 } A\text{와 사건 } B\text{가 동시에 일어날 확률})=p \times q$$

예 동전 1개와 주사위 1개를 동시에 던질 때, 동전에서 뒷면이 나올 확률은 $\frac{1}{2}$, 주사위의 눈이 5의 약수가 나올 확률은 $\frac{2}{6}=\frac{1}{3}$이므로 (동전은 뒷면이 나오고 □□□ 주사위의 눈이 5의 약수가 나올 확률)$=\frac{1}{2} \times \frac{1}{3}=\frac{1}{6}$이다. 주사위 1개를 던질 때 5의 약수의 눈이 나오는 경우의 수는 1, 5이므로 확률은 $\frac{2}{6}=\frac{1}{3}$임.

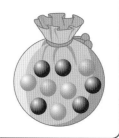

확인 문제

1 빈칸에 공통으로 들어갈 단어를 써 보자.

사건이 일어날 수 있는 모든 경우의 수에 대한 사건 A가 일어나는 경우의 수의 비율을 사건 A가 일어날 [   ] (이)라고 한다.

$$(\text{사건 } A \text{가 일어날 } \boxed{}) = \frac{(\text{사건 } A \text{가 일어나는 경우의 수})}{(\text{모든 경우의 수})}$$

2 ㉠~㉢에 알맞은 식을 찾아 선으로 이어 보자.

사건 A가 일어날 확률은 p, 사건 B가 일어날 확률은 q이다.

㉠   사건 A가 일어나지 않을 확률.   •   • $p \times q$

㉡   사건 A 또는 사건 B가 일어날 확률.   •   • $p+q$

㉢   사건 A와 사건 B가 동시에 일어날 확률.   •   • $1-p$

3 빈칸에 들어갈 말을 초성을 바탕으로 써 보자.

(1)

주사위 1개를 던질 때, 나올 수 있는 주사위 눈의 수는 1, 2, 3, 4, 5, 6으로 6가지이고, 3의 약수의 눈이 나오는 경우는 1, 3으로 2가지이다. 따라서 3의 약수의 눈이 나올 [ㅎ][ㄹ]은

$$\frac{(\text{3의 약수의 눈이 나오는 경우의 수})}{(\text{모든 경우의 수})} = \frac{2}{6} = \frac{1}{3} \text{이다.}$$

(2)

주머니에 노란 구슬 2개, 파란 구슬 3개, 빨간 구슬 5개가 들어 있다.

주머니에 들어 있는 전체 구슬의 개수가 10개이므로

$$(\text{파란 구슬이 나올 확률}) = \frac{3}{10}, \quad (\text{빨간 구슬이 나올 확률}) = \frac{5}{10}$$

두 사건이 동시에 일어나지 않으므로 이 주머니에서 한 개의 구슬을 꺼낼 때,

파란 구슬 [ㄸ][ㄴ] 빨간 구슬이 나올 확률은 $\dfrac{3}{10} + \dfrac{5}{10} = \dfrac{8}{10} = \dfrac{4}{5}$이다.

과학 교과서 어휘

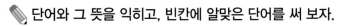

✏️ 단어와 그 뜻을 익히고, 빈칸에 알맞은 단어를 써 보자.

단열
끊을 斷 + 더울 熱

전도, 대류, 복사에 의한 열의 이동을 막는 것.

예 물의 온도를 일정하게 유지시킬 수 있는 보온병은 [　　]의 원리를 이용한 것이다.

패시브 하우스

단열의 효율을 높여 실내 온도를 적절하게 유지하는 주택.

예 첨단 단열 공법을 이용하여 에너지의 낭비를 최소화한 건축물로, 에너지 사용에 '수동적인 집'이라는 의미를 지닌 주택을 [　　　　　]라고 한다.

비열
견줄 比 + 더울 熱

어떤 물질 1 kg의 온도를 1℃만큼 올리는 데 필요한 열량.

$$비열 = \frac{열량}{질량 \times 온도\ 변화}$$

예 [　　]이 클수록 온도를 높이는 데 많은 열량이 필요하므로 온도가 잘 변하지 않는다.

일교차
날 日 + 견줄 較 + 차이 差

하루 동안의 최고 기온과 최저 기온의 차이.

예 하루의 최고 기온이 17℃, 최저 기온이 −5℃일 때 [　　　]는 22℃가 된다.

열팽창
더울 熱 + 부풀 膨 + 부풀 脹
🖐 '脹'의 대표 뜻은 '붓다'임.

물체의 온도가 올라감에 따라 물체의 길이, 부피가 늘어나는 현상.

예 유리병 뚜껑에 뜨거운 물을 부으면 뚜껑이 [　　　]하여 쉽게 열린다.

기상 재해
공기 氣 + 모양 象 +
재앙 災 + 해로울 害
🖐 '氣'의 대표 뜻은 '기운', '象'의 대표 뜻은 '코끼리'임.

홍수, 가뭄, 태풍, 대설 등 기상 현상이 원인이 되어서 발생하는 자연재해.

예 짧은 시간 동안 많은 양의 눈이 내리는 대설은 [　　　]의 예이다.

감염성 질병
느낄 感 + 물들 染 + 성질 性 +
병疾 + 병病

병원체인 미생물이 동물이나 식물의 몸 안에 들어가 증식하는 일

세균, 바이러스, 곰팡이 등 병을 일으키는 병원체를 통해 감염되는 질병.

예 병에 걸린 사람이나 동물 등을 직접 접촉하거나 물, 공기, 음식, 배설물 등을 통해서 감염될 수 있는 질병을 [　　　　]이라고 한다.

역학 조사
전염병 疫 + 학문 學 +
조사할 調 + 조사할 査
🖐 '學'의 대표 뜻은 '배우다', '調'의 대표 뜻은 '고르다'임.

감염성 질병의 발생과 전염 경로 등 질병의 원인과 결과 관계를 밝혀내기 위하여 실시하는 조사.

예 보건 당국이 [　　　]에 나섰다.

플러스 개념어　역학
어떤 지역이나 집단 안에서 일어나는 질병의 원인이나 변동 상태를 연구하는 학문.

확인 문제

1 뜻에 알맞은 단어를 글자판에서 찾아 묶어 보자.(단어는 가로, 세로, 대각선 방향에서 찾기)

감	성	단	역	시
열	염	열	질	학
팽	기	성	병	하
창	상	교	비	열
재	해	차	시	우

❶ 어떤 물질 1 kg의 온도를 1℃만큼 올리는 데 필요한 열량.

❷ 어떤 지역이나 집단 안에서 일어나는 질병의 원인이나 변동 상태를 연구하는 학문.

❸ ☐☐☐ 질병: 세균, 바이러스, 곰팡이 등 병을 일으키는 병원체를 통해 감염되는 질병.

❹ ☐☐☐ 재해: 홍수, 가뭄, 태풍, 대설 등 기상 현상이 원인이 되어서 발생하는 자연재해.

2 ( ) 안에서 알맞은 단어를 골라 ○표 해 보자.

(1) (단열 , 비열) 전도, 대류, 복사에 의한 열의 이동을 막는 것.

(2) 열팽창 온도가 올라감에 따라 물체의 길이, 부피가 (줄어드는 , 늘어나는) 현상.

(3) 일교차 (하루 , 한 해) 동안의 최고 기온과 최저 기온의 차이.

3 ( ) 안에 들어갈 단어를 보기 에서 골라 써 보자.

> **보기**
> 비열   패시브 하우스   역학 조사

(1) 코로나19의 발생과 전염 경로 등을 밝혀내기 위해 (   )을/를 실시하였다.

(2) 물은 (   )이/가 매우 커서 찜질 팩에 뜨거운 물을 넣으면 온도가 천천히 내려가므로 오랜 시간 동안 따뜻함을 유지할 수 있다.

(3) (   )은/는 건물 지붕과 벽, 바닥 등을 두꺼운 단열재로 시공하고, 유리창은 3중 겹 유리로 만들어 내부와 외부의 열의 이동을 최대한 차단하도록 되어 있다.

한자 어휘

易(역, 이), 飛(비)가 들어간 단어

易

바꿀 역/쉬울 이

易은 '역'과 '이' 두 음을 가진 한자야. '역(易)'으로 읽을 때는 '바꾸다'라는 뜻으로, '이(易)'로 읽을 때는 '쉽다'라는 뜻으로 쓰여.

날 비

비(飛)는 새의 날개와 몸통을 본떠 만든 글자로, '날다'라는 뜻으로 쓰여. '비(飛)'가 '오르다'라는 뜻으로 쓰이기도 해.

✏️ 단어와 그 뜻을 익히고, 초성을 바탕으로 단어를 완성해 보자.

역지사지

바꿀 易 + 처지 地 + 생각 思 + 그것 之

🔎 '地'의 대표 뜻은 '땅', '之'의 대표 뜻은 '가다'임.

> 역지(易地) + 사지(思之)
> 처지를 바꿈 그것을 생각함
>
> 내가 너의 처지가 되어 생각한다면 서로를 더 잘 이해할 수 있겠지?

처지를 바꾸어서 생각해 봄.

예 이 문제를 서로 ☐☐☐☐ 해 본다면 합의점을 찾을 수 있을 것이다.

교역

주고받을 交 + 바꿀 易

🔎 '交'의 대표 뜻 '사귀다'임.

> '역(易)'이 '바꾸다'라는 뜻으로 사용되었어.

주로 나라와 나라 사이에서 물건을 사고팔고 하여 서로 바꿈.

예 1980년대 후반에 국제 ☐☐ 을 더욱 활성화하기 위해 자유 무역을 확대해야 한다는 신자유주의가 나타났다.

평이

쉬울 平 + 쉬울 易

🔎 '平'의 대표 뜻은 '평평하다'임.

> '이(易)'로 읽히며 '쉽다'라는 뜻으로 사용되었어.

까다롭지 않고 쉬움.

예 이번 중간고사는 시험 문제가 대체로 ☐☐ 했다.

오비이락

까마귀 烏 + 날 飛 + 배나무 梨 + 떨어질 落

> 오비(烏飛) + 이락(梨落)
> 까마귀 날아감 배 떨어짐
>
> 까마귀가 날자 하필 그때 배가 떨어져 의심을 받게 되었다는 말이야.

까마귀 날자 배 떨어진다는 뜻으로, 아무 관계도 없이 한 일이 공교롭게도 때가 같아 억울하게 의심을 받거나 난처한 위치에 서게 됨을 이르는 말.

예 ☐☐☐☐ 이라더니, 하필 내가 관람하던 레고 작품이 갑자기 무너져 내 잘못처럼 보였다.

비약

날 飛 + 뛸 躍

> '비(飛)'가 '오르다'라는 뜻으로 쓰였어.

말이나 생각 따위가 일정한 단계나 순서를 따르지 않고 건너뜀.

예 그의 말은 논리의 ☐☐ 이 심해서 앞뒤가 맞지 않았다.

다의어 비약
① 나는 듯이 높이 뛰어오름.
② 빠른 속도로 발전하거나 향상되어 높은 수준이나 단계로 나아감.

---

1 뜻에 알맞은 단어를 빈칸에 써 보자.

(십자말풀이 격자)
❶
❷
❸ ❹

가로 열쇠
❷ 처지를 바꾸어서 생각해 봄.
❸ 아무 관계도 없이 한 일이 공교롭게도 때가 같아 억울하게 의심을 받거나 난처한 위치에 서게 됨.

세로 열쇠
❶ 주로 나라와 나라 사이에서 물건을 사고팔고 하여 서로 바꿈.
❹ 말이나 생각 따위가 일정한 단계나 순서를 따르지 않고 건너뜀.

2 밑줄 친 한자의 뜻으로 알맞은 것을 골라 ○표 해 보자.

(1)
平易(평이)
(바꾸다 , 쉽다)

(2)
易地思之(역지사지)
(바꾸다 , 쉽다)

3 빈칸에 들어갈 한자 성어로 알맞은 것은? (   )

윤이: 엄마, 오늘은 제가 설거지할게요.
엄마: 아니, 네가 웬일이니. 오늘 해가 서쪽에서 떴나?
(윤이가 설거지하려고 고무장갑을 끼고 있는데, 선반에 있던 컵이 뚝 떨어져 깨진다.)
엄마: 어머나, 좀 조심하지. 이건 아빠가 여행 기념으로 사 오신 건데!
윤이: 내가 그런 게 아닌데……. [   ]은/는 이런 경우를 두고 하는 말이었어.

① 우후죽순   ② 권선징악   ③ 오비이락   ④ 결자해지   ⑤ 소탐대실

4 (   ) 안에 들어갈 단어를 보기 에서 찾아 써 보자.

보기
교역   평이   비약   역지사지

(1) 그가 쓴 글은 비교적 (   )했다.

(2) 항공 교통의 발달로 국가 간의 (   )이/가 증가하고 있다.

(3) 두 사람이 (   )(으)로 상대편의 주장에 귀를 기울일 필요가 있다.

(4) 경제가 (   )을/를 거듭하여 우리나라는 선진국 대열에 들어섰다.

"
이번에는 영어에서 자주 쓰이는 또 다른 문법 용어에 대해 알아볼 거야. 동사에서 온 것으로 명사의 성격을 갖고 있는 '동명사', to부정사 동작의 주체를 가리키는 '의미상 주어', 명사의 많고 적음을 나타내는 다양한 '수량 형용사', 얼마나 자주 행하는가를 나타내는 '빈도 부사'에 대해 공부해 보자.
"

✏️ 단어와 그 뜻을 익히고, 빈칸에 알맞은 단어를 써 보자.

gerund **동명사** 움직일 動 + 이름 名 + 말 詞	동사에서 온 것으로 명사의 성격을 갖고 있는 말. 보통 동사의 어미에 **-ing**를 붙여 만듦. • **Swimming** in the pool is my hobby.(수영장에서 **수영하기**가 내 취미이다.) _{문장에서 주어 역할을 하는 명사의 성격을 갖는 동명사} 예 "Taking a walk is good for health.(산책하기는 건강에 좋다.)"에서 Taking은 명사의 성격을 갖고 있는 ☐☐ 이다.
sense subject **의미상 주어** 뜻 意 + 뜻 味 + 윗 上 + 주인 主 + 말씀 語 ⌐'味'의 대표 뜻은 '맛'임.	to부정사 동작의 주체를 가리키는 말. 보통 to부정사 앞에서 「for + 사람/목적격 대명사」의 형태로 나타냄. • It is easy **for me** to use the computer.(나는 컴퓨터를 사용하는 것이 쉽다.) _{to use의 행위 주체인 의미상의 주어} 예 "It's important for Mary to go abroad.(Mary가 해외로 가는 것은 중요하다.)"에서 to go의 행위 주체를 나타내는 for Mary는 ☐☐☐☐ 이다.
quantitative adjective **수량 형용사** 셈 數 + 헤아릴 量 + 모양 形 + 얼굴 容 + 말 詞	명사의 많고 적음을 나타내는 말. 수량 형용사로 많음을 나타내는 말에는 many, much가 있고, 적음을 나타내는 말에는 few(a few), little(a little)이 있음. • We have **many** books in the library.(우리는 도서관에 **많은** 책을 보유하고 있다.) _{명사 books의 많음을 나타내는 수량 형용사} 예 "Drink a little milk at a time.(한 번에 우유를 조금 마셔라.)"에서 a little은 milk(우유)의 양이 적음을 나타내는 ☐☐☐☐ 이다.
frequent adverb **빈도 부사** 자주 頻 + 횟수 度 + 버금 副 + 말 詞 ⌐'度'의 대표 뜻은 '법도'임.	동사의 행위가 얼마나 자주 일어나는가를 나타내는 말. 빈도 부사로는 always(항상), usually(대체로), often(종종), sometimes(때때로), never(결코) 등이 있음. • You should **always** wash your hands. _{동사 wash의 빈도를 나타내는 빈도 부사} (너는 **항상** 네 손을 씻어야 한다.) 예 "You will never catch the flight tonight.(너는 오늘 밤 그 비행기를 결코 탈 수 없을 것이다.)"에서 never(결코)는 행위의 빈도를 나타내는 ☐☐☐☐ 이다. **플러스 개념어** 빈도 같은 현상이나 일이 반복되는 횟수. 예 사용 빈도가 높은 단어들을 정리해 두었다.

확인 문제

정답과 해설 ▶ 47쪽

1 빈칸에 알맞은 단어를 글자판에서 찾아 묶어 보자.(단어는 가로, 세로, 대각선 방향에서 찾기)

사	명	주	빈	부
의	미	상	도	주
수	형	용	의	어
량	도	동	명	사

❶ 명사의 많고 적음을 나타내는 말은 [   ] 형용사이다.
❷ 동사에서 온 것으로 명사의 성격을 갖고 있는 말은 [   ]이다.
❸ to부정사 동작의 주체를 가리키는 말은 [   ] 주어이다.
❹ 동사의 행위가 얼마나 자주 일어나는가를 나타내는 말은 [   ] 부사이다.

2 밑줄 친 말을 나타내는 문법 용어가 알맞으면 ○표, 알맞지 않으면 ✕표 해 보자.

(1) It is easy **for Tim** to cook food.(Tim이 요리하기에는 쉽다.)
　　　　　　의미상 주어　　　　　　　　　　　　　　　　　　　　　(　　)

(2) My plan is **learning** Chinese.(내 계획은 중국어 배우기이다.)
　　　　　　　동명사　　　　　　　　　　　　　　　　　　　　(　　)

(3) We don't have **much** time anymore.(우리는 더 이상 시간이 많지 않다.)
　　　　　　　　빈도 부사　　　　　　　　　　　　　　　　　　(　　)

(4) We **sometimes** sleep late on weekdays.(우리는 때때로 평일에 늦게 잔다.)
　　　　수량 형용사　　　　　　　　　　　　　　　　　　　　(　　)

3 밑줄 친 말에 해당하는 문법 용어를 보기 에서 찾아 기호를 써 보자.

보기
　　ⓐ 동명사　　　　ⓑ 의미상 주어　　　　ⓒ 수량 형용사　　　　ⓓ 빈도 부사

(1) How **often** do you exercise?(너는 얼마나 자주 운동을 하니?) ┈┈┈┈┈┈┈ (　　)

(2) I met **a few** peoples here.(나는 여기에서 몇몇 사람들을 만났다.) ┈┈┈┈┈┈ (　　)

(3) Please stop **thinking** that way.(부디 그런 식으로 생각하기를 멈춰라.) ┈┈┈┈┈ (　　)

(4) It is hard **for him** to pass the exam.(그가 그 시험에 합격하기는 힘들다.) ┈┈┈┈ (　　)

✏️ 4주차 1~5회에서 공부한 단어를 떠올리며 문제를 풀어 보자.

국어

1 (   ) 안에서 알맞은 단어를 골라 ◯표 해 보자.

(1) 설명 대상의 뜻을 밝히는 설명 방법은 (정의 , 예시)이고, 설명 대상과 관련하여 구체적이고 친근한 예를 들어 설명하는 방법은 (정의 , 예시)이다.

(2) 둘 이상의 것의 공통점을 찾아 설명하는 방법은 (분류 , 비교)이고, 설명 대상을 종류별로 묶어서 설명하는 방법은 (분류 , 비교)이다.

국어+사회

2 보기 에 사용된 설명 방법을 초성을 바탕으로 써 보자.

> 보기
>
> 직선제는 국민이 직접 선거를 통하여 대표를 선출하는 제도이고, 간선제는 국민의 뜻을 대리하는 중간 선거인을 대표로 뽑아 그들로 하여금 선거를 하도록 하는 제도이다.

사회

3 (   ) 안에 들어갈 단어를 보기 에서 골라 써 보자.

> 보기
>
> 문호   계엄   근대화

(1) 조선은 강화도 조약 이후 서양의 여러 나라와 조약을 맺고 (   )을/를 개방하였다.

(2) 1960년 3·15 부정 선거로 전국에서 시위가 일어나자 정부는 (   )을/를 선포하였다.

(3) 조선 정부는 외국 문물을 받아들여 개화 정책을 추진하였고 개화파를 비롯한 여러 세력이 다양한 (   ) 운동을 추진하였다.

수학

4 뜻을 참고하여 (   ) 안에 들어갈 단어를 써 보자.

> 꽃바구니에 장미가 20송이, 백합이 15송이일 때 장미 송이 수에 대한 백합 송이 수의 (   )
>
> 기준량에 대한 비교하는 양의 크기
>
> 은 $\frac{15}{20} = \frac{3}{4}$이다.

수학

5 빈칸에 알맞은 단어를 초성을 바탕으로 써 보자.

> 빨간 공 2개, 파란 공 3개, 노란 공 4개가 들어 있는 바구니에서 공 1개를 꺼낼 때, 파란공이 나올
>
> ㅎ ㄹ 은 $\frac{3}{9} = \frac{1}{3}$이다.

과학

6 밑줄 친 단어가 보기 와 같은 뜻으로 사용된 것은? ( )

보기

조석: 밀물과 썰물에 의해 바닷물의 높이가 주기적으로 오르내리는 현상.

① 국가의 흥망이 조석에 달린 위급한 상황이다.
② 가을이 되니 조석으로 시원한 바람이 불었다.
③ 그는 하루도 빠짐없이 부모님께 조석으로 문안을 드린다.
④ 하루에 한 끼 먹기도 어려운 사정이라 날마다 조석 걱정을 한다.
⑤ 서해안의 조석 현상은 지구, 달, 태양 간의 끌어당기는 힘에 의해 발생한다.

과학

7 ( ) 안에 들어갈 단어를 보기 에서 찾아 써 보자.

보기

비열   단열   열팽창

(1) ( )은 전도, 대류, 복사에 의한 열의 이동을 막는 것이다.

(2) ( )은 어떤 물질 1kg의 온도를 1℃만큼 올리는 데 필요한 열량이다.

(3) 온도가 올라감에 따라 물체의 길이, 부피가 늘어나는데 이를 ( )이라고 한다.

한자

8 밑줄 친 말과 바꿔 쓸 수 있는 단어가 되도록 글자에 ○표 해 보자.

(1)

이 책은 중학생들도 읽어 낼 만한 까다롭지 않고 쉬운 내용으로 되어 있다.

→ 오 비 평 역 이 락 한

(2)

그는 언제나 처지를 바꾸어 생각해 봄으로써 나의 마음을 먼저 헤아려 준다.

→ 교 역 지 환 사 지 로

영문법

9 밑줄 친 단어에 대한 설명이 알맞으면 ○표, 알맞지 않으면 ✕표 해 보자.

(1) 원래는 명사에서 온 말로서 동사의 성격을 갖고 있는 말을 동명사라고 한다. ( )

(2) 'many, much, few(a few), little(a little)'처럼 명사의 많고 적음을 나타내는 말을 수량 형용사라고 한다. ( )

(3) 'always(항상), usually(대체로), often(종종)'과 같이 동사의 행위가 얼마나 자주 일어나는가를 나타내는 말을 빈도 부사라고 한다. ( )

찾아보기

『어휘가 문해력이다』 중학교 2학년 2학기에 수록된 모든 어휘를
과목별로 나누어 ㄱ, ㄴ, ㄷ … 순서로 정리했습니다.

과목별로 뜻이 궁금한 어휘를 바로바로 찾아보세요!

차례

국어 교과서 어휘

역사 교과서 어휘

수학 교과서 어휘

과학 교과서 어휘

한자 어휘

ㄱ

ㄷ

ㅁ

ㅂ

ㅅ

ㅇ

ㅍ

ㅎ

영문법 어휘

ㄱ

ㄷ

ㅁ

ㅂ

ㅅ

ㅇ

ㅎ

사진 자료 출처

· 아이엠서치

"
어휘가
문해력이다

어휘 학습으로
문해력 키우기
"

1 주차 어휘 학습 점검

1주차에서 학습한 어휘를 잘 알고 있는지 ✅ 해 보고,
잘 모르는 어휘는 해당 쪽으로 가서 다시 한번 확인해 보세요.

절취서 책갈피로 활용해 보세요.

2 주차

어휘 학습 점검

2주차에서 학습한 어휘를 잘 알고 있는지 ✔ 해 보고,
잘 모르는 어휘는 해당 쪽으로 가서 다시 한번 확인해 보세요.

중학 2학년 2학기

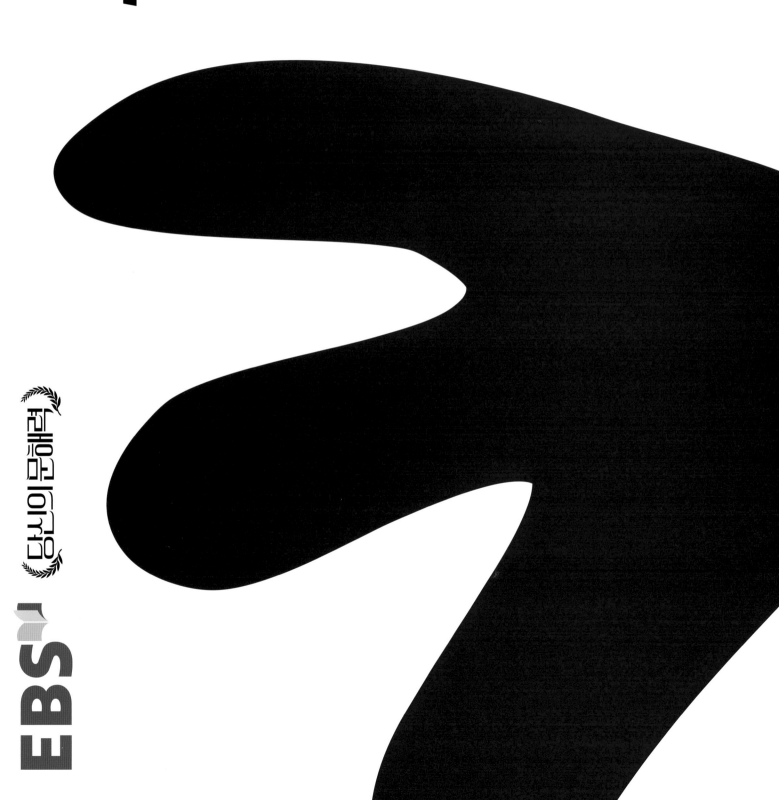

어휘가
문해력
이다

중학 2학년 2학기
교과서 어휘

정답과 해설

EBS
당신의 문해력

어휘가
문해력
이다

중학 **2**학년 **2**학기

1주차 정답과 해설

✏️ 단어와 그 뜻을 익히고, 빈칸에 알맞은 단어를 써 보자.

개성적 낱 個 + 성품 性 + ~한 상태로 되는 的 '的'의 대표 뜻은 '과녁'임.	글쓴이의 생각, 느낌, 경험 등 개인적인 일이나 특성이 글에 나타나는 것. 예 수필에는 글쓴이의 가치 있는 경험과 개성적인 표현이 나타난다.	**플러스 개념어 개성** 다른 사람과 나를 구별해 주는 나만의 특성.
고백적 알릴 告 + 아뢸 白 + ~한 상태로 되는 的 '白'의 대표 뜻은 '희다'임.	글쓴이가 직접 겪은 일이나 자신의 생각을 솔직하게 말하는 것. 예 이 수필은 침묵의 의미를 깨닫고 자신의 언어 습관을 되돌아보는 자기 고백적인 성격의 글이다.	
독백체 홀로 獨 + 아뢸 白 + 서체 體 '體'의 대표 뜻은 '몸'임.	혼자서 말하는 느낌으로 쓴 문체. 예 글쓴이는 자신의 체험에서 얻은 생각을 독백체의 형식으로 표현하였다.	**플러스 개념어 문체** 문장의 개성적 특색. 시대나 문장의 종류, 글쓴이에 따라 그 특성이 문장의 전체나 부분에 드러남.
자기표현 스스로 自 + 자기 己 + 겉 表 + 나타낼 現 '己'의 대표 뜻은 '몸'임.	자기의 내면적 생각이나 생활을 겉으로 드러내 보임. 예 수필은 자신의 삶을 소재로 경험과 생각을 드러내는 자기표현의 과정이다.	
인상적 찍힐 印 + 모양 象 + ~한 상태로 되는 的 '印'의 대표 뜻은 '도장', '象'의 대표 뜻은 '코끼리'임.	어떤 대상에 대하여 마음속에 새겨지는 느낌이 강하게 남는 것. 예 그는 외국 생활을 하면서 오래 기억에 남는 인상적 경험들을 소재로 글을 쓰곤 했다.	
발상 드러낼 發 + 생각 想 '發'의 대표 뜻은 '피다'임.	어떤 생각을 해 내는 일. 또는 그 생각. 예 글을 읽으며 글쓴이의 참신한 발상이 드러났는지 살펴볼 수 있다.	

🎲 **확인 문제**

정답과 해설 ▶ 2쪽

1 단어의 뜻을 보기 에서 찾아 사다리를 타고 내려간 곳에 기호를 써 보자.

보기
㉠ 어떤 생각을 해 내는 일. 또는 그 생각. → 발상
㉡ 자기의 내면적 생각이나 생활을 겉으로 드러내 보임. → 자기표현
㉢ 어떤 대상에 대하여 마음속에 새겨지는 느낌이 강하게 남는 것. → 인상적
㉣ 글쓴이가 직접 겪은 일이나 자신의 생각을 솔직하게 말하는 것. → 고백적

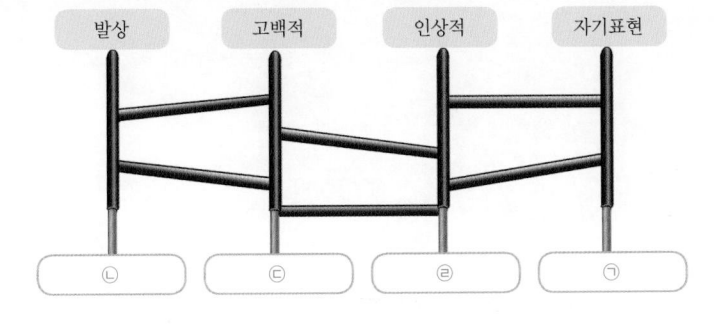

발상 | 고백적 | 인상적 | 자기표현
㉡ | ㉢ | ㉣ | ㉠

2 밑줄 친 단어에 대한 설명이 알맞으면 ○표, 알맞지 않으면 ✕표 해 보자.

(1) 혼자서 말하는 느낌으로 쓴 문체를 <u>독백체</u>라고 한다. (○)

(2) 글쓴이에 따라 그 특성이 문장의 전체나 부분에 드러나는 것을 <u>발상</u>이라고 한다. (✕)

(3) 글쓴이의 생각, 느낌, 경험 등 개인적인 일이나 특성이 글에 나타날 때 <u>개성적</u>이라고 한다.
(○)

해설 | (2) 글쓴이에 따라 그 특성이 문장의 전체나 부분에 드러나는 것은 '문체'이다.

3 ( ) 안에 들어갈 단어를 보기 에서 찾아 써 보자.

보기
발상 | 고백적 | 인상적

(1) 글쓰기 활동에 앞서 자유로운 (발상)을 해 본다.

(2) 이 글은 작가가 자신의 생각을 솔직하게 말하며 (고백적)으로 쓴 것이다.

(3) 우중충한 날씨에 분홍색 모자를 쓰고 걸어가는 노부인의 뒷모습은 오랫동안 마음에 남아 있을 정도로 (인상적)이었다.

해설 | (1) '발상'은 '어떤 생각을 해 내는 일'이다. (2) '고백적'은 '글쓴이가 직접 겪은 일이나 자신의 생각을 솔직하게 말하는 것'이다. (3) '인상적'은 '어떤 대상에 대하여 마음속에 새겨지는 느낌이 강하게 남는 것'이다.

역사 교과서 어휘

수록 교과서 역사 ②
I. 선사 문화와 고대 국가의 형성

✏️ 단어와 그 뜻을 익히고, 빈칸에 알맞은 단어를 써 보자.

선사 시대
앞 先 + 역사 史 + 때 時 + 시대 代
✏ '代'의 대표 뜻은 '대신하다'임.

문자 기록이 없던 시대. 일반적으로 선사 시대는 구석기 시대와 신석기 시대, 청동기 시대를 일컬음.

구석기 시대	인류가 처음으로 나타난 시기부터 약 1만 년 전에 해당하는 시기. 돌을 깨뜨려 만든 뗀석기를 사용하고, 주로 사냥이나 채집으로 식량을 구함.
신석기 시대	약 1만 년 전에 시작하여 기원전 3000년 무렵까지의 시기. 돌을 갈아서 만든 간석기와 토기를 사용함. 목축과 농경이 시작되면서 정착 생활을 함.
청동기 시대	무기, 생산 도구와 같은 주요 기구를 청동으로 만들어 사용하던 시대.

예 문자 기록이 없던 시대를 [선][사][시][대]라 하고, 문자 기록이 나타난 이후를 역사 시대라고 한다.

제정일치
제사 祭 + 정사 政 + 하나 一 + 이룰 致

제사와 정치가 일치하는 정치 형태. 고대 국가에서는 지도자가 제사와 정치를 모두 담당하며 강력한 권력을 행사함.

예 권력이 있고 재산이 많은 족장이 부족을 거느리면서 제사를 이끌던 사회를 [제][정][일][치] 사회라고 한다.

중계 무역
가운데 中 + 이을 繼 + 바꿀 貿 + 바꿀 易

다른 나라에서 사들인 물자를 그대로 제3국으로 수출하는 형식의 무역.

예 고조선은 중국의 한나라와 한반도 남쪽의 나라들 사이에서 [중][계][무][역]을 하며 경제적인 이익을 얻었다.

제천 행사
제사 祭 + 하늘 天 + 행할 行 + 일 事
✏ '行'의 대표 뜻은 '다니다'임.

하늘에 제사를 지내는 행사.

예 부여에는 '영고'라는 [제][천][행][사]가 있었는데, 행사 기간에는 날마다 노래하고 춤을 추며 즐겼다고 한다.

플러스 개념어
• 동맹: 고구려에서 해마다 10월에 지내던 제천 행사.
• 무천: 동예에서 10월에 지내던 제천 행사.

순장
따라 죽을 殉 + 장사 지낼 葬

한 집단의 지배층 계급에 속하는 사람이 죽었을 때 그의 아내나 신하 또는 종들을 함께 매장하던 고대 장례 풍속.

예 부여에는 왕이나 귀족이 죽으면 노비나 신하 등을 함께 묻는 [순][장]의 풍습이 있었다.

복속
따를 服 + 복종할 屬
✏ '服'의 대표 뜻은 '옷', '屬'의 대표 뜻은 '무리'임.

복종하여 따름.

예 옥저와 동예는 힘이 세고 전투에 익숙한 고구려에 [복][속]하게 되었다.

확인 문제

정답과 해설 ▶ 3쪽

1 뜻에 알맞은 단어를 빈칸에 써 보자.

		②무		
①제	천		⑤신	
정			석	
일		③청	④동	기
치			맹	

가로 열쇠 ① [　　　] 행사: 하늘에 제사를 지내는 행사.
③ [　　　] 시대: 청동으로 도구를 만들어 사용하던 시대.

세로 열쇠 ① 제사와 정치가 일치하는 정치 형태.
② 동예에서 10월에 지내던 제천 행사.
④ 고구려에서 10월에 지내던 제천 행사.
⑤ [　　　] 시대: 약 1만 년 전에 시작하여 기원전 3000년 무렵까지의 시기로, 간석기와 토기를 사용하던 시기.

2 밑줄 친 부분과 바꿔 쓰기에 알맞은 단어에 ○표 해 보자.

(1)
> 백제의 근초고왕은 남쪽으로는 마한의 남은 세력을 <u>복종하여 따르게 하여</u> 남해안까지 진출하였고, 가야에 영향력을 행사하였다.

① 복속시켜 (○)　　② 복원시켜 ( )　　③ 지속시켜 ( )

(2)
> 단군왕검은 신을 받들고 소통하는 제사장과 정치 지배자의 역할을 함께 하였는데, 이는 고조선이 <u>제사와 정치가 일치하는</u> 사회였음을 보여 준다.

① 언행일치 ( )　　② 만장일치 ( )　　③ 제정일치 (○)

해설 | (1) '복종하여 따름.'의 뜻을 가진 단어는 '복속'이다. ② 복원: 원래대로 회복함. ③ 지속: 어떤 상태가 오래 계속됨.
(2) '제사와 정치가 일치하는 정치 형태'란 뜻을 가진 단어는 '제정일치'이다. ① 언행일치: 말과 행동이 하나로 들어맞음. 또는 말한 대로 실행함. ② 만장일치: 모든 사람의 의견이 같음.

해설 | (1) '영고, 동맹, 무천'은 농사가 잘되기를 기원하며 하늘에 제사를 지내는 제천 행사들이다.

3 ( ) 안에 들어갈 단어를 보기에서 찾아 써 보자.

보기
순장	선사 시대	중계 무역	제천 행사

(1) 고대 국가들은 영고, 동맹, 무천 등의 (제천 행사)을/를 열어 농사가 잘되기를 기원하였다.

(2) 문자 기록이 없던 (선사 시대)을/를 이해하는 데에는 박물관의 유물을 살펴보는 것이 도움이 된다.
→ '선사 시대'는 문자 기록이 없던 시대이다.

(3) 대가야 왕의 무덤에는 신하와 시종들이 함께 묻혀 있어 대가야 왕의 권력을 짐작할 수 있으며 (순장) 풍습을 엿볼 수 있다. → 왕의 무덤에 신하와 시종을 함께 묻는 고대 장례 풍속은 '순장'이다.

(4) 장보고는 신라나 일본의 물건들을 사서 당나라로 싣고 가 팔고 그곳에서 신라나 일본이 원하는 물품을 사 와서 신라나 일본에 되파는 (중계 무역)을/를 독점하였다.
→ 장보고는 신라나 일본, 당나라를 다니며 각 나라의 물품을 사다가 다른 나라에 다시 파는 '중계 무역'을 하였다.

수학 교과서 어휘

✏️ 단어와 그 뜻을 익히고, 빈칸에 알맞은 단어를 써 보자.

이등변삼각형
두 二 + 같을 等 + 가장자리 邊 +
셋 三 + 모서리 角 + 모양 形
↳'等'의 대표 뜻은 '무리', '角'의 대표 뜻은 '뿔'임.

두 변의 길이가 같은 삼각형.
예 삼각형 ABC에서 두 변 AB, AC의 길이가 같으면 삼각형 ABC는 [이][등][변][삼][각][형] 이다.

내각
안 內 + 모서리 角

다각형의 안쪽에 있는 각.
예 삼각형 ABC에서 색칠한 ∠A, ∠B, ∠C는 삼각형 ABC의 [내][각] 이다.

> 플러스 개념어 **외각**
> 다각형의 바깥쪽에 있는 각.

수직이등분선
드리울 垂 + 곧을 直 + 두 二 +
같을 等 + 나눌 分 + 줄 線
'드리우다'는 '한쪽에 고정된 천이나 줄 따위가 아래로 늘어지는 것을 뜻함.

선분의 중점을 지나고 그 선분에 수직인 직선.
예 선분 AB의 중점 M을 지나면서 선분 AB에 수직인 직선 l이 선분 AB의 [수][직][이][등][분][선] 이다.

합동
합할 合 + 같을 同

두 도형이 모양과 크기가 같아 완전히 포개어지는 것.
예 두 도형이 [합][동] 이면 대응변의 길이가 서로 같고, 대응각의 크기도 서로 같다.

삼각형 ABC와 삼각형 DEF가 서로 합동일 때, 기호로 나타내면 △ABC≡△DEF임.

직각삼각형
곧을 直 + 모서리 角 +
셋 三 + 모서리 角 + 모양 形

한 각이 직각인 삼각형.
예 삼각형 ABC는 ∠B가 90°이고 변 AC가 빗변인 [직][각][삼][각][형] 이다.

> 플러스 개념어 **빗변**
> 직각삼각형의 가장 긴 변으로, 직각과 마주 보고 있는 변.

확인 문제

정답과 해설 ▶ 4쪽

1 뜻에 알맞은 단어를 글자판에서 찾아 묶어 보자. (단어는 가로, 세로, 대각선 방향에서 찾기)

이	외	삼	형	합
각	등	내	동	직
선	빗	저	각	분
동	기	변	합	전

❶ 직각삼각형의 가장 긴 변.
❷ 다각형의 안쪽에 있는 각.
❸ 다각형의 바깥쪽에 있는 각.
❹ 두 도형이 모양과 크기가 같아 완전히 포개어지는 것.

2 뜻에 알맞은 단어와 예를 찾아 선으로 이어 보자.

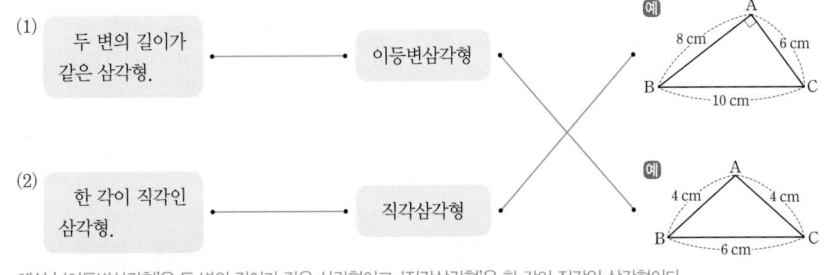

(1) 두 변의 길이가 같은 삼각형. — 이등변삼각형

(2) 한 각이 직각인 삼각형. — 직각삼각형

해설 | '이등변삼각형'은 두 변의 길이가 같은 삼각형이고, '직각삼각형'은 한 각이 직각인 삼각형이다.

3 빈칸에 들어갈 단어를 초성을 바탕으로 써 보자.

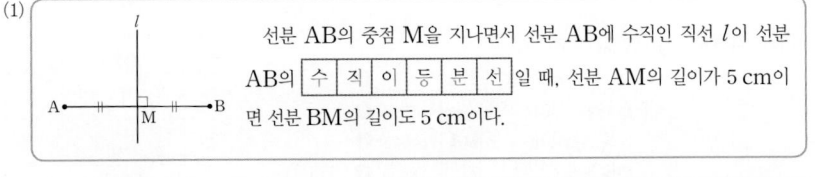

(1) 선분 AB의 중점 M을 지나면서 선분 AB에 수직인 직선 l이 선분 AB의 [수][직][이][등][분][선] 일 때, 선분 AM의 길이가 5 cm이면 선분 BM의 길이도 5 cm이다.

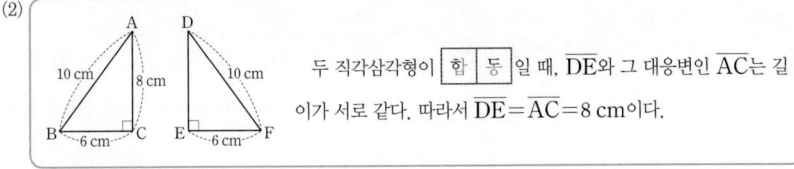

(2) 두 직각삼각형이 [합][동] 일 때, $\overline{DE}$와 그 대응변인 $\overline{AC}$는 길이가 서로 같다. 따라서 $\overline{DE}=\overline{AC}=8$ cm이다.

해설 | (1) '수직이등분선'은 선분의 중점을 지나므로 선분 AM의 길이와 선분 BM의 길이가 서로 같다. (2) 두 도형이 합동일 때 대응변의 길이가 서로 같다.

과학 교과서 어휘

✏️ 단어와 그 뜻을 익히고, 빈칸에 알맞은 단어를 써 보자.

세포 기능 細 + 세포 胞	생물을 구성하는 구조적·기능적 기본 단위. 예 세포 의 모양과 크기는 생물의 종류에 따라 다양하다.	플러스 개념어 •단세포 생물: 몸이 하나의 세포로만 이루어진 생물. •다세포 생물: 몸이 여러 개의 세포로 이루어진 생물.
기관 기관 器 + 기관 官 '器'의 대표 뜻은 '그릇', '官'의 대표 뜻은 '벼슬'임.	다세포 생물에서 여러 조직이 모여 일정한 형태를 가지고 특정한 기능을 수행하는 부분. 예 동물의 기관 에는 뇌, 심장, 간, 위, 폐 등이 있다.	플러스 개념어 조직 모양과 기능이 비슷한 세포들의 모임. 예 상피 조직, 근육 조직, 신경 조직, 결합 조직
기관계 기관 器 + 기관 官 + 묶을 系	서로 연관된 기능을 수행하는 기관들이 모여 일정한 역할을 하는 집합체. 예 동물은 기관 계 의 작용으로 에너지를 얻고 노폐물을 내보내는 등 다양한 생명 활동을 한다.	
영양소 경영할 營 + 기를 養 + 성질 素 '素'의 대표 뜻은 '바탕'임.	우리 몸을 구성하고 에너지원으로 쓰이거나 몸의 기능을 조절하는 데 필요한 영양분이 있는 물질. 예 우리 몸의 건강을 지키기 위해 반드시 섭취해야 하는 3대 영양소 는 탄수화물, 단백질, 지방이다.	플러스 개념어 •수용성 영양소: 물에 잘 녹는 영양소. •지용성 영양소: 물에 잘 녹지 않는 영양소.
소화계 삭일 消 + 변화 化 + 묶을 系 '消'의 대표 뜻은 '사라지다', '化'의 대표 뜻은 '되다', '삭이다'는 '소화시키다'라는 뜻임.	소화 작용에 관계되는 기관으로 이루어진 기관계. 예 음식물의 소화와 흡수에 관여하는 소화 계 는 입, 위, 소장, 간, 대장 등 여러 소화 기관으로 이루어져 있다.	플러스 개념어 소화관 음식물의 소화, 흡수에 관여하는 통로. '입 → 식도 → 위 → 소장 → 대장 → 항문'으로 연결되어 있음.
융털 융 絨 + 털 '絨'의 대표 뜻은 '가는 베'임. '융(絨)'은 '솜털이 일어나게 짠 천'을 뜻함.	소장의 안쪽 벽에 빽빽하게 분포하는 작은 돌기로, 소장 안쪽의 표면적을 넓혀 분해된 영양소의 흡수를 도움. 예 소화된 영양소는 융 털 을 이루는 세포를 통과하여 체내로 흡수된다.	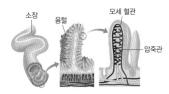
암죽관 암 + 미음 粥 + 대롱 管	융털의 내부에 있는 림프관으로, 물에 잘 녹지 않는 영양소가 흡수됨. 예 지방산, 지용성 비타민 등은 융털의 암죽 관 으로 흡수된다.	

---

1 단어의 뜻을 보기 에서 찾아 사다리를 타고 내려간 곳에 기호를 써 보자.

> **보기**
> ㉠ 소장의 안쪽 벽에 빽빽하게 분포하는 작은 돌기. → 융털
> ㉡ 소화 작용에 관계되는 기관으로 이루어진 기관계. → 소화계
> ㉢ 융털의 내부에 있는 림프관으로, 물에 잘 녹지 않는 영양소가 흡수됨. → 암죽관
> ㉣ 서로 연관된 기능을 수행하는 기관들이 모여 일정한 역할을 하는 집합체. → 기관계
> ㉤ 다세포 생물에서 여러 조직이 모여 일정한 형태를 가지고 특정한 기능을 수행하는 부분. → 기관

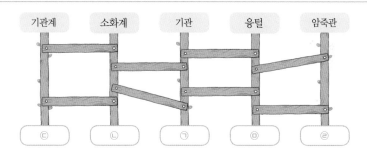

기관계 　소화계　 기관 　융털　 암죽관

㉢ 　㉡　 ㉠ 　㉤　 ㉣

2 ( ) 안에서 알맞은 단어를 골라 ○표 해 보자.

(1) 물에 잘 녹는 영양소는 (⊙수용성, 지용성) 영양소이고, 물에 잘 녹지 않는 영양소는 (수용성, ⊙지용성) 영양소이다.

(2) 몸이 하나의 세포로만 이루어진 생물은 (⊙단세포, 다세포) 생물이고, 여러 개의 세포로 이루어진 생물은 (단세포, ⊙다세포) 생물이다.

해설 | (1) 음식물이 입, 식도, 위, 소장, 대장 등의 기관으로 이루어진 '소화관'을 지나가는 동안 소화액이 분비되어 작게 분해된다. (2) '세포'는 생물을 구성하는 기본 단위로 몸의 부위와 기능에 따라 모양과 크기가 다르다. (3) 탄수화물, 단백질, 지방은 우리 몸을 구성하고 에너지원으로 쓰이거나 몸의 기능 조절에 필요한 영양소이다.

3 ( ) 안에 들어갈 단어를 보기 에서 찾아 써 보자.(같은 단어가 두 번 쓰일 수 있음.)

> **보기**
> 세포 　　　소화관 　　　영양소

(1) 음식물이 (소화관)을/를 지나가는 동안 소화액이 분비되어 작게 분해된다.

(2) 하나의 생물체 내에서도 몸의 부위와 (세포)의 기능에 따라 (세포)의 모양과 크기가 다양하다.

(3) 탄수화물, 단백질, 지방 등의 (영양소)은/는 소화 기관을 거치면서 포도당, 아미노산, 지방산 등으로 분해되어 소장에서 흡수된다.

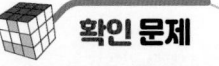
✏️ 단어와 그 뜻을 익히고, 빈칸에 알맞은 단어를 써 보자.

시나리오	영화를 만들기 위해서 쓴 대본. 등장인물의 동작이나 대사, 배경 등이 적혀 있음. 예 잘 작성된 시나리오 는 좋은 영화를 만드는 기본이 된다.	
장면 무대 場 + 모습 面 ⓛ '場'의 대표 뜻은 '마당', '面'의 대표 뜻은 '얼굴'임.	같은 장소, 같은 시간에 여러 가지 행동이나 대사가 이루어지는 영화의 구성 단위. '신(scene)'이라고 함. 예 영화에서 같은 인물이 동일한 공간 안에서 벌이는 사건은 하나의 장면 에 나타난다.	플러스 개념어 장면 번호(S#) 시나리오에서 각 장면에 차례를 나타내기 위해 붙이는 숫자. 간단히 'S#'으로 표시함.
배경 음악 뒤 背 + 경치 景 + 음악 音 + 노래 樂 ⓛ '背'의 대표 뜻은 '등', '音'의 대표 뜻은 '소리'임.	영화에서 등장인물의 대사나 동작의 배경으로 연주되는 음악. 예 영화에서 배경 음악 은 장면의 분위기를 형성하는 역할을 한다.	플러스 개념어 효과음 영상 장면의 실감을 더하기 위해 넣는 소리.
자막 글자 字 + 막 幕	영화에서 관객이 읽을 수 있도록 화면에 보여 주는 글자. 예 영화에서는 제목이나 배우의 역할, 등장인물의 대화 등을 자막 으로 나타낸다.	
원작 근원 原 + 작품 作 ⓛ '作'은 대표 뜻은 '짓다'임.	연극이나 영화의 대본으로 고쳐 쓰기 이전의 원래 작품. 예 시나리오 작가는 자신의 생각을 더해 원작 을 각색하기도 한다.	플러스 개념어 각색 서사시나 소설 따위의 문학 작품을 희곡이나 시나리오로 고쳐 쓰는 일.
재구성 다시 再 + 얽을 構 + 이룰 成	새로운 관점이나 상상력을 더해 원래 작품의 내용이나 형식, 표현 방법 등을 자유롭게 바꾸는 일. 예 문학 작품을 노래나 그림, 영상, 만화 등의 다른 갈래로 재구성 할 수 있다.	

🔳 확인 문제

정답과 해설 ▶ 6쪽

1 뜻에 알맞은 단어를 글자판에서 찾아 묶어 보자. (단어는 가로, 세로, 대각선 방향에서 찾기)

❹장	단	❷자	전	인
배	면	막	정	❶시
경	말	허	평	나
소	❷효	과	음	리
❺재	구	성	절	오

❶ 영화를 만들기 위해서 쓴 대본.
❷ 영상 장면의 실감을 더하기 위해 넣는 소리.
❸ 영화에서 관객이 읽을 수 있도록 화면에 보여 주는 글자.
❹ 같은 곳, 같은 시간에 여러 가지 행동이나 대사가 이루어지는 영화의 구성 단위.
❺ 새로운 관점이나 상상력을 더해 원래 작품의 내용이나 형식, 표현 방법 등을 자유롭게 바꾸는 일.

2 ( ) 안에 공통으로 들어갈 단어로 가장 적절한 것은? (①)

연극에는 ( ) 소설에 없던 배역들이 새로 생겼어.

소설을 시나리오로 고쳐 쓰면서 내용이 ( )와/과는 많이 달라졌어.

① 원작　② 자막　③ 장면　④ 재구성　⑤ 시나리오

해설 | '원작'은 '연극이나 영화의 대본으로 고쳐 쓰기 이전의 원래 작품'이다. 원작을 고쳐 쓰면서 새로운 배역들이 생기기도 하고 내용이 달라지기도 한다.

해설 | (1) 영화를 만들기 위해서 쓴 대본인 '시나리오'를 골라야 한다. (2) 영화에서 관객이 읽을 수 있도록 화면에 보여 주는 글자인 '자막'을 골라야 한다. (3) 시나리오에서 각 장면에 차례를 나타내기 위해 붙이는 숫자인 '장면 번호'를 골라야 한다. (4) 영화에서 등장인물의 대사나 동작의 배경으로 연주되는 음악인 '배경 음악'을 골라야 한다.

3 문장에 어울리는 단어를 ( ) 안에서 골라 ○표 해 보자.

(1) 영화의 대본인 (시나리오, 희곡)을/를 쓰기 위해서는 우선 영화를 많이 보는 것이 중요하다.

(2) 영화에서 등장인물들이 헤어지고 2년의 시간이 흘렀다는 것을 (자막, 지시문)으로 알려 주었다.

(3) 영화 대본에서 'S#'은 촬영이나 편집을 쉽게 하기 위해 각 장면에 붙이는 (장면 번호, 해설)이다.

(4) 주인공의 이별을 더 슬프게 나타내기 위해서 피아노 연주곡을 (배경 음악, 효과음)으로 사용할 수 있다.

역사 교과서 어휘

✏️ 단어와 그 뜻을 익히고, 빈칸에 알맞은 단어를 써 보자.

율령
법 律 + 법령 令
↳ '令'의 대표 뜻은 '하여금임.'

각종 범죄와 형벌에 관한 법률 체계 및 제도와 행정에 관한 규정.
예 4세기 중반 고구려의 소수림왕은 율령을 반포하여 통치 조직을 정비하였다.

플러스 개념어 **반포**
세상에 널리 퍼뜨려 모두 알게 함.
예 율령의 반포, 훈민정음의 반포

중앙 집권
가운데 中 + 가운데 央 + 모을 集 + 권세 權

국가의 통치 권력이 지방에 따로 나누어져 있지 않고 중앙 정부에 집중되어 있는 통치 형태.
예 고구려는 소수림왕 때 왕 중심의 중앙 집권 체제를 강화하였다.

플러스 개념어 **지방 분권**
통치 권력이 중앙 정부에 집중되지 않고 지방 자치 단체에 나누어져 있는 일.

토착 세력
흙 土 + 붙을 着 + 형세 勢 + 힘 力

대대로 그 땅에서 살고 있는 세력.
예 기원전 18년, 부여와 고구려에서 내려온 세력이 한강 유역의 토착 세력과 서로 힘을 합쳐 백제를 건국하였다.

국교
나라 國 + 사귈 交

나라와 나라 사이에 맺는 외교 관계.
예 백제의 근초고왕은 확대된 영토와 해상 교통로를 바탕으로 중국 남조의 동진과 국교를 맺고, 바다 건너 왜와도 교류하였다.

동음이의어 **국교**(나라 國 + 가르칠 敎)
국가에서 법으로 정하여 온 국민이 믿도록 하는 종교.
예 삼국 시대에는 불교를 국교로 삼았다.

고전
괴로울 苦 + 싸울 戰

전쟁이나 운동 경기 따위에서, 몹시 힘들고 어렵게 싸움. 또는 그 싸움.
예 백제와 신라의 압박 속에 고전하던 대가야는 결국 신라의 공격으로 멸망하였다.

동음이의어 **고전**(옛 古 + 법 典)
① 옛날의 의식이나 법식.
② 오랫동안 많은 사람에게 널리 읽히고 모범이 될 만한 문학이나 예술 작품.
③ 옛날의 서적이나 작품.

껴묻거리

장사 지낼 때, 죽은 사람과 함께 묻는 물건을 통틀어 이르는 말. '부장품'이라고도 함.
예 삼국 시대 사람들은 사람이 죽더라도 그 영혼이 다른 세상에서 살아간다고 생각하여 무덤 안에 껴묻거리를 넣었다.

 **확인 문제**

1 뜻에 알맞은 단어가 되도록 보기의 글자를 조합해 써 보자.

보기

고	토	외
국	전	력
착	교	세

(1) 몹시 힘들고 어렵게 싸움. → 고 전

(2) 나라와 나라 사이에 맺는 외교 관계. → 국 교

(3) 대대로 그 땅에서 살고 있는 세력. → 토 착 세 력

2 뜻에 알맞은 단어를 찾아 선으로 이어 보자.

(1) 범죄와 형벌에 관한 법률 체계 및 제도와 행정에 관한 규정. — 껴묻거리

(2) 장사 지낼 때, 죽은 사람과 함께 묻는 물건. — 중앙 집권

(3) 국가 통치 권력이 중앙 정부에 집중되어 있는 통치 형태. — 율령

3 밑줄 친 '고전'이 보기와 같은 뜻으로 사용된 것을 골라 ○표 해 보자.

보기
당나라 군대는 안시성의 강력한 저항에 고전하다가 식량이 떨어지자 어쩔 수 없이 철수하였다.

(1) 그는 자신의 역량을 넘어서는 일을 맡고는 고전을 면치 못하고 있다. (○)

(2) 중세 수도원의 수도사들은 성서를 비롯한 고전을 필사하여 문화 보존에 기여하였다. ( )

해설 | 〈보기〉와 (1)의 '고전'은 '전쟁이나 운동 경기 따위에서, 몹시 힘들고 어렵게 싸움.'이라는 뜻으로 쓰였다. (2)의 '고전'은 '오랫동안 많은 사람에게 널리 읽히고 모범이 될 만한 문학이나 예술 작품'이라는 뜻으로 쓰였다.

4 문장에 어울리는 단어를 ( ) 안에서 골라 ○표 해 보자.

(1) 삼국은 국가의 권력이 중앙 정부에 집중되는 (지방 분권 , 중앙 집권) 체제를 강화하였다.

(2) 신라 말에 지방의 군사와 행정을 장악한 호족들은 대부분 그 지역에 대대로 뿌리를 내리고 살아온 (토착 세력 , 이주 세력) 출신들이었다.

해설 | (1) 권력이 중앙 정부에 집중되었으므로 '중앙 집권'이 어울린다. (2) 그 지역에 대대로 뿌리를 내리고 살아왔으므로 '토착 세력'이 어울린다. '이주 세력'은 본래 살던 지역에서 다른 지역으로 이동하여 정착한 세력을 뜻한다.

✏️ 단어와 그 뜻을 익히고, 빈칸에 알맞은 단어를 써 보자.

외접	도형이 다른 도형과 접할 때, 바깥쪽에서 접하는 것.	**플러스 개념어 외접원**
바깥 外 + 접할 接	예 다각형의 모든 꼭짓점이 한 원 위에 있을 때, 다각형은 원의 안쪽에 있게 되고, 이 원은 다각형에 외 접 한다고 한다.	다각형의 바깥쪽에서 다각형의 모든 꼭짓점을 지나며 둘러싸고 있는 원.

외접원

삼각형의 외심	삼각형의 외접원의 중심으로, 삼각형의 세 변의 수직이등분선의 교점.	
셋 三 + 모서리 角 + 모양 形 + 의 + 바깥 外 + 중심 心	예 삼각형 ABC에서 세 변 AB, BC, CA의 수직이등분선 $\overline{OD}$, $\overline{OE}$, $\overline{OF}$의 교점 O는 삼각형 ABC의 외심 이므로 세 꼭짓점에 이르는 거리 $\overline{OA}=\overline{OB}=\overline{OC}$이다.	

'角'의 대표 뜻은 '뿔', '心'의 대표 뜻은 '마음'임.

외접원의 반지름

각의 이등분선	각을 같은 크기의 두 각으로 나누는 직선.	
모서리 角 + 의 + 두 二 + 같을 等 + 나눌 分 + 줄 線	예 각 AOB에서 ∠AOP=∠BOP인 반직선 OP가 각 AOB의 이등분선 이다.	

'等'의 대표 뜻은 '무리'임.

각의 이등분선

내접	도형이 다른 도형과 접할 때, 안쪽에서 접하는 것.	**플러스 개념어 내접원**
안 內 + 접할 接	예 다각형의 모든 변에 한 원이 접할 때, 다각형은 원의 바깥쪽에 있게 되고, 이 원은 다각형에 내 접 한다고 한다.	다각형의 안쪽에서 다각형의 모든 변에 접하는 원.

내접원

삼각형의 내심	삼각형의 내접원의 중심으로, 삼각형의 세 내각의 이등분선의 교점.	
셋 三 + 모서리 角 + 모양 形 + 의 + 안 內 + 중심 心	예 삼각형 ABC에서 각 ABC, 각 BCA, 각 CAB의 이등분선의 교점 I는 삼각형 ABC의 내심 이므로 세 변에 이르는 거리 $\overline{ID}=\overline{IE}=\overline{IF}$이다.	

내심
내접원
내접원의 반지름

 확인 문제

정답과 해설 ▶ 8쪽

1 뜻에 알맞은 단어를 찾아 선으로 이어 보자.

(1) 삼각형의 세 변의 수직이등분선의 교점. ●   ● 삼각형의 내심

(2) 삼각형의 세 내각의 이등분선의 교점. ●   ● 삼각형의 외심

2 ( ) 안에서 알맞은 단어를 골라 ○표 해 보자.

(1) 도형이 다른 도형과 안쪽에서 접하는 것은 (외접 , 내접)한다고 하고, 도형이 다른 도형과 바깥쪽에서 접하는 것은 (외접 , 내접)한다고 한다.

(2) 다각형의 바깥쪽에서 다각형의 모든 꼭짓점을 지나며 둘러싸고 있는 원을 (외접원 , 내접원)이라고 하고, 다각형의 안쪽에서 다각형의 모든 변에 접하는 원을 (외접원 , 내접원)이라고 한다.

3 빈칸에 들어갈 말을 초성을 바탕으로 써 보자.

(1)
각 AOB에서 반직선 OP가 각 AOB의 이 등 분 선 일 때
∠AOP=30°이면 ∠BOP=30°이다.
해설 | (1) 각의 이등분선은 각을 같은 크기의 두 각으로 나누는 직선이므로
∠AOP=30°이면 ∠BOP=30°이다.

(2)
삼각형 ABC에서 세 변 AB, BC, CA의 수직이등분선 $\overline{OD}$, $\overline{OE}$,
$\overline{OF}$의 교점 O가 삼각형 ABC의 외 심 일 때, 세 꼭짓점에 이르는 거리
는 외 접 원 의 반지름이므로 $\overline{OA}=\overline{OB}=\overline{OC}$=4cm이다.
(2) 삼각형 ABC에서 세 변 AB, BC, CA의 수직이등분선 $\overline{OD}$, $\overline{OE}$, $\overline{OF}$의 교점 O가
삼각형 ABC의 외심이면, 세 꼭짓점에 이르는 거리는 외접원의 반지름이므로 $\overline{OA}=\overline{OB}=\overline{OC}$=4cm이다.

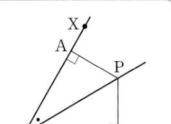

(3)
삼각형 ABC에서 각 ABC, 각 BCA, 각 CAB의 이등분선의 교점
I가 삼각형 ABC의 내 심 일 때, 세 변에 이르는 거리 $\overline{ID}$, $\overline{IE}$, $\overline{IF}$
는 내 접 원 의 반지름이므로 $\overline{ID}=\overline{IE}=\overline{IF}$=3cm이다.

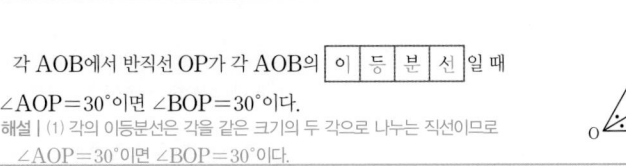

(3) 교점 I가 삼각형 ABC의 내심일 때, 세 변에 이르는 거리 $\overline{ID}$, $\overline{IE}$, $\overline{IF}$는 내접원의 반지름이므로
$\overline{ID}=\overline{IE}=\overline{IF}$=3cm이다.

✏️ 단어와 그 뜻을 익히고, 빈칸에 알맞은 단어를 써 보자.

순환계
돌 循 + 고리 環 + 묶을 系

혈액을 전신에 순환시키는 기관으로 이루어진 기관계.
예 심장, 혈관, 혈액 등으로 구성된 순환계 는 물질의 운반을 담당한다.

동맥
움직일 動 + 혈관 脈
🔖 '脈'의 대표 뜻은 '줄기'임.

심장에서 폐나 온몸으로 나가는 혈액이 흐르는 혈관.
예 동맥 은 혈관 벽이 두껍고 탄력이 커서 강한 압력을 견딜 수 있다.

정맥
고요할 靜 + 혈관 脈

폐나 온몸에서 심장으로 들어가는 혈액이 흐르는 혈관.
예 정맥 의 혈액은 노폐물과 이산화 탄소를 수거해 다시 심장으로 들어온다.

모세 혈관
털 毛 + 가늘 細 +
피 血 + 대롱 管

동맥과 정맥을 연결하는 그물 모양의 가는 혈관으로, 조직 세포와 물질 교환이 이루어짐.
예 혈액은 온몸에 그물처럼 분포되어 있는 모세 혈관 을 흐르면서 산소와 영양소를 조직 세포에 공급하고 조직 세포에서 발생한 이산화 탄소와 노폐물을 받아 온다.

심장
심장 心 + 오장 臟
🔖 '心'의 대표 뜻은 '마음'임. '오장'은 간장, 심장, 비장, 폐장, 신장의 다섯 가지 내장을 통틀어 이르는 말임.

혈액 순환의 원동력이 되는 기관으로, 혈액을 온몸으로 이동시킴.
예 심장 은 주먹만 한 크기로, 2개의 심방과 2개의 심실로 이루어져 있다.

플러스 개념어
• 심방: 심장 중에서 정맥과 연결되어 있는 부분으로, 심장으로 들어오는 혈액을 받아들이는 곳.
• 심실: 심장 중에서 동맥과 연결되어 있는 부분으로, 혈액을 내보내는 곳.

판막
외씨 瓣 + 꺼풀 膜
🔖 '외씨'는 '오이씨'라는 뜻임.

심장이나 혈관 속에서 혈액이 거꾸로 흐르는 것을 막는 막.
예 심장의 심방과 심실 사이, 심실과 동맥 사이에 판막 이 있다.

온몸 순환
온몸 + 돌 循 + 돌 環
🔖 '環'의 대표 뜻은 '고리'임.

심장에서 나간 혈액이 온몸을 돌고 다시 심장으로 돌아오는 순환.
예 폐에서 산소를 받은 혈액이 좌심실에서 나와 온몸의 모세 혈관을 거쳐 우심방으로 돌아오는 경로를 온몸 순환 이라고 한다.

플러스 개념어 혈액 순환
몸속에 혈액이 일정한 방향으로 도는 것으로, 온몸 순환과 폐순환의 두 가지 경로가 있음.

폐순환
허파 肺 + 돌 循 + 돌 環

심장에서 나간 혈액이 폐를 거쳐 다시 심장으로 돌아오는 순환.
예 우심실에서 나온 혈액이 폐를 지나면서 이산화 탄소를 내보내고 산소를 받아 좌심방으로 돌아오는 경로를 폐순환 이라고 한다.

 확인 문제

정답과 해설 ▶ 9쪽

1 뜻에 알맞은 단어를 글자판에서 찾아 묶어 보자.(단어는 가로, 세로, 대각선 방향에서 찾기)

❶ 혈액을 전신에 순환시키는 기관으로 이루어진 기관계.
❷ 심장이나 혈관 속에서 혈액이 거꾸로 흐르는 것을 막는 막.
❸ 심장에서 나간 혈액이 폐를 거쳐 다시 심장으로 돌아오는 순환.
❹ 혈액 순환의 원동력이 되는 기관으로, 혈액을 온몸으로 이동시킴.

2 ( ) 안에서 알맞은 단어를 골라 ○표 해 보자.

(1) 심장에서 폐나 온몸으로 나가는 혈액이 흐르는 혈관은 (⃝동맥, 정맥)이다.

(2) 폐나 온몸에서 심장으로 들어가는 혈액이 흐르는 혈관은 (동맥, ⃝정맥)이다.

(3) 심장 중에서 동맥과 연결되어 있는 부분으로, 혈액을 내보내는 곳은 (심방, ⃝심실)이다.

(4) 심장 중에서 정맥과 연결되어 있는 부분으로, 심장으로 들어오는 혈액을 받아들이는 곳은 (⃝심방, 심실)이다.

해설 | (1) '온몸 순환'은 심장에서 나간 혈액이 온몸을 돌고 다시 심장으로 돌아오는 경로이다. (2) '모세 혈관'은 동맥과 정맥을 연결하는 그물 모양의 가는 혈관이므로 혈액이 흐르는 속도가 가장 느리다. (3) '심장'은 혈액 순환의 원동력이 되는 기관으로 혈액을 온몸으로 이동시키고, 달리기와 같은 운동을 할 때는 심장의 박동이 빨라진다.

3 ( ) 안에 들어갈 단어를 보기 에서 찾아 써 보자.

보기
심장   모세 혈관   온몸 순환

(1) (온몸 순환)의 경로는 '좌심실 → 대동맥 → 온몸의 모세 혈관 → 대정맥 → 우심방'이다.

(2) 동맥과 정맥을 연결하는 (모세 혈관)은 혈관 벽이 하나의 세포층으로 이루어져 있어 매우 얇기 때문에 혈액이 흐르는 속도가 느리다.

(3) 달리기와 같은 운동을 할 때 세포는 평상시보다 더 많은 에너지가 필요하기 때문에 영양소와 산소를 빠르게 공급하기 위해 (심장)이 빨리 뛰는 것이다.

結(결), 死(사)가 들어간 단어

정답과 해설 ▶ 10쪽

結
맺을 결

결(結)은 주로 '맺다'라는 뜻으로 쓰여. 매듭을 만들거나 어떤 관계를 이루는 것을 '맺다'라고 해. 결(結)은 '마치다', '모으다'라는 뜻으로 쓰일 때도 있어.

死
죽을 사

사(死)는 주로 '죽다'라는 뜻으로 쓰여. 생물이 생명을 잃는 것을 '죽다'라고 하지. 사(死)는 '목숨을 걸다'라는 뜻으로 쓰이기도 해.

✎ 단어와 그 뜻을 익히고, 빈칸에 알맞은 단어를 써 보자.

결자해지
맺을 結 + 사람 者 + 풀 解 + 그것 之
⌐'之'의 대표 뜻은 '가다'임.

결자(結者) + 해지(解之)
맺은 사람 풀어야 함
일은 맺은 사람이 풀어야 한다는 뜻이야. 자기가 한 일에 책임을 져야 해.

맺은 사람이 풀어야 한다는 뜻으로, 자기가 저지른 일은 자기가 해결해야 함을 이르는 말.
예 문제를 일으킨 사람이 결자해지 해서 책임을 지고 일을 그만두기로 하였다.

결론
마칠 結 + 논할 論

'결(結)'이 '마치다'라는 뜻으로 쓰였어.

말이나 글의 끝을 맺는 부분. 또는 맨 나중에 내리는 판단.
예 나는 연설문을 어떻게 끝맺을지 고민하다가 결론 을 완성하지 못하였다.

단결
모일 團 + 모을 結

'결(結)'이 '모으다'라는 뜻으로 쓰였어.

여러 사람이 마음과 힘을 한데 모음.
예 우리 국민은 위기가 닥칠 때마다 단결 된 모습으로 위기를 극복하여 왔다.

동의어 단합
많은 사람이 마음과 힘을 한데 뭉침.
예 온 국민이 단합하여 국난을 극복했다.

구사일생
아홉 九 + 죽을 死 + 하나 一 + 살 生
⌐'生'의 대표 뜻은 '나다'임.

구사(九死) + 일생(一生)
아홉 번 죽음 한 번 살
아홉 번 죽을 뻔하다 한 번 살아난다는 뜻이야.

여러 차례 죽을 고비를 겪고 간신히 목숨을 건짐.
예 그는 전쟁에 나갔다가 포로로 잡혀 구사일생 으로 살아 돌아왔다.

사력
목숨을 걸 死 + 힘 力

'사(死)'가 '목숨을 걸다'라는 뜻으로 쓰였어. 죽을 각오를 한다는 의미야.

목숨을 아끼지 않고 쓰는 힘.
예 국가 대표 선수들은 국민들의 성원에 보답하기 위해 사력 을 다해 경기에 임하였다.

동음이의어 사력(생각 思 + 힘 力)
생각하는 힘.
예 독서를 통해 사력을 키우다.

🧊 확인 문제

1 단어의 뜻을 찾아 선으로 이어 보자.

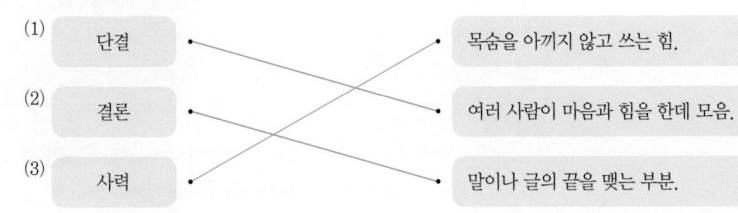

(1) 단결 • — • 목숨을 아끼지 않고 쓰는 힘.
(2) 결론 • — • 여러 사람이 마음과 힘을 한데 모음.
(3) 사력 • — • 말이나 글의 끝을 맺는 부분.

2 뜻에 알맞은 단어가 되도록 보기 의 글자를 조합해 써 보자.

보기
사 구 해 결 자 생 일 지

(1) 자기가 저지른 일은 자기가 해결해야 함. → 결 자 해 지

(2) 여러 차례 죽을 고비를 겪고 간신히 목숨을 건짐. → 구 사 일 생

해설 | (1) '여러 사람이 마음과 힘을 한데 모음.'을 뜻하는 '단결'이 알맞다. (2) '여러 차례 죽을 고비를 겪고 간신히 목숨을 건짐.'을 뜻하는 '구사일생'이 알맞다. (3) '말이나 글의 끝을 맺는 부분'을 뜻하는 '결론'이 알맞다. (4) '자기가 저지른 일은 자기가 해결해야 함.'을 뜻하는 '결자해지'가 알맞다.

3 ( ) 안에 들어갈 단어를 보기 에서 찾아 써 보자.

보기
결론   단결   결자해지   구사일생

(1) 나라가 어려운 때일수록 국론의 분열을 막고 모두가 굳게 (단결)해야 한다.

(2) 어선을 타고 바다에 나갔던 어부들은 폭풍에 휘말렸다가 (구사일생)(으)로 살아 돌아왔다.

(3) 논설문의 (결론) 부분은 전체 내용을 조리 있게 정리하고 주장을 다시 한 번 강조하여 쓴다.

(4) 헛소문을 퍼뜨린 사람을 찾아 (결자해지) 차원에서 그로 인해 생긴 피해를 보상하게 해야 한다.

❝ 1학년 2학기에서 영어의 과거, 현재, 현재진행, 미래 시제에 대해 공부했던 것 기억하지? 이번에는 영어에서 자주 쓰이는 현재완료(present perfect), 과거완료(past perfect), 과거진행(past progressive), 미래진행(future progressive) 시제에 대해 알아볼 거야. 각 시제의 뜻과 예를 공부해 보자. ❞

✎ 단어와 그 뜻을 익히고, 빈칸에 알맞은 단어를 써 보자.

present perfect **현재완료** 나타낼 現 + 있을 在 + 완전할 完 + 마칠 了	과거에 일어난 일이 현재까지 계속되거나 영향을 미치고 있음을 나타내는 시제를 가리키는 말. 형태는 「have/has+과거분사」로 되어 있음. • **I have played** the piano for 10 years. _{과거부터 현재까지의 동작을 나타내는 현재완료} (나는 10년 동안 피아노를 연주해 왔다.) 예 "I have finished my homework.(나는 내 숙제를 끝냈다.)"에서 have finished는 과거의 행동이 현재에 마무리된 현재완료 시제이다. **플러스 개념어** 과거분사 동사원형에 -ed를 붙여 써서 시제에 쓰이거나 형용사처럼 쓰이는 말.
past perfect **과거완료** 지날 過 + 갈 去 + 완전할 完 + 마칠 了	과거 이전에서 일어난 일이 과거까지 계속되거나 영향을 미치고 있음을 나타내는 시제를 가리키는 말. 형태는 「had + 과거분사」로 되어 있음. • **I had known** this before he came home. _{과거 이전부터 과거까지의 동작을 나타내는 과거완료} (나는 그가 집에 오기 전에 이 사실을 알았었다.) 예 "He said that he had found the lost key before.(전에 잃어버린 열쇠를 찾았었다고 그가 말했다.)"에서 had found(찾았었다)는 말하고 있는 과거(said) 시점보다 더 앞선 것이므로 과거완료 시제이다. **플러스 개념어** 대과거 '과거완료'와 같은 의미로 '과거 이전의 시점'을 강조할 때 종종 쓰임.
past progressive **과거진행** 지날 過 + 갈 去 + 나아갈 進 + 다닐 行	말하고 있는 시점이 과거이면서 동작이나 상황이 진행 중임을 나타내는 말. 보통 be동사 과거형 was / were 뒤에 현재분사(-ing)가 이어 나옴. • **She was laughing** at that time.(그녀는 그때 웃고 있었다.) _{과거 시점의 동작 진행을 나타내는 과거진행} 예 "She was crossing the street when we met.(우리가 만났을 때 그녀는 길을 건너고 있었다.)"에서 과거 시점의 동작 진행인 was crossing은 과거진행 시제이다.	
future progressive **미래진행** 아닐 未 + 올 來 + 나아갈 進 + 다닐 行	말하고 있는 시점이 미래이면서 동작이나 상황이 진행 중임을 나타내는 말. 보통 조동사 will을 사용하여 「will be+현재분사(-ing)」로 나타냄. • **They will be coming** back home _{미래 시점의 동작 진행을 나타내는 미래진행} (그들은 집으로 돌아오고 있을 것이다.) 예 "A man will be waiting for you.(한 남자가 너를 기다리고 있을 것이다.)"에서 will be waiting은 미래 시점에서 동작의 진행을 나타내는 미래진행 시제이다.	

확인 문제

1 뜻에 알맞은 단어를 빈칸에 써 보자.

가로 열쇠
❷ 과거 이전에 일어난 일이 과거까지 계속되거나 영향을 미치고 있음을 나타내는 시제.
❸ 말하고 있는 시점이 미래이면서 동작이나 상황이 진행 중임을 나타내는 시제.

세로 열쇠
❶ 과거에 일어난 일이 현재까지 계속되거나 영향을 미치고 있음을 나타내는 시제.
❷ 말하고 있는 시점이 과거이면서 동작이나 상황이 진행 중임을 나타내는 시제.

(가로) ❶현재 ❷과거완료 ❸미래진행 / (세로) ❷거, 료 (퍼즐: 현/재, 과거완료, 거/료, 미래진행, 행)

2 밑줄 친 말의 시제가 맞으면 ○표, 맞지 않으면 ✕표 해 보자.

(1) **I had done** homework in my room.(나는 내 방에서 숙제를 해 왔었다.)
과거완료 (○)

(2) **I was doing** homework in my room.(나는 내 방에서 숙제를 하고 있었다.)
과거진행 (○)

(3) **I have done** homework in my room.(나는 내 방에서 숙제를 해 왔다.)
현재완료 (○)

(4) **I will be doing** homework in my room.(나는 내 방에서 숙제를 하고 있을 것이다.)
현재진행 (✕)

해설 | (1) 「had+과거분사」의 형태는 과거완료 시제이다. (2) 「was/were+현재분사(-ing)」의 형태는 과거진행 시제이다. (3) 「have/has+과거분사」의 형태는 현재완료 시제이다. (4) 「will be+현재분사(-ing)」의 형태는 미래진행 시제이다.

3 보기 의 ㉠, ㉡에 사용된 시제를 바르게 설명한 친구에게 ○표 해 보자.

보기
㉠ I have lost my book.(나는 내 책을 잃어버렸다.)
㉡ I had finished my work when she called me.(그녀가 나를 불렀을 때 나는 일을 끝냈었다.)

(1) ㉠에는 과거의 상황이 현재까지 이어지는 현재완료 시제가 사용되었어.
(○)

(2) ㉡에는 과거에 일어난 동작이 진행되는 과거진행 시제가 사용되었어.
( )

해설 | (2) 'had finished'는 「had+과거분사」의 형태이므로 과거완료 시제이다.

정답과 해설 ▶ 12쪽
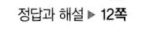

✏️ 1주차 1~5회에서 공부한 단어를 떠올리며 문제를 풀어 보자.

국어

1 ㉠, ㉡과 바꿔 쓸 수 있는 단어끼리 묶은 것은? (④)

> ㉠원래의 작품은 청소년 소설인데 ㉡영화를 만들기 위해 쓴 대본으로 각색을 한 것이다.

	㉠	㉡		㉠	㉡		㉠	㉡
①	원작	희곡	②	원작	소설	③	희곡	시나리오
④	원작	시나리오	⑤	시나리오	소설			

해설 | ㉠ '연극이나 영화의 대본으로 고쳐 쓰기 전의 원래 작품'을 뜻하는 단어는 '원작'이다. ㉡ '영화를 만들기 위해 쓴 대본'을 뜻하는 단어는 '시나리오'이다.

국어

2 ( ) 안에 들어갈 단어로 가장 어울리는 것은? (⑤)

> 이 회사가 만든 제품 광고 영상은 흔히 볼 수 있는 평범한 것이었다. 그래서 과감하게 ( )을 전환하지 않으면 새로운 것을 창조해 낼 수 없다는 평가를 들었다.

① 발견   ② 발생   ③ 발언   ④ 발각   ⑤ 발상

해설 | 새로운 제품 광고 영상을 창조하기 위해서는 생각을 바꿔야 한다는 내용이므로 ( ) 안에 어울리는 단어는 '어떤 생각이나 그 생각을 해 내는 일'을 뜻하는 '발상'이다.

사회

3 ( ) 안에 들어갈 단어를 보기 에서 찾아 써 보자.

> **보기**
> 제정일치
> 토착 세력

> (1) 백제는 기원 전후 한강 유역으로 내려온 고구려 이주민이 그 지역에 대대로 살던 (토착 세력)와/과 결합하여 세운 나라이다.
> (2) 고조선의 첫 임금인 단군왕검의 '단군'은 '하늘에 제사를 지내는 제사장', '왕검'은 '나라를 다스리는 통치자'라는 뜻으로, 당시가 (제정일치) 사회였음을 짐작하게 한다.

해설 | (1) '대대로 그 땅에서 살고 있는 세력'이란 뜻의 '토착 세력'이 들어간다. (2) '제사와 정치가 일치하는 정치 형태'를 뜻하는 '제정일치'가 들어간다.

수학

4 ( ) 안에서 알맞은 말을 골라 ○표 해 보자.

(1) 외각: 다각형의 (안쪽 , (바깥쪽))에 있는 각.
(2) 합동: 두 도형이 모양과 크기가 ((같아 완전히) , 비슷해 부분적으로) 포개어지는 것.

해설 | (1) 다각형의 바깥쪽에 있는 각을 '외각'이라고 한다. (2) 모양과 크기가 같아 완전히 포개어지는 두 도형을 '합동'이라고 한다.

수학

5 초성을 바탕으로 빈칸에 들어갈 단어를 써 보자.

> 각을 같은 크기의 두 각으로 나누는 직선을 각의 | 이 | 등 | 분 | 선 | 이라고 한다.

과학

6 ( ) 안에 들어갈 단어를 보기 에서 찾아 써 보자.

> **보기**
> 혈액   소화계   세포

(1) (소화계)은/는 입, 위, 소장, 대장, 간 등의 기관으로 이루어진 기관계이다.
(2) 순환계는 (혈액)을/를 전신에 순환시키는 기관으로 이루어진 기관계이다.
(3) 동물의 몸은 '(세포) → 조직 → 기관 → 기관계 → 개체'의 단계로 구성된다.

해설 | (1) 소화 작용에 관계되는 기관으로 이루어진 기관계를 '소화계'라고 한다. (2) 혈액을 전신에 순환시키는 기관으로 이루어진 기관계를 '순환계'라고 한다. (3) '세포'는 생명체를 이루는 구조적·기능적 기본 단위이다.

과학

7 ㉠, ㉡과 바꿔 쓸 수 있는 단어를 보기 에서 찾아 쓰시오.

> **보기**
> 정맥
> 동맥

> 혈관의 종류에는 ㉠심장에서 나간 혈액이 지나가는 혈관, ㉡심장으로 들어가는 혈액이 지나가는 혈관, 모세 혈관이 있다.

㉠ → (동맥), ㉡ → (정맥)

해설 | ㉠ 심장에서 나간 혈액이 지나가는 혈관은 '동맥'이다. ㉡ 심장으로 들어가는 혈액이 지나가는 혈관은 '정맥'이다.

한자

8 대화를 읽고, 상황에 어울리는 한자 성어를 ( ) 안에서 골라 ○표 해 보자.

> 현정: 어제 몰래 산 게임기를 엄마한테 들켰는데 다행히 아빠 도움으로 조용히 넘어갔거든. 그런데 또 엄마가 아끼는 꽃병을 깨뜨린 거야! 이번엔 목숨이 여러 개라도 살아남기 어렵겠다고 절망했는데, 엄마가 고양이 짓이라고 생각하시더라. 정말 (구우일모 , (구사일생))이었어.
> 정미: 뭐야, 잘못도 없는 고양이한테 떠넘긴 거야? ((결자해지) , 결초보은)(이)라고 하니 네가 저지른 일은 네가 해결해야지.
> 　　　　　　　　　　　　　　　　　　　죽어서라도 은혜를 갚음.

해설 | (1) 잘못을 들켜 혼이 날 뻔했는데 간신히 모면한 상황이므로 '간신히 목숨을 건짐'을 뜻하는 '구사일생'이 어울린다. '구우일모'는 아홉 마리의 소 가운데 박힌 하나의 털이란 뜻으로, '매우 많은 것 가운데 극히 적은 수'를 이르는 말이다. (2) 잘못한 사람이 해결하라는 뜻이므로 '자기가 저지른 일은 자기가 해결하여야 함'을 뜻하는 '결자해지'가 어울린다.

영문법

9 보기 의 글자를 조합해 빈칸에 들어갈 단어를 써 보자.

> **보기**
> 재 진 료 과 완 행 현 거

(1) 말하고 있는 시점이 과거이면서 동작이나 상황이 진행 중임을 나타내는 시제.

→ | 과 | 거 | 진 | 행 |

(2) 과거에 일어난 일이 현재까지 계속되거나 영향을 미치고 있음을 나타내는 시제.

→ | 현 | 재 | 완 | 료 |

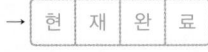

어휘가 문해력 이다

중학 **2**학년 **2**학기

2주차 정답과 해설

국어 교과서 어휘

✏️ 단어와 그 뜻을 익히고, 빈칸에 알맞은 단어를 써 보자.

매체 자료 매개할 媒 + 물체 體 + 재물 資 + 거리 料 ✎'媒'의 대표 뜻은 '중매', '體'의 대표 뜻은 '몸', '料'의 대표 뜻은 '생각하다'임.	매체의 발달에 따라 생겨난, 음악이나 사진, 동영상 등의 자료. 예 매체 자료의 종류에는 도표나 사진 등의 시각 자료, 소리나 음악 등의 청각 자료, 동영상이나 애니메이션 등의 복합 자료가 있다.	플러스 개념어 **매체** 정보를 전달하는 수단. • 매체의 종류 　– 인쇄 매체: 신문, 잡지 등 　– 방송 매체: 라디오, 텔레비전 등 　– 인터넷 매체: 블로그, 누리 소통망(SNS) 등
적절성 알맞을 適 + 적절할 切 + 성질 性 ✎'切'의 대표 뜻은 '끊다', '性'의 대표 뜻은 '성품'임.	꼭 알맞은 특성. 예 매체에 담긴 정보가 객관적이고 정확한지 살펴보는 것은 매체 내용의 적절성을 평가하는 방법이다.	
의도 뜻 意 + 꾀할 圖 ✎'圖'의 대표 뜻은 '그림'임.	무엇을 하고자 하는 생각이나 계획. 예 뉴스에서 다루고 있는 주요 내용을 살펴보면, 뉴스를 제작한 의도를 알 수 있다.	유의어 • **뜻**: 무엇을 하겠다고 속으로 먹는 마음. • **의사**: 무엇을 하고자 하는 생각. • **의지**: 어떠한 일을 이루고자 하는 마음. • **의향**: 마음이 향하는 바. 또는 무엇을 하려는 생각.
생산자 만들 生 + 생산할 産 + 사람 者 ✎'生'의 대표 뜻은 '나다', '産'의 대표 뜻은 '낳다'임.	매체 자료의 정보를 만들어 내는 사람. 예 생산자가 어떤 의도로 자료를 제시했는지에 따라 자료의 적절성이 달라질 수 있다.	
보도 알릴 報 + 방법 道 ✎'報'의 대표 뜻은 '갚다', '道'의 대표 뜻은 '길'임.	매체를 통해 일반 사람들에게 새로운 소식을 알리는 것이나 그 소식. 예 새로운 정보가 매체를 통해 보도되었을 때에 뉴스가 될 수 있다.	동음이의어 • **보도**(걸음 步 + 길 道): 보행자의 통행에 사용하도록 된 도로. • **보도**(보배 寶 + 칼 刀): 보배로운 칼. 또는 잘 만든 귀한 칼.
정보 윤리 사실 情 + 알릴 報 + 인륜 倫 + 도리 理 ✎'情'의 대표 뜻은 '뜻', '理'의 대표 뜻은 '다스리다'임.	매체에서 자료를 가져오거나 새로 만들 때 지켜야 할 마땅한 태도. 예 여러 매체에서 자료를 가져올 때에는 객관적인 정보를 제시하고 출처를 명확하게 밝히는 등의 정보 윤리를 지켜야 한다.	

확인 문제

정답과 해설 ▶ 14쪽

1 단어의 뜻을 찾아 선으로 이어 보자.

(1) 생산자 ————————— 매체 자료의 정보를 만들어 내는 사람.

(2) 매체 자료 ⟋ 매체에서 자료를 가져오거나 새로 만들 때 지켜야 할 마땅한 태도.

(3) 정보 윤리 ⟋ 매체의 발달에 따라 생겨난, 음악이나 사진, 동영상 등의 자료.

2 보기 의 밑줄 친 '의도'와 바꿔 쓰기에 알맞지 **않은** 것은? (④)

보기
> 매체 자료를 볼 때에는 매체를 만든 의도가 무엇인지 파악하는 것이 중요하다.

① 뜻　　　② 의향　　　③ 의지　　　④ 방법　　　⑤ 의사

해설 | '의도'는 '무엇을 하고자 하는 생각이나 계획'이라는 뜻이다. '방법'은 '수단이나 방식'이라는 뜻이므로 '의도'와 바꿔 쓰기에 알맞지 않다.

3 보기 의 밑줄 친 '보도'와 같은 뜻으로 사용된 것을 골라 ○표 해 보자.

보기
> 기사에 보도된 내용은 그래프를 활용하여 한눈에 알아볼 수 있었다.

(1) 학교 앞 보도에 경계표지를 세우기로 결정했다. ( )

(2) 집안의 가보로 전해져 내려온 보도를 박물관에 기증하였다. ( )

(3) 사건을 많은 사람들에게 빨리 전달하려면 매체에 보도하는 것이 좋다. (○)

해설 | 〈보기〉와 (3)의 '보도'는 '매체를 통해 일반 사람들에게 새로운 소식을 알리는 것이나 그 소식'이라는 뜻으로 사용되었다. (1)은 '보행자의 통행에 사용하도록 된 도로', (2)는 '보배로운 칼. 또는 잘 만든 귀한 칼'이라는 뜻으로 사용되었다.

4 ( ) 안에 들어갈 단어를 보기 에서 찾아 써 보자.

보기
매체	생산자	적절성

(1) 오늘날은 인터넷 환경의 발달로 누구나 매체 자료의 (생산자)이/가 될 수 있다.

(2) 매체 자료에 쓰인 표현 방법과 효과를 정리해 보며 그 (적절성)을/를 평가하였다.

(3) 시각과 청각을 동시에 자극하는 동영상이나 애니메이션은 시청각 (매체)에 해당한다.

해설 | (1) 매체 자료의 정보를 만들어 내는 사람'을 뜻하는 '생산자'를 써야 한다. (2) '꼭 알맞은 특성'을 뜻하는 '적절성'을 써야 한다. (3) 동영상이나 애니메이션은 화면과 소리가 함께 제공되므로 시청각 '매체'에 해당한다.

2주차 1회 역사 교과서 어휘

수록 교과서 역사 ②
Ⅱ. 남북국 시대의 전개

✎ 단어와 그 뜻을 익히고, 빈칸에 알맞은 단어를 써 보자.

요충지
중요할 要 + 요긴할 衝 + 땅 地
↪ '衝'의 대표 뜻은 '찌르다'임.

땅의 생긴 모양이나 형세가 군사적으로 아주 중요한 곳.
예 642년 신라는 백제 의자왕의 공격을 받아 군사 요충지 인 대야성을 비롯한 40여 개의 성을 빼앗겼다.

위상
위치 位 + 모양 相
↪ '相'의 대표 뜻은 '서로'임.

어떤 사물이 다른 사물과의 관계 속에서 가지는 위치나 상태.
예 발해는 건국 초기의 혼란을 수습하여 나라를 안정시키고 대외적으로 위상 을 높여 나갔다.

연호
해 年 + 부를 號

임금이 즉위한 해에 붙이던 칭호. 중국 황제들이 자신의 통치 이념을 표현한 것으로, 즉위한 해부터 연도를 나타내는 역할도 함.
예 발해의 무왕은 독자적인 연호 를 사용하고, 영토 확장에 힘써 만주 북부 지역까지 장악하였다.

> 연호는 원칙적으로 중국 황제들이 사용하는 것으로 왕은 독자적인 연호를 사용하지 못했어. 이런 연호를 사용하고 황제라고 칭한 것에는 중국 황제와 대등하다는 의식을 드러내 왕권을 높이려는 의도가 담겨 있어.

유민
남길 遺 + 백성 民

망하여 없어진 나라의 백성.
예 발해의 주민은 고구려 유민 과 말갈인으로 구성되었다.

> 동음이의어 유민(흐를 流 + 백성 民)
> 일정한 거처 없이 이리저리 떠돌아다니는 백성.
> 예 흉년으로 살기 어려워진 농민들은 유민 이 되어 전국을 떠돌게 되었다.

선종
선 禪 + 교파 宗
↪ '宗'의 대표 뜻은 '마루'임.

경전에 의지하지 않고 누구나 일상생활 속에서 내면의 진리를 발견할 수 있다고 하는 불교 종파.
예 신라 말에는 경전 연구와 교리를 중시한 교종과 달리 일상생활 속에서 내면의 진리를 발견할 수 있다는 선종 이 유행하였다.

동요
움직일 動 + 흔들 搖

어떤 체제나 상황 따위가 혼란스럽고 술렁임.
예 신라는 8세기 후반부터 왕권이 약해지고 진골 세력의 분열 등으로 정치적 동요 가 일어났다.

> 다의어 동요
> ① 물체 따위가 흔들리고 움직임.
> 예 지진으로 건물의 동요가 심하다.
> ② 생각이나 상황 등이 확고하지 못하고 흔들림.
> 예 거센 반대에 부딪치자 마음에 동요가 일었다.

빈번하다
자주 頻 + 많을 繁 + 하다

번거로울 정도로 일어나는 횟수가 매우 잦다.
예 발해는 여러 교통로를 정비하여 주변 나라와 교류하였고, 상인도 빈번 하게 왕래하였다.

확인 문제

정답과 해설 ▶ 15쪽

1 빈칸에 알맞은 단어를 글자를 조합해 써 보자.

(1) 유 민 은/는 망하여 없어진 나라의 백성을 뜻한다.

민 망 유 속 국

(2) 요 충 지 은/는 군사적으로 아주 중요한 곳을 뜻한다.

중 지 군 충 요

(3) 선 종 은/는 누구나 일상생활 속에서 내면의 진리를 발견할 수 있다고 하는 불교 종파이다.

조 종 도 계 선

> 해설 | '동요'는 '어떤 체제나 상황 따위가 혼란스럽고 술렁임.'을 뜻한다. (2) '빈번하다'는 '번거로울 정도로 일어나는 횟수가 매우 잦다.'를 뜻한다.

2 ( ) 안에서 알맞은 단어를 골라 ○표 해 보자.

(1) **동요** 어떤 체제나 상황 따위가 (평온하고 잠잠함, (혼란스럽고 술렁임)).

(2) **빈번하다** 번거로울 정도로 일어나는 횟수가 매우 ((잦다), 드물다).

> 해설 | (1) '요충지'는 '땅의 생긴 모양이나 형세가 군사적으로 아주 중요한 곳'을 뜻한다. (2) '망하여 없어진 나라의 백성'을 뜻하는 단어는 '유민'이다. (3) '연호'는 '임금이 즉위한 해에 붙이던 칭호'이며, '위상'은 '어떤 사물이 다른 사물과의 관계 속에서 가지는 위치나 상태'를 뜻한다.

3 ( ) 안에 들어갈 단어를 보기 에서 찾아 써 보자.

> **보기**
> 요충지   위상   연호   유민

(1) 발해는 전략적 (요충지)(이)나 국경 지대에 별도의 지방군을 두어 지방관이 직접 지휘하도록 하였다.

(2) 고려는 신라와 후백제뿐만 아니라 거란에 멸망한 발해 (유민)까지 받아들여 민족의 재통합을 이루었다.

(3) 고려의 광종은 왕권을 강화하기 위해 스스로를 황제로 칭하고 (연호)을/를 사용하여 국가의 (위상)을/를 높였다.

수학 교과서 어휘

✏️ 단어와 그 뜻을 익히고, 빈칸에 알맞은 단어를 써 보자.

평행 평평할 平 + 다닐 行	두 직선이 서로 만나지 않는 것. 예 한 직선에 수직인 두 직선을 그었을 때, 만나지 않는 두 직선을 서로 평행 하다고 한다. 두 직선 l, m은 평행하다. ⇨ $l // m$
평행사변형 평평할 平 + 다닐 行 + 넷 四 + 가장자리 邊 + 모양 形	마주 보는 두 쌍의 변이 각각 평행인 사각형. 예 사각형 ABCD에서 $\overline{AB}//\overline{DC}$, $\overline{AD}//\overline{BC}$인 사각형은 평행사변형 이다.
대변 마주할 對 + 가장자리 邊 🔎 '對'의 대표 뜻은 '대하다'임.	서로 마주 보고 있는 변. 예 평행사변형 ABCD에서 변 AD와 마주 보는 변 BC가 변 AD의 대변 이고 두 변은 길이가 같다.
대각 마주할 對 + 모서리 角 🔎 '角'의 대표 뜻은 '뿔'임.	서로 마주 보고 있는 각. 예 평행사변형 ABCD에서 각 ABC와 서로 마주 보는 각 ADC는 각 ABC의 대각 이고 두 각은 크기가 같다.
동위각 같을 同 + 자리 位 + 모서리 角	같은 위치에 있는 각으로, 두 직선이 다른 한 직선과 만나서 생기는 각 중 같은 쪽에 있는 각. 예 두 직선 l, m이 다른 한 직선 n과 만나서 생기는 8개의 각 중 같은 위치에 있는 두 각 $\angle a$와 $\angle e$, $\angle b$와 $\angle f$, $\angle c$와 $\angle g$, $\angle d$와 $\angle h$는 동위각 이다.
엇각 엇 + 모서리 角	엇갈린 위치에 있는 각으로, 두 직선이 다른 한 직선과 만나서 생기는 각 중 서로 반대쪽에 어긋나 있는 각. 예 두 직선 l, m이 다른 한 직선 n과 만나서 생기는 8개의 각 중 엇갈린 위치에 있는 각 $\angle b$와 $\angle h$, $\angle c$와 $\angle e$는 엇각 이다.
평행선 평평할 平 + 다닐 行 + 줄 線	한 평면 위에서 서로 만나지 않는 두 직선. 예 서로 만나지 않는 두 직선 l, m을 평행선 이라 하고, 두 직선 l, m과 한 직선이 만날 때 동위각의 크기가 서로 같으면 두 직선 l, m은 서로 평행하다.

🧊 확인 문제

1 뜻에 알맞은 단어가 되도록 보기 의 글자를 조합해 써 보자.(같은 글자가 여러 번 쓰일 수 있음.)

보기

각	행	사
평	대	형
변	선	동

(1) 서로 마주 보고 있는 변. → 대 변

(2) 두 직선이 서로 만나지 않는 것. → 평 행

(3) 서로 만나지 않는 두 직선. → 평 행 선

2 ( ) 안에 들어갈 단어를 보기 에서 찾아 써 보자.

보기
평행사변형   대변   대각

(1)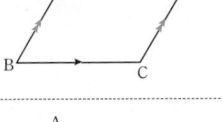
사각형 ABCD에서 ∠A와 서로 마주 보는 ∠C는 ∠A의 (대각)이다.

(2)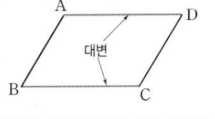
사각형 ABCD에서 $\overline{AB}$와 마주 보는 $\overline{DC}$가 $\overline{AB}$의 (대변)이다.

(3)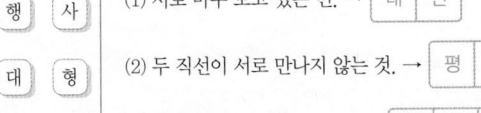
사각형 ABCD에서 마주 보는 두 쌍의 변이 각각 평행한 사각형은 (평행사변형)이다.

해설 | (1) 사각형 ABCD에서 ∠A와 ∠C, ∠B와 ∠D는 서로 마주 보고 있는 '대각'이다. (2) 사각형 ABCD에서 $\overline{AB}$와 $\overline{DC}$, $\overline{AD}$와 $\overline{BC}$는 서로 마주 보고 있는 '대변'이다. (3) 마주 보는 두 쌍의 변이 각각 평행인 사각형은 '평행사변형'이다.

3 밑줄 친 단어의 사용이 알맞으면 ○표, 알맞지 않으면 ✕표 해 보자.

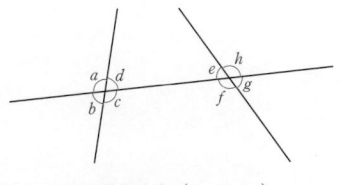

(1) $\angle a$와 $\angle e$는 같은 쪽에 있는 각으로 <u>동위각</u>이다. (○)

(2) $\angle b$와 $\angle h$는 서로 반대쪽에 어긋나 있는 각으로 <u>엇각</u>이다. (✕)

(3) $\angle c$와 $\angle e$는 서로 반대쪽에 어긋나 있는 각으로 <u>엇각</u>이다. (○)

(4) $\angle d$와 $\angle h$는 같은쪽에 있는 각으로 <u>동위각</u>이다. (○)

해설 | (1), (4) $\angle a$와 $\angle e$, $\angle b$와 $\angle f$, $\angle c$와 $\angle g$, $\angle d$와 $\angle h$는 동위각이다. (2) $\angle a$, $\angle b$, $\angle g$, $\angle h$의 엇각은 없다. (3) $\angle c$와 $\angle e$, $\angle d$와 $\angle f$는 엇각이다.

수록 교과서 과학 2
V. 동물과 에너지

✏️ 단어와 그 뜻을 익히고, 빈칸에 알맞은 단어를 써 보자.

호흡계 (숨을) 내쉴 呼 + 들이쉴 吸 + 묶을 系 '呼'의 대표 뜻은 '부르다', '吸'의 대표 뜻은 '마시다'임.	호흡에 필요한 산소를 흡수하고 몸 안의 이산화 탄소를 몸 밖으로 내보내는 역할을 하는 기관계. 예 코, 기관, 기관지, 폐와 같은 호흡 기관이 모여 호흡계를 이룬다.
폐포 허파 肺 + 세포 胞	한 겹의 얇은 세포층으로 이루어진, 폐 속의 작은 공기주머니. 예 기관지 끝에 모세 혈관으로 둘러싸여 있는 포도송이 모양의 주머니를 폐포라고 한다.
기체 교환 공기 氣 + 물질 體 + 서로 交 + 바꿀 換 '氣'의 대표 뜻은 '기운', '體'의 대표 뜻은 '몸', '交'의 대표 뜻은 '사귀다'임.	폐포와 모세 혈관 사이, 조직 세포와 모세 혈관 사이에서 산소와 이산화 탄소가 교환되는 것. 예 기체 교환은 기체의 농도가 높은 곳에서 낮은 곳으로 이동하는 확산 현상에 의해 일어난다. 물속에 잉크를 떨어뜨리면 잉크가 물 전체로 퍼지는 현상, 향수를 뿌리면 향수 냄새가 방 전체로 퍼지는 현상도 '확산 현상'의 예야.
흉강 가슴 胸 + 속 빌 腔	가슴 안의 공간으로, 심장, 폐, 기관, 기관지, 식도 등이 있음. 예 호흡 운동은 횡격막과 갈비뼈의 움직임에 의해 흉강의 부피와 압력이 주기적으로 변함으로써 일어난다. 플러스 개념어 횡격막 가슴과 배를 나누는 근육으로 된 막으로 가로막이라고도 함.
배설계 밀어낼 排 + 샐 泄 + 묶을 系 '排'의 대표 뜻은 '밀치다'임.	세포에서 영양소가 분해될 때 만들어진 노폐물을 몸 밖으로 내보내는 기관들로 이루어진 기관계. 예 콩팥, 오줌관, 방광, 요도 등의 배설 기관이 모여 배설계를 이룬다.
네프론	오줌을 만들어 내는 콩팥을 구성하는 가장 작은 기본 단위로, 사구체, 보먼주머니, 세뇨관으로 이루어짐. 사구체: 둥글게 뭉쳐 있는 모세 혈관 덩어리. 보먼주머니: 사구체를 감싸고 있는 주머니. 세뇨관: 보먼주머니와 연결된 가늘고 긴 관. 예 네프론에서 만들어진 오줌은 콩팥 깔대기에 모였다가 오줌관을 통해 콩팥을 빠져나간다. 
세포 호흡 가늘 細 + 세포 胞 + (숨을) 내쉴 呼 + 마실 吸	세포에서 영양소를 분해하여 생명 활동에 필요한 에너지를 얻는 과정. 예 세포 호흡 결과 얻은 에너지는 체온 유지, 운동, 두뇌 활동 등에 이용한다.

🧊 확인 문제

정답과 해설 ▶ 17쪽

1 뜻에 알맞은 단어를 글자판에서 찾아 묶어 보자.(단어는 가로, 세로, 대각선 방향에서 찾기)

호	세	프	전	❷흉
❶네	❸폐	포	강	교
계	프	호	허	환
배	설	론	흡	계

❶ 오줌을 만들어 내는 콩팥을 구성하는 가장 작은 기본 단위.
❷ 가슴 안의 공간으로, 심장, 폐, 기관, 기관지, 식도 등이 있음.
❸ 한 겹의 얇은 세포층으로 이루어진, 폐 속의 작은 공기주머니.

2 단어의 뜻을 보기에서 찾아 사다리를 타고 내려간 곳에 기호를 써 보자.

보기
㉠ 세포에서 영양소를 분해하여 생명 활동에 필요한 에너지를 얻는 과정. → 세포 호흡
㉡ 폐포와 모세 혈관 사이, 조직 세포와 모세 혈관 사이에서 산소와 이산화 탄소가 교환되는 것. → 기체 교환
㉢ 호흡에 필요한 산소를 흡수하고 몸 안의 이산화 탄소를 몸 밖으로 내보내는 역할을 하는 기관계. → 호흡계
㉣ 세포에서 영양소를 분해할 때 만들어진 노폐물을 몸 밖으로 내보내는 기관들로 이루어진 기관계. → 배설계

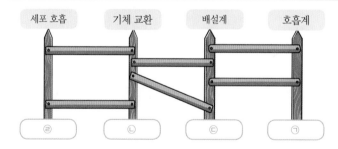

세포 호흡 / 기체 교환 / 배설계 / 호흡계
㉣ / ㉡ / ㉢ / ㉠

해설 | (1) 소화계를 통해 소화, 흡수된 영양소와 호흡계를 통해 흡수된 산소는 순환계를 통해 세포로 이동하여 '세포 호흡'에 쓰인다. '세포 호흡'은 세포에서 영양소를 분해하여 생명 활동에 필요한 에너지를 얻는 과정을 뜻한다. (2) '기체 교환'은 폐포와 모세 혈관 사이, 조직 세포와 모세 혈관 사이에서 산소와 이산화 탄소가 교환되는 것이다.

3 ( ) 안에 들어갈 단어를 보기에서 찾아 써 보자.(같은 단어가 두 번 쓰일 수 있음.)

보기
세포 호흡 / 폐포 / 기체 교환 / 배설계

(1) 순환계는 (세포 호흡)에 필요한 산소와 영양소를 조직 세포로 운반하고, (세포 호흡) 결과로 생긴 노폐물을 (배설계)(으)로 운반한다.
(2) 폐는 수많은 (폐포)(으)로 이루어져 있어 공기와 접촉하는 표면적이 매우 넓으므로 효율적으로 (기체 교환)이/가 일어날 수 있다.

✏️ 단어와 그 뜻을 익히고, 빈칸에 알맞은 단어를 써 보자.

훈민정음 가르칠 訓 + 백성 民 + 바를 正 + 소리 音	백성을 가르치는 바른 소리라는 뜻으로, 세종 대왕이 우리말을 나타내기 위하여 만든 우리나라 고유의 글자. 20세기 이후에는 '한글'이라고 부름. 예 훈민정음 은 세계적으로 인정받는 과학적인 문자이다.
창제 비롯할 創 + 지을 製	이전에 없던 것을 처음으로 만들거나 정하는 일. 예 한글이 창제 되기 전에 일반 백성들은 문자를 몰라 어려움을 겪었다.
소릿값	낱낱의 글자가 지니고 있는 소리. '음가'라고도 함. 예 한글은 하나의 글자가 하나의 소릿값 을 가진다.
상형 본뜰 象 + 모양 形 '象'의 대표 뜻은 '코끼리'임.	어떤 물건의 모양을 본떠서 글자를 만드는 원리. 예 한글의 자음 기본자는 발음 기관의 모양을 본떠서 만든 것이고, 모음 기본자는 '하늘(•), 땅(ㅡ), 사람(ㅣ)'의 모양을 본떠서 만든 것인데 이러한 원리를 상형 이라고 한다.
가획 더할 加 + 그을 劃	원래의 모양에 획을 더해 글자를 만드는 원리. 예 'ㅋ'과 같이 'ㄱ'에 획을 더하여 글자를 만드는 원리를 가획 이라고 한다. 플러스 개념어 **획** 글씨나 그림에서 붓 등으로 한 번 그은 줄이나 점.
병서 나란히 竝 + 글자 書 '書'의 대표 뜻은 '글'임.	자음자를 가로로 나란히 붙여 글자를 만드는 원리. 예 자음자를 나란히 붙여서 'ㄲ, ㄸ, ㅉ, ㄿ'과 같은 글자를 만들었는데, 이러한 원리를 병서 라고 한다.
합성 합할 合 + 이룰 成	둘 이상의 것을 합쳐서 글자를 만드는 원리. 예 '• + ㅣ → ㅓ'와 같이 모음자는 기본자 '•, ㅡ, ㅣ'를 합하여 만드는데, 이러한 원리를 합성 이라고 한다. 플러스 개념어 **아래아** '•'는 하늘의 둥근 모양을 본 떠 만든 모음자로 '아래아'라고 읽음. 현재는 쓰이지 않음.

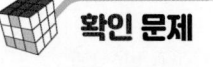 확인 문제

정답과 해설 ▶ 18쪽

1 뜻에 알맞은 단어가 되도록 보기 의 글자를 조합해 써 보자.

보기

가 서 형
병 상 합
성 획 한

(1) 둘 이상의 것을 합쳐서 글자를 만드는 원리. → 합 성

(2) 원래의 모양에 획을 더해 글자를 만드는 원리. → 가 획

(3) 어떤 물건의 모양을 본떠서 글자를 만드는 원리. → 상 형

(4) 자음자를 가로로 나란히 붙여 글자를 만드는 원리. → 병 서

2 문장에서 밑줄 친 '창제'의 쓰임이 어울리면 ○표, 어울리지 않으면 ×표 해 보자.

(1) 그는 새로운 문학 양식을 창제했다는 평가를 받는다. (○)

(2) 그는 부모님이 남긴 가업을 창제하여 발전시키는 데 최선을 다하였다. (×)

(3) 세종 대왕은 1443년에 한글을 창제하였으며 3년 후에 이를 반포하였다. (○)

(4) 그는 새로운 국민 참여 제도를 창제하면서 지도자로서의 능력을 발휘하였다. (○)

해설 | '창제'는 '이전에 없던 것을 처음으로 만들거나 정하는 일'이란 뜻이다. (2)의 '가업'은 '대대로 물려받는 집안의 생업'이므로 '창제'보다 '계승'이 알맞다.

해설 | (1) 겹받침과 쌍자음은 자음자를 가로로 나란히 붙여 만든 것이므로 '병서'의 원리가 사용된 것이다. (2) '낱낱의 글자가 지니고 있는 소리'인 '소리값'을 써야 한다. (3) 원래의 모양에 획을 더해 글자를 만드는 원리는 '가획'이다. (4) 어떤 물건의 모양을 본떠서 글자를 만드는 원리는 '상형'이다. (5) 한글의 처음 이름은 '훈민정음'이다.

3 ( ) 안에 들어갈 단어를 보기 에서 찾아 써 보자.

보기

| 가획 | 병서 | 상형 | 소릿값 | 훈민정음 |

(1) 겹받침이나 쌍자음은 (병서)의 원리로 만들어졌다.

(2) 우리말 자음 중 '이응(ㅇ)'이 초성으로 올 때는 (소릿값)이/가 없다.

(3) 'ㅌ'은 'ㄷ'에 한 획을 더해 만든 것으로 (가획)의 원리가 사용되었다.

(4) 'ㄱ'은 혀뿌리가 목구멍을 막는 모양을 본떠 만든 것으로 (상형)의 원리가 사용되었다.

(5) 한글이 반포되었을 당시의 공식 명칭은 (훈민정음)(으)로, 이는 '백성을 가르치는 바른 소리'라는 뜻이다.

✏️ 단어와 그 뜻을 익히고, 빈칸에 알맞은 단어를 써 보자.

북진 정책
북녘 北 + 나아갈 進 +
정사 政 + 꾀 策

나라의 세력을 북쪽으로 확장하기 위하여 추진했던 고려와 조선 시대의 정책.
예 고려의 태조 왕건은 고구려의 옛 땅을 되찾기 위해 북진 정책에 관심을 기울였다.

중서문하성
가운데 中 + 글 書 +
문 門 + 아래 下 + 관청 省
🔍 '省'의 대표 뜻은 '살피다'임.

국가의 정책을 논의하여 결정하던 고려 시대의 최고 관청.
예 고려의 최고 관청인 중서문하성의 장관인 문하시중이 국정을 총괄하였다.

플러스 개념어 **고려의 중앙 관제**
고려는 2성 6부제로 중앙 정치 기구를 정비하였음.

```
                    왕
              도병마사
              식목도감
        ┌──────┬──────┬──────┬──────┐
2성─── 중서문하성 상서성 중추원 어사대 삼사
6부─── 이부 병부 호부 형부 예부 공부
```

문벌
집안 門 + 문벌 閥
🔍 '閥'의 대표 뜻은 '문'임.

고려 전기에 여러 세대에 걸쳐 높은 관직의 관리들을 배출한 가문들. 이들은 주요 관직을 독점하고 왕실과 결혼을 하며 세력을 확대하였음.
예 고려 시대에 경원 이씨 가문은 왕실과의 거듭된 혼인으로 세력을 키워 대표적인 문벌로 성장하였다.

플러스 개념어 **권문세족**
고려 후기 사회의 대표적인 지배 세력을 일컫는 말. 기존의 문벌 중 일부와 새롭게 정권을 잡은 일부 무신, 원나라에 기대어 출세한 세력들로 구성됨.

정변
정사 政 + 변할 變

무력으로 정권을 빼앗는 일
혁명이나 쿠데타 따위의 비합법적인 수단으로 생긴 정치상의 큰 변동.
예 고려 의종 때 무신을 차별하는 풍조가 널리 퍼지자 불만을 품은 무신들이 정변을 일으켜 문신을 제거하고 의종을 몰아냈다.

화의
사이좋을 和 + 의논할 議

화해하려고 협의함.
예 거란이 침략해 오자, 고려의 일부 대신들은 북쪽 영토를 내어 주고 거란과 화의를 맺자고 주장하였다.

플러스 개념어 **강화**
싸우던 두 편이 싸움을 그치고 평화로운 상태가 됨.
예 고려 태자는 몽골과 강화를 맺기 위해 중국으로 갔다.

도모
꾀할 圖 + 꾀할 謀
🔍 '圖'의 대표 뜻은 '그림'임.

어떤 일을 이루기 위하여 대책과 방법을 세움.
예 고려의 노비 만적은 신분 해방을 위해 봉기를 도모하였다.

🧊 **확인 문제**

정답과 해설 ▶ 19쪽

1 뜻에 알맞은 단어를 빈칸에 써 보자.

❶중	서	문	❷화	성
			의	
	❸권	❹문	세	족
		벌		

가로 열쇠
❶ 국가의 정책을 논의하여 결정하던 고려 시대의 최고 관청.
❸ 고려 후기 사회의 대표적인 지배 세력.

세로 열쇠
❷ 화해하려고 협의함.
❹ 고려 전기에 여러 세대에 걸쳐 높은 관직의 관리들을 배출한 가문들.

해설 | '화의'는 '화해하려고 협의함.'이란 뜻이고, '강화'는 '싸우던 두 편이 싸움을 그치고 평화로운 상태가 됨.'이란 뜻이므로 둘 다 대립 관계에서 벗어나 평화로운 상태가 되려 한다는 공통점이 있다.

2 대화의 ㉠, ㉡에 알맞은 단어끼리 묶은 것을 골라 ○표 해 보자.

• 조정에서는 국경까지 쳐들어온 적군에게 사신을 보내어 화의를 청하였다.
• 병자호란 때 최명길은 현실적인 문제를 들어서 청과 강화를 하자는 입장을 내세웠다.

위의 문장들에 쓰인 '화의'와 '강화'의 공통점은 무엇일까?

둘 다 (㉠) 상태에서 벗어나 (㉡) 상태로 지내려 한다는 것이지.

(1) ㉠ 협력 ㉡ 경쟁 ( )
(2) ㉠ 적대 ㉡ 평화 (○)
(3) ㉠ 외교 ㉡ 단교 ( )

해설 | (1) 친선을 이루고자 대책을 세워 사대 관계를 확립했다는 내용이므로 '어떤 일을 이루기 위하여 대책과 방법을 세움.'이란 뜻의 '도모'가 들어간다. (2) 나라의 세력을 북쪽으로 확장하기 위해 추진한 정책인 '북진 정책'이 들어간다. (3) 권문세족 중에는 전부터 세력을 유지한 가문도 있었지만, 몽골어를 잘해서 원나라의 국왕이나 왕자를 수행하며 세력을 키운 사람도 있었다.

3 ( ) 안에 들어갈 단어를 보기에서 찾아 써 보자.

보기

북진 정책	정변	권문세족	도모

(1) 조선 태종 이후에는 명과 불필요한 충돌을 피하고 친선을 (도모)하여 사대 관계를 확립하였다.

(2) 왕건은 (북진 정책)을/를 펼쳐 북방의 여진족을 정벌하고 고구려의 옛 영토 중 일부를 회복하였다.

(3) 나이가 어린 단종이 즉위하면서 재상을 중심으로 정치가 이루어지자, 이에 불만을 품은 수양 대군은 (정변)을/를 일으켜 왕위에 올랐다.

(4) 고려 후기에는 원나라에 기대어 권력을 누리던 (권문세족)이/가 새로운 지배 세력으로 성장하였는데, 이들은 높은 관직을 독점하고 다른 사람의 노비와 토지를 빼앗기도 했다.

✏️ 단어와 그 뜻을 익히고, 빈칸에 알맞은 단어를 써 보자.

대각선	다각형에서 서로 이웃하지 않는 두 꼭짓점을 이은 선분.
마주할 對 + 모서리 角 + 줄 線	예 삼각형은 꼭짓점이 3개인데 3개의 꼭짓점이 모두 서로 이웃하고 있으므로 대각선 을 그을 수 없다.

다각형의 대각선 수

삼각형: 없음. 사각형: 2개 오각형: 5개

직사각형	네 각의 크기가 모두 같은 사각형.
곧을 直 + 넷 四 + 모서리 角 + 모양 形	예 사각형 ABCD는 ∠A, ∠B, ∠C, ∠D의 크기가 모두 90°인 직사각형 으로, 두 대각선의 길이가 같다.

마름모	네 변의 길이가 모두 같은 사각형.
	예 사각형 ABCD는 네 변 $\overline{AB}$, $\overline{BC}$, $\overline{CD}$, $\overline{DA}$의 길이가 모두 같은 마름모 이고, 두 대각선은 서로 다른 것을 수직이등분한다.

직교	두 직선이 서로 직각으로 만나는 것.
곧을 直 + 교차할 交	예 두 직선이 직교 할 때, 두 직선 AB, CD가 만나는 각의 크기는 직각이다.

$\overline{AB}$는 $\overline{CD}$의 수선이다.

정사각형	네 각의 크기가 모두 같고, 네 변의 길이가 모두 같은 사각형.
바를 正 + 넷 四 + 모서리 角 + 모양 形	예 사각형 ABCD는 $\overline{AB}=\overline{BC}=\overline{CD}=\overline{DA}$이고, ∠A=∠B=∠C=∠D=90°인 정사각형 으로, 두 대각선의 길이가 같고, 서로 다른 것을 수직이등분한다.

정사각형은 네 각의 크기가 같으므로 직사각형이고, 네 변의 길이가 같으므로 마름모, 두 쌍의 변이 평행하므로 평행사변형이야. 즉, 정사각형은 직사각형, 마름모, 평행사변형의 성질을 모두 가지고 있어.

🧊 확인 문제

정답과 해설 ▶ 20쪽

1 단어의 뜻을 보기에서 찾아 사다리를 타고 내려간 곳에 기호를 써 보자.

보기
㉠ 네 각의 크기가 모두 같은 사각형. → 직사각형
㉡ 네 변의 길이가 모두 같은 사각형. → 마름모
㉢ 직선이 서로 직각으로 만나는 것. → 직교
㉣ 네 각의 크기가 모두 같고, 네 변의 길이가 모두 같은 사각형. → 정사각형

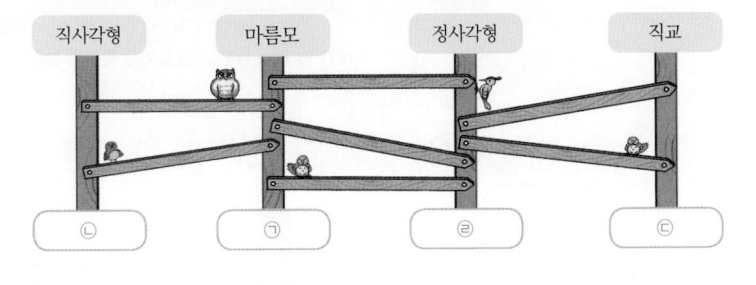

직사각형　　마름모　　정사각형　　직교

㉡　　㉠　　㉣　　㉢

해설 | (1) ∠A, ∠B, ∠C, ∠D가 모두 90°이므로 네 각의 크기가 같은 직사각형이다. (2) 네 변의 길이가 같은 사각형은 마름모이다. (3) 정사각형은 네 변의 길이가 모두 같고, 네 각의 크기가 모두 같은 사각형으로, 대각선의 길이가 같고 대각선 각각을 수직으로 이등분한다.

2 빈칸에 들어갈 말을 초성을 바탕으로 써 보자.

(1) 사각형 ABCD에서 ∠A, ∠B, ∠C, ∠D의 크기가 모두 같은 사각형은 직사각형 이므로 ∠x=90°이다.

(2) 사각형 ABCD에서 네 변 $\overline{AB}$, $\overline{BC}$, $\overline{CD}$, $\overline{DA}$의 길이가 모두 같은 사각형은 마름모 이므로 $x=\overline{AB}=5$이다.

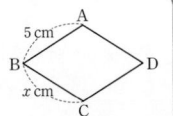

(3) 네 변 $\overline{AB}$, $\overline{BC}$, $\overline{CD}$, $\overline{DA}$의 길이가 모두 같고, ∠A=∠B=∠C=∠D=90°인 사각형 ABCD는 정사각형 이다.
두 대각선 의 길이가 같고 서로 다른 것을 수직이등분하므로 $x=\overline{BD}=\overline{AC}=7\times2=14$이다.

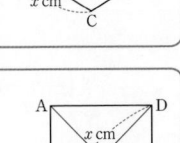

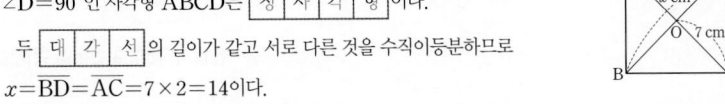

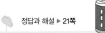

✎ 단어와 그 뜻을 익히고, 빈칸에 알맞은 단어를 써 보자.

순물질 순수할 純 + 물건 物 + 바탕 質	다른 물질이 섞이지 않고, 한 종류의 물질로만 이루어진 물질로 고유한 성질을 나타냄. 예 순물질 에는 다이아몬드(C)처럼 한 종류의 원소로만 이루어진 것도 있고, 염화 나트륨(NaCl)처럼 두 종류 이상의 원소로 이루어진 것도 있다.
혼합물 섞을 混 + 합할 合 + 물건 物	두 가지 이상의 순물질이 섞여 있는 물질. 예 여러 가지 물질이 섞여 있는 설탕물, 우유, 공기 등은 혼합물 이다.
끓는점 끓는 + 점 點	액체가 기체로 상태 변화가 될 때 일정하게 유지되는 온도. 예 액체인 물을 가열하면 끓기 시작하여 기체 상태인 수증기로 변하는 현상이 일어나고 물이 끓고 있는 동안 유지되는 온도 100℃가 물의 끓는점 이다.
녹는점 녹는 + 점 點	고체가 액체로 상태 변화가 될 때 일정하게 유지되는 온도. 예 고체인 얼음이 녹아 액체인 물로 변하는 온도 0℃가 얼음의 녹는점 이다.
어는점 어는 + 점 點	액체가 고체로 상태 변화가 될 때 일정하게 유지되는 온도. 예 액체인 물을 냉각시킬 때 더 이상 온도가 내려가지 않고 고체인 얼음으로 바뀌기 시작하는 온도 0℃가 물의 어는점 이다.
밀도 빽빽할 密 + 정도 度 ⌐'度'의 대표 뜻은 '법도'임.	일정한 부피에 해당하는 물질의 질량. $밀도 = \dfrac{질량}{부피}$ (단위: g/cm³, g/mL 등) 예 액체나 기체에 다른 물질이 섞이면 두 물질 중 밀도 가 큰 물질은 가라앉고, 밀도 가 작은 물질은 뜬다.
용해 녹을 溶 + 녹일 解 ⌐'解'의 대표 뜻은 '풀다'임.	한 물질이 다른 물질에 녹아 고르게 섞이는 현상. 예 소금이 물에 녹는 것과 같이 한 물질이 다른 물질에 녹아 고르게 섞이는 현상을 용해 라고 한다.

같은 물질은 녹는점과 어는점이 같아.

물질	녹는점/어는점(0℃)
철	1538.0
금	1064.2
이산화 탄소	-56.6
에탄올	-114.1
질소	-210.0

플러스 개념어
• 용질: 어떤 물질에 녹는 물질.
• 용매: 어떤 물질을 녹이는 물질.
• 용액: 한 물질이 다른 물질에 녹아 고르게 섞여 있는 혼합물.

확인 문제

1 뜻에 알맞은 단어를 글자판에서 찾아 묶어 보자. (단어는 가로, 세로, 대각선 방향에서 찾기)

녹	는	점	사	⑤용
물	①용	형	액	순
어	주	질	매	물
④용	는	③밀	도	합
끓	해	점	②용	매

❶ 어떤 물질에 녹는 물질.
❷ 어떤 물질을 녹이는 물질.
❸ 일정한 부피에 해당하는 물질의 질량.
❹ 한 물질이 다른 물질에 녹아 고르게 섞이는 현상.
❺ 한 물질이 다른 물질에 녹아 고르게 섞여 있는 혼합물.

2 뜻에 알맞은 단어를 찾아 선으로 이어 보자.

(1) 고체가 액체로 상태 변화가 될 때 일정하게 유지되는 온도. — 끓는점

(2) 액체가 고체로 상태 변화가 될 때 일정하게 유지되는 온도. — 녹는점

(3) 액체가 기체로 상태 변화가 될 때 일정하게 유지되는 온도. — 어는점

┌ 해설 | (1) '밀도'는 일정한 부피에 대한 물질의 질량으로 밀도가 작은 물질은 위로 뜨고 밀도가 큰 물질은 가라앉는다.
(2) 설탕물은 설탕과 물이 고르게 섞여 있으므로 '두 가지 이상의 물질이 고르게 섞여 있는 혼합물'을 뜻하는 '용액'을 써야 한다. (3) 얼음은 물로만 이루어진 '순물질'이므로 녹는점이 일정하지만, 아이스크림은 녹는점이 다른 여러 물질들이 섞여 있는 '혼합물'이므로 얼음이 녹는 0℃보다 낮은 온도에서 녹기 시작한다.

3 ( ) 안에 들어갈 단어를 보기 에서 찾아 써 보자.

보기
밀도	순물질	용액	혼합물

(1) 기름이 물 위에 뜨는 것은 기름의 (밀도)이/가 물보다 작기 때문이다.

(2) 설탕과 물이 골고루 섞여 있는 설탕물은 용질인 설탕과 용매인 물이 섞여 있는 혼합물로 (용액)이다.

(3) 얼음과 아이스크림 중 (순물질)인 얼음은 0℃에서 녹기 시작하지만, (혼합물)인 아이스크림은 얼음보다 낮은 온도에서 녹는다.

外(외), 善(선)이 들어간 단어

外
바깥 외

외(外)는 주로 '바깥'이라는 뜻으로 쓰여. 밖이 되는 곳을 '바깥'이라고 하지. 외(外)는 '겉', '멀리하다'라는 뜻으로 쓰일 때도 있어.

善
착할 선

선(善)은 주로 '착하다'라는 뜻으로 쓰여. 마음씨나 행동 등이 곱고 바르며 상냥한 것을 '착하다'라고 해. 선(善)은 '좋다'라는 뜻으로 쓰이기도 해.

✎ 단어와 그 뜻을 익히고, 빈칸에 알맞은 단어를 써 보자.

외국 바깥 外 + 나라 國	'외(外)'가 '바깥'이라는 뜻으로 쓰였어.	자기 나라 바깥의 딴 나라. 예 준이는 외국에 오래 살아서 한국어가 서툴다.	유의어 • 타국: 자기 나라가 아닌 남의 나라. • 이국: 인정, 풍속 따위가 전혀 다른 남의 나라.
외유내강 겉 外 + 부드러울 柔 + 안 內 + 굳셀 剛	외유(外柔) + 내강(內剛) 겉은 부드러움 속은 굳셈 겉모습은 약해 보이지만 성격이 굳세고 포기를 모르는 사람들을 일컫는 말이야.	겉은 순하고 부드러워 보이지만 속은 곧고 굳셈. 예 온화한 미소에 대쪽 같은 성품을 지니신 아버지는 외유내강의 표본이시다.	
소외 멀어질 疏 + 멀리할 外 '疏'의 대표 뜻은 '소통하다'임.	'외(外)'가 '멀리하다'라는 뜻으로 쓰였어.	따돌려 멀리함. 예 우리는 사회의 그늘지고 소외된 이웃에게 관심을 기울여야 한다.	
권선징악 권할 勸 + 착할 善 + 징계할 懲 + 악할 惡	권선(勸善) + 징악(懲惡) 착함을 권함 악함을 징계함 착한 일을 하면 복을 받고 나쁜 일을 하면 벌을 받아.	착한 일을 권장하고 못된 일을 벌함. 예 이 작품은 권선징악의 교훈을 담고 있다.	
개선 고칠 改 + 좋을 善	'선(善)'이 '좋다'라는 뜻으로 쓰였어.	부족한 점, 잘못된 점, 나쁜 점 등을 고쳐서 더 좋아지게 함. 예 교통 불편 개선을 위해 버스 노선을 새롭게 바꾸었다.	

확인 문제

정답과 해설 ▶ 22쪽

1 빈칸에 알맞은 단어를 글자를 조합해 써 보자.

(1) [외 유 내 강] 은/는 겉은 순하고 부드러워 보이지만 속은 곧고 굳세다는 뜻이다.

[강 외 내 유]

(2) [권 선 징 악] 은 착한 일을 권장하고 못된 일을 벌한다는 뜻이다.

[권 악 징 선]

2 단어의 뜻을 찾아 선으로 이어 보자.

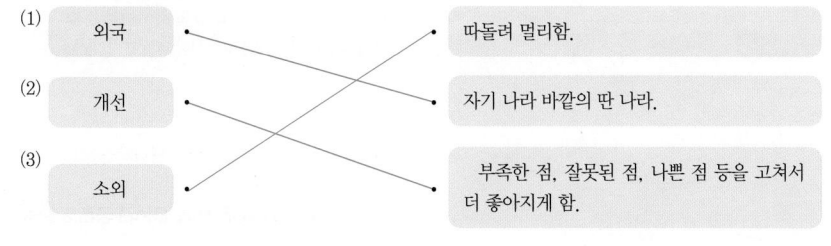

(1) 외국 — 자기 나라 바깥의 딴 나라.
(2) 개선 — 따돌려 멀리함.
(3) 소외 — 부족한 점, 잘못된 점, 나쁜 점 등을 고쳐서 더 좋아지게 함.

해설 | (1) '착한 일을 권장하고 못된 일을 벌함.'을 뜻하는 '권선징악'이 알맞다. (2) '부족한 점, 잘못된 점, 나쁜 점 등을 고쳐서 더 좋아지게 함.'을 뜻하는 '개선'이 알맞다. (3) '따돌려 멀리함.'을 뜻하는 '소외'가 알맞다. (4) '겉은 순하고 부드러워 보이지만 속은 곧고 굳셈.'을 뜻하는 '외유내강'이 알맞다.

3 ( ) 안에 들어갈 단어를 보기에서 찾아 써 보자.

보기
소외   개선   외유내강   권선징악

(1) 「흥부전」은 (권선징악)을/를 주제로 한 대표적인 고전 문학이다.

(2) 농민들은 유통 구조를 (개선)하여 소비자에게 농산물을 싼 가격에 공급하였다.

(3) 정부에서는 정보화 물결에서 (소외)되기 쉬운 저소득 계층을 위해 무료로 컴퓨터 교육을 시켜 주었다.

(4) 그는 평소에는 온순해 보이지만 자신이 옳다고 믿는 일이 생기면 자신의 주장을 끝까지 굽히지 않는 (외유내강)의 인물이다.

대명사 it의 쓰임

영어에서 대명사 it는 여러 용도로 사용되고 있어. 문장에서 주어나 목적어가 너무 길 때 it는 이들을 대신하여 사용되고, 가리키는 대상이 불명확할 때나 무언가를 강조할 때도 it가 사용돼. 여기에서는 it의 쓰임을 가리키는 단어를 알아보고, it가 어떻게 쓰이는지 예를 통해 확인해 보자.

✏️ 단어와 그 뜻을 익히고, 빈칸에 알맞은 단어를 써 보자.

pseudo subject
가주어
거짓 假 + 주인 主 + 말씀 語

길이가 긴 주어를 문장 뒤로 보내고, 그 자리에 주어로 대신 사용되는 it를 가리키는 말.
• **It** is important to write email in English.
주어 to write email in English를 뒤로 보낸 가주어
(영어로 이메일 쓰는 것이 중요하다.)
예 "It isn't easy to forget bad dream.(악몽을 잊는 것은 쉽지 않다.)"에서 It는 진짜 주어 to forget bad dream을 대신하는 [가][주][어]이다.

플러스 개념어 진주어
it를 가주어로 삼을 때, 문장 뒷부분으로 보낸 주어를 가리키는 말. 진주어는 주로 to부정사의 형태임.
예 It is natural to respect the old.(노인들을 공경하는 것은 당연하다.)

pseudo object
가목적어
거짓 假 + 눈 目 + 과녁 的 + 말씀 語

길이가 긴 목적어를 문장 뒤로 보내고, 그 자리에 목적어로 대신 사용되는 it를 가리키는 말.
• I think **it** wrong to tell a lie.
목적어 to tell a lie를 뒤로 보낸 가목적어
(나는 거짓말하는 것이 나쁘다고 생각한다.)
예 "I think it good to keep a diary.(나는 일기 쓰는 것이 좋다고 생각한다.)"에서 it는 진짜 목적어 to keep a diary를 대신하는 [가][목][적][어]이다.

플러스 개념어 진목적어
it를 가목적어로 삼을 때, 문장 뒷부분으로 보낸 목적어를 가리키는 말. 진목적어는 주로 to부정사의 형태임.
예 I think it impossible to live under the sea.
(나는 바다 밑에서 사는 것이 불가능하다고 생각해.)

impersonal subject
비인칭 주어
아닐 非 + 사람 人 + 일컬을 稱 + 주인 主 + 말씀 語

아무런 의미를 갖지 않으며, 시각, 날짜, 날씨, 거리 등을 나타낼 때 사용하는 it를 가리키는 말.
• **It** is seven thirty. (7시 30분이야.)
아무런 의미가 없으며, 시각을 나타내는 비인칭 주어
예 "It is windy and rainy today.(오늘 바람 불고 비가 내린다.)"에서 It는 날씨를 나타내는 [비][인][칭][주][어]이다.

emphasis phrase
강조구문
강할 強 + 고를 調 + 얽을 構 + 글월 文

어떤 강조할 것을 It be동사와 that 사이에 넣어 강조하는 [구문].
글의 짜임
• **It** is you and I that do this. (이것을 한 사람은 '너와 나'이다.)
It is와 that 사이의 you and I를 강조하는 강조구문
예 "It was Jessy that helped me.(나를 도왔던 사람은 Jessy였다.)"에서 It was ~ that는 Jessy를 강조하는 [강][조][구][문]이다.

---

1 단어의 뜻을 찾아 선으로 이어 보자.

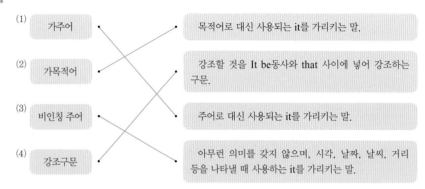

(1) 가주어 — 주어로 대신 사용되는 it를 가리키는 말.
(2) 가목적어 — 목적어로 대신 사용되는 it를 가리키는 말.
(3) 비인칭 주어 — 강조할 것을 It be동사와 that 사이에 넣어 강조하는 구문.
(4) 강조구문 — 아무런 의미를 갖지 않으며, 시각, 날짜, 날씨, 거리 등을 나타낼 때 사용하는 it를 가리키는 말.

2 밑줄 친 'It'의 쓰임이 알맞으면 ○, 알맞지 않으면 ✕표 해 보자.

(1) **It** is so hot today.(오늘 날씨가 너무 덥다.)
비인칭 주어 (○)

(2) **It**'s good to hear from you again.(다시 너에게서 소식을 들어 좋다.)
가주어 (○)

(3) **It** was yesterday that we won the game.(우리가 게임을 이긴 것은 어제였다.)
가목적어 (✕)

(4) I think **it** possible to master Hanguel.(나는 한글을 습득하는 것이 가능하다고 생각한다.)
강조구문 (✕)

해설 | (1) 날씨를 나타내는 문장의 비인칭 주어이다. (2) 진주어는 to hear from you이므로 가주어이다. (3) yesterday를 강조하는 강조구문이다. (4) to master Hanguel 대신 사용한 가목적어이다.

3 밑줄 친 'it'의 쓰임을 보기에서 찾아 기호를 써 보자.

보기
㉠ 가주어　　㉡ 가목적어　　㉢ 비인칭 주어　　㉣ 강조구문

(1) **It** is 3km to the airport.(공항까지 3킬로미터이다.) ·························(㉢)
(2) **It** was my dad that made this toy.(이 장난감을 만든 사람은 내 아빠다.) ···········(㉣)
(3) **It** is unfair to lay the blame on you.(너를 비난하는 것은 불공정하다.) ·············(㉠)
(4) This light makes **it** possible to see at night.(이 등은 밤에 볼 수 있게 한다.) ·········(㉡)

해설 | (1) 거리를 나타내는 문장에 사용된 비인칭 주어이다. (2) my dad를 강조하는 강조구문이다. (3) 진주어 to lay the blame on you를 대신하는 가주어이다. (4) 진목적어 to see at night를 대신하는 가목적어이다.

🖊 2주차 1~5회에서 공부한 단어를 떠올리며 문제를 풀어 보자.

국어

1 ㉠~㉢과 관련된 한글 창제 원리를 보기에서 골라 써 보자.

보기

가획	합성	상형

> 한글의 자음 기본자 ㉠'ㄱ, ㄴ, ㅁ, ㅅ, ㅇ'은 발음 기관의 모양을 본떠 만들었고, 'ㅋ'은 'ㄱ'보다 거세게 발음되므로 ㉡'ㄱ'에 획을 더하여 만든 것이다. 한글 모음자는 자연의 모양을 본떠서 모음 기본자 '·, ㅡ, ㅣ'를 만들고, ㉢이를 합하여 'ㅏ, ㅓ, ㅗ, ㅜ, ㅑ, ㅕ, ㅛ, ㅠ' 등 다른 모음자를 만들었다.

(1) ㉠ → (상형)　　　(2) ㉡ → (가획)　　　(3) ㉢ → (합성)

해설 | (1) ㉠은 발음 기관의 모양을 본떠 만들었다고 했으므로 '어떤 물건의 모양을 본떠서 글자를 만드는 원리'인 '상형'에 해당한다. (2) ㉡은 획을 더하여 만든 것이라고 하였으므로 '원래의 모양에 획을 더하여 글자를 만드는 원리'인 '가획'에 해당한다. (3) ㉢은 기본 모음자를 합하여 다른 모음자를 만들었다고 하였으므로 '둘 이상의 것을 합쳐서 글자를 만드는 원리'인 '합성'에 해당한다.

사회

2 밑줄 친 단어의 뜻으로 알맞은 것에 ○표 해 보자.

(1) 경남 합천에 있는 대야성은 백제에서 신라로 가는 요충지에 있다.

　① 비상식량이나 물품을 보관해 두는 장소. (　　)
　② 땅의 생긴 모양이나 형세가 군사적으로 아주 중요한 곳. (○)

(2) 왕건은 고구려를 계승한다는 의미로 나라 이름을 고려라 정하고 연호를 천수라고 하였다.

　① 임금을 부르는 호칭. (　　)
　② 임금이 즉위한 해에 붙이던 칭호. (○)

사회

3 밑줄 친 부분과 바꿔 쓰기에 알맞은 말은? (⑤)

> 고구려 유민들은 나라를 다시 찾기 위해 대책과 방법을 세웠으나 실패하고 말았다.

① 동요하였으나　② 빈번하였으나　③ 화의하였으나　④ 복속하였으나　⑤ 도모하였으나

해설 | '어떤 일을 이루기 위하여 대책과 방법을 세움'을 뜻하는 단어는 '도모하다'이다. ① 동요하다: 어떤 체제나 상황 따위가 혼란스럽고 술렁이다. ② 빈번하다: 번거로울 정도로 일어나는 횟수가 매우 잦다. ③ 화의하다: 화해하려고 협의하다. ④ 복속하다: 복종하여 따르다.

수학

4 빈칸에 알맞은 단어를 써 보자.

두 직선 *l*, *m*이 다른 한 직선 *n*과 만나서 생기는 8개의 각 중 엇갈린 위치에 있는 각 ∠*b*와 ∠ *h* , ∠*c*와 ∠ *e* 는 엇 각 이다.

해설 | 두 직선이 다른 직선과 만나서 생기는 각 중 서로 반대쪽에 어긋나 있는 각을 '엇각'이라고 한다.

수학

5 ㉠, ㉡에 들어갈 단어를 차례대로 쓴 것을 골라 ○표 해 보자.

> 정사각형은 네 각의 크기가 모두 같으므로 (㉠)이고, 네 변의 길이가 모두 같으므로 (㉡)이다.

(1) 마름모, 직사각형 (　　)　(2) 직사각형, 마름모 (○)　(3) 마름모, 평행사변형 (　　)

해설 | 정사각형은 네 각의 크기가 모두 같으므로 직사각형이고, 네 변의 길이가 모두 같으므로 마름모이다. 즉, 정사각형은 직사각형과 마름모의 성질을 동시에 만족한다.

과학

6 보기의 설명에 해당하는 단어로 알맞은 것은? (②)

보기

• 혈액 속의 노폐물을 걸러 내는 기능을 함.　• 콩팥, 오줌관, 방광, 요도 등의 기관이 모여 이루어짐.

① 호흡계　　② 배설계　　③ 순환계　　④ 소화계　　⑤ 신경계

해설 | 노폐물을 몸 밖으로 내보내는 콩팥, 오줌관, 방광, 요도 등의 기관으로 이루어진 기관계는 배설계이다.

과학

7 (　　) 안에서 알맞은 단어를 골라 ○표 해 보자.

(1) (밀도, (용해)): 한 물질이 다른 물질에 녹아 고르게 섞이는 현상.

(2) ((흉강), 폐포): 가슴 안의 공간으로, 심장, 폐, 기관, 기관지, 식도 등이 있음.

해설 | (1) 한 물질이 다른 물질에 녹아 고르게 섞이는 현상은 '용해'이다. '밀도'는 일정한 부피에 해당하는 물질의 질량이라는 뜻이다. (2) 가슴 안의 공간을 뜻하는 단어는 '흉강'이다. '폐포'는 기관지 끝에 모세 혈관으로 둘러싸여 있는 포도송이 모양의 작은 공기주머니이다.

한자

8 밑줄 친 단어의 '외(外)'가 '멀리하다'의 뜻으로 쓰인 것은? (⑤)

① 삼촌은 외국(外國)으로 유학을 가셨다.
② 선생님은 외유내강(外柔內剛)하신 분이다.
③ 코로나 감염이 심각해 외출(外出)을 삼가는 편이다.
④ 10만 원 내외(內外)의 비용을 들여 여행을 다녀왔다.
⑤ 나는 가끔 주위 사람들에게서 소외(疏外)된 느낌을 받는다.

해설 | '소외(疏外)'는 '따돌려 멀리함.'이란 뜻으로 '외(外)'가 '멀리하다'의 뜻으로 쓰였다. 나머지는 모두 '바깥', '밖'의 뜻으로 쓰였다.

영문법

9 밑줄 친 'it'의 쓰임을 보기에서 골라 써 보자.

보기

가주어	가목적어	비인칭 주어	강조구문

(1) **It** is sunny.(날씨가 화창하다.) → (비인칭 주어)

(2) **It** was Tom that used the pen.(그 펜을 사용한 사람은 바로 Tom이었다.) → (강조구문)

(3) **It** is dangerous to swim in this river.(이 강에서 수영하는 것은 위험하다.) → (가주어)

(4) He thinks **it** possible to go abroad.(그는 외국에 가는 것이 가능하다고 생각한다.)

해설 | (1) 날씨를 나타내는 문장의 비인칭 주어이다. (2) Tom을 강조하는 강조구문이다. (3) 진주어 → (가목적어) to swim in this river를 대신하는 가주어이다. (4) 진목적어 to go abroad를 대신하는 가목적어이다.

어휘가 문해력이다

중학 **2**학년 **2**학기

3주차 정답과 해설

국어 교과서 어휘

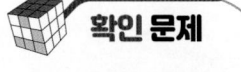
✏️ 단어와 그 뜻을 익히고, 빈칸에 알맞은 단어를 써 보자.

발표 드러낼 發 + 겉 表 '發'의 대표 뜻은 '피다'임.	여러 사람 앞에서 자기 생각이나 의견 또는 어떤 사실에 대해 이야기하는 말하기. 예 발표 의 목적은 정보를 전달하거나 다른 사람을 설득하는 것에 있다.
핵심 핵심 核 + 중심 心 '核'의 대표 뜻은 '씨', '心'의 대표 뜻은 '마음'임.	어떤 것에서 가장 중심이 되는 부분. 예 발표할 때는 핵심 정보가 잘 드러나도록 내용을 구성하여 전달해야 한다.
청중 들을 聽 + 무리 衆	강연이나 설교 등을 듣기 위하여 모인 사람들. 예 발표를 계획할 때는 발표를 들을 청중 이 어떤 사람들인지 미리 분석해야 한다. **플러스 개념 청중 분석하기** • 청중의 관심사와 요구 파악 • 청중의 나이, 성별, 발표 주제에 관한 배경지식 등의 파악
지식수준 알 知 + 알 識 + 평평할 水 + 표준 準 '水'의 대표 뜻은 '물', '準'의 대표 뜻은 '준하다'임.	어떤 대상에 대하여 배우거나 알고 있는 내용의 정도. 예 발표 내용은 청중의 지식수준 에 맞는 것으로 골라야 한다.
준언어 준할 準 + 말씀 言 + 말씀 語	말의 속도, 목소리의 크기, 발음, 억양 등 언어 표현에 직접 드러나 의미를 전달하는 표현. 예 목소리의 크기와 억양 등의 준언어 적 표현을 상황에 맞게 사용할 때 의사소통을 효과적으로 할 수 있다. **플러스 개념 준언어적 표현의 예** • **억양**: 음의 높낮이가 이어져 생기는 일정한 유형. ┌ 단조로운 억양: 무미건조함, 무성의함 등을 느끼게 함. └ 변화가 심한 억양: 흥분, 과장 등을 느끼게 함. • **목소리 크기** ┌ 큰 목소리: 자신감, 열정, 분노 등을 느끼게 함. └ 작은 목소리: 온화함, 나약함 등을 느끼게 함.
비언어 아닐 非 + 말씀 言 + 말씀 語	시선, 표정, 몸짓, 자세 등 언어 표현과는 별도로 의미를 전달하는 표현. 예 자연스러운 표정이나 몸짓 등 비언어 적 표현을 사용하면 언어적 표현의 의미를 보완할 수 있다.

확인 문제

정답과 해설 ▶ 26쪽

1 뜻에 알맞은 단어를 글자판에서 찾아 묶어 보자.(단어는 가로, 세로, 대각선 방향에서 찾기)

식	준	언	어	❹지
❶해	심	분	석	식
발	사	❷억	설	수
표	❸청	교	양	준
중	수	비	언	어

❶ 어떤 것에서 가장 중심이 되는 부분.
❷ 음의 높낮이가 이어져 생기는 일정한 유형.
❸ 강연이나 설교 등을 듣기 위하여 모인 사람들.
❹ 어떤 대상에 대하여 배우거나 알고 있는 내용의 정도.

2 ( ) 안에 들어갈 단어를 보기에서 찾아 써 보자.

보기
발표	지식수준	청중	핵심

(1) 그의 발표를 들은 (청중)은/는 큰 깨달음을 얻었다.

(2) 그 학생은 발표 내용의 가장 중심이 되는 (핵심)을/를 이해하지 못했다.

(3) 청중에게 내용을 잘 전달하려면 청중의 (지식수준)을/를 파악할 필요가 있다.

(4) 여러 사람 앞에서 자기 생각이나 의견을 (발표)할 때는 말하는 중간중간 청중의 반응을 살펴야 한다.

해설 | (1) '강연이나 설교 등을 듣기 위하여 모인 사람들'을 뜻하는 '청중'을 써야 한다. (2) '어떤 것에서 가장 중심이 되는 부분'을 뜻하는 '핵심'을 써야 한다. (3) '어떤 대상에 대하여 배우거나 알고 있는 내용의 정도'를 뜻하는 '지식수준'을 써야 한다. (4) '여러 사람 앞에서 자기 생각이나 의견 또는 어떤 사실에 대해 이야기하는 말하기'를 뜻하는 '발표'를 써야 한다.

3 설명에 해당하는 단어를 빈칸에 써 보자.

(1)
언어 표현과는 별도로 의미를 전달하는 표현이야. 시선이나 표정, 몸짓, 자세 등을 통해 나타낼 수 있어.

| 비 | 언 | 어 | 적 표현 |

(2)
언어 표현에 직접 드러나 의미를 전달하는 표현이야. 말의 속도, 크기, 발음, 억양 등으로 나타낼 수 있어.

| 준 | 언 | 어 | 적 표현 |

해설 | (1) 언어 표현과는 별도로 의미를 전달하는 표현은 비언어적 표현이다. (2) 언어 표현에 직접 드러나 의미를 전달하는 표현은 준언어적 표현이다.

역사 교과서 어휘

🖊 단어와 그 뜻을 익히고, 빈칸에 알맞은 단어를 써 보자.

회군 돌아올 回 + 군사 軍	군사를 돌리어 돌아가거나 돌아옴. 예 이성계는 위화도에서 회군하여 정권을 장악하고 정도전을 비롯한 사대부와 함께 개혁에 나섰다.	
풍수지리설 바람 風 + 물 水 + 땅 地 + 이치 理 + 말씀 說 🔎'理'의 대표 뜻은 '다스리다'임.	땅의 생긴 모양이나 형세, 방위를 인간의 길흉화복과 연결시켜, 죽은 사람을 묻거나 집을 짓는 데 알맞은 장소를 구하는 이론. 예 태조 이성계는 풍수지리설에서 명당으로 꼽는 한양으로 도읍을 옮겼다.	플러스 개념어 **길흉화복** 운이 좋고 나쁨, 불행한 일과 행복한 일을 아울러 이르는 말.
사림 선비 士 + 집단 林 🔎'林'의 대표 뜻은 '수풀(숲)'임.	조선 건국에 참여하지 않고 지방에서 학문 연구와 교육에 힘쓰던 사대부의 제자들로, 조선 중기에 세력을 얻어 집권 세력인 훈구파에 대응함. 예 성종은 왕권을 제약할 정도로 커진 훈구 세력을 견제하기 위해 영남 지역 출신의 사림을 많이 등용하였다.	플러스 개념어 **훈구** 조선 건국과 국왕 즉위에 공을 세운 공신들을 가리킴. 이들은 대를 이어 권력을 독점하며 왕권을 제약하였으며, 일부는 왕실과 혼인 관계를 맺어 세력 기반을 확대하였음.
향약 시골 鄕 + 조약 約 🔎'約'의 대표 뜻은 '맺다'임.	서로 지키도록 협의하여 정한 규칙 향촌 사회를 교화하기 위해 만든 자치 규약. 가르치고 이끌어서 좋은 방향으로 나아가게 함. 예 사림은 향촌에 본래부터 있던, 이웃끼리 서로 돕는 풍속에 유교 윤리를 더하여 향약을 만들었다.	플러스 개념어 **향약의 4가지 덕목** • 덕업상권: 좋은 일은 서로 권함. • 과실상규: 잘못된 것은 서로 꾸짖음. • 예속상교: 예의 바른 풍속으로 서로 교제함. • 환난상휼: 어려운 일은 서로 도움.
붕당 벗 朋 + 무리 黨	조선 시대에, 이념이나 이해에 따라 이루어진 사림의 집단을 이르던 말. 이익과 손해 예 붕당은 정치적, 학문적 의견 차이에 따라 형성되었다.	
공론 여러 公 + 논할 論 🔎'公'의 대표 뜻은 '공평하다'임.	여러 사람이 뜻을 같이하는 것. 사림 집권기의 공론은 붕당 내에서 토론을 거쳐 합의된 의견으로, 일종의 여론을 의미함. 예 사림은 붕당 내에서 합의된 의견인 공론을 존중하고 언론 활동을 보장해야 한다고 주장하였다.	

🧊 확인 문제

정답과 해설 ▶ 27쪽

1 빈칸에 알맞은 단어를 글자를 조합해 써 보자.

(1) 붕당 은/는 이념과 이해에 따라 이루어진 사람의 집단을 뜻한다.

정 붕 림 사 당

(2) 회군 은/는 군사를 돌리어 돌아가거나 돌아옴을 뜻한다.

회 대 퇴 귀 군

(3) 향약 은/는 향촌 사회를 교화하기 위해 만든 자치 규약을 뜻한다.

향 교 약 규 붕

(4) 공론 은/는 여러 사람이 뜻을 같이하는 것을 뜻한다.

의 론 지 협 공

┌─ 해설 | (1) 조선 건국과 국왕 즉위에 공을 세워 권력을 차지한 세력을 가리키는 단어는 '훈구'이다. (2) 조선 건국에 참여하지 않고 지방에서 학문 연구와 교육에 힘쓰던 사대부의 제자들을 '사림'이라고 한다.

2 ( ) 안에서 알맞은 단어를 골라 ○표 해 보자.

(1) (훈구, 사림)은/는 조선 건국과 국왕 즉위에 공을 세워 권력을 차지한 세력이다.

(2) (훈구 , 사림)은/는 조선 건국에 참여하지 않고 지방에서 학문 연구와 교육에 힘쓰던 사대부의 제자들로, 조선 중기에 정치 세력으로 성장하였다.

3 ( ) 안에 들어갈 단어를 보기에서 찾아 써 보자.

보기
풍수지리설	회군

(1) 적의 계략에 속은 것을 깨달은 장군은 도성으로 돌아가기로 하고 (회군)을 알리는 나팔을 불게 했다.

(2) 고려 인종 때의 승려 묘청은 (풍수지리설)을 내세워 서경(평양)으로 도읍을 옮기면 국력이 다시 번창할 것이라고 주장했다.

해설 | (1) '군사를 돌리어 돌아가거나 돌아옴'을 뜻하는 '회군'을 써야 한다. (2) '땅의 생긴 모양이나 형세, 방위를 인간의 길흉화복과 연결시켜, 죽은 사람을 묻거나 집을 짓는 데 알맞은 장소를 구하는 이론'인 '풍수지리설'을 써야 한다.

✏️ 단어와 그 뜻을 익히고, 빈칸에 알맞은 단어를 써 보자.

닮은 도형 닮은 + 그림 圖 + 모양 形	서로 닮음인 관계에 있는 두 도형으로, 크기는 다르지만 모양이 같은 도형. 예 서로 닮음인 관계에 있는 두 도형 삼각형 ABC와 삼각형 DEF를 서로 닮은 도형 이라고 한다.	플러스 개념어 닮음 한 도형을 일정한 비율로 확대하거나 축소한 것이 다른 도형과 합동일 때, 두 도형을 서로 닮음인 관계에 있다고 함.
닮음비 닮음 + 비율 比 '比'의 대표 뜻은 '견주다'임.	닮은 두 도형에서 대응하는 변의 길이의 비. 예 서로 닮음인 두 도형에서 대응하는 변 AB와 변 DE의 길이의 비 4 : 6, 즉 2 : 3이 △ABC와 △DEF의 닮음비 이다.	플러스 개념어 입체도형의 닮음비 입체도형에서 닮음비는 대응하는 모서리의 길이의 비임. 원기둥과 같이 모서리가 없는 입체도형의 닮음비는 밑면의 반지름의 길이, 높이를 이용하여 구함.
넓이의 비 넓이의 + 비율 比	닮음비가 $m : n$인 두 도형의 넓이의 비는 닮음비의 제곱과 같음. 즉, $m^2 : n^2$. 예 서로 닮음인 두 직사각형의 닮음비가 $m : n$일 때, 두 직사각형의 넓이 의 비는 $m^2ab : n^2ab = m^2 : n^2$이다.	
부피의 비 부피의 + 비율 比	닮음비가 $m : n$인 두 입체도형에서의 부피의 비는 닮음비의 세제곱과 같음. 즉, $m^3 : n^3$. 예 서로 닮음인 두 직육면체의 닮음비가 $m : n$일 때, 두 직육면체의 부피 의 비는 $m^3abc : n^3abc = m^3 : n^3$이다.	
삼각형의 닮음 조건 셋 三 + 모서리 角 + 모양 形 의 + 닮음 + 가지 條 + 조건 件 '角'의 대표 뜻은 '뿔', '件'의 대표 뜻은 '물건'임.	두 삼각형이 닮음이 되도록 하는 두 삼각형의 각의 크기와 변의 길이의 조건. 예 삼각형 ABC와 삼각형 DEF는 세 쌍의 대응하는 변의 길이의 비가 1 : 2로 같기 때문에 닮음이다. 이때 '세 쌍의 대응하는 변의 길이의 비가 같다.'라는 것은 삼각형의 닮음 조건 중 하나이다.	두 삼각형이 다음 조건 중 하나를 만족하면 서로 닮은 도형이 돼. 1. 세 쌍의 대응하는 변의 길이의 비가 같다. 2. 두 쌍의 대응하는 변의 길이의 비가 같고, 그 끼인각의 크기가 같다. 3. 두 쌍의 대응하는 각의 크기가 각각 같다.

🧊 확인 문제

정답과 해설 ▶ 28쪽

1 ㉠~㉢을 나타낸 식을 찾아 선으로 이어 보자.

㉠ 높이의 비가 $m : n$인 두 원기둥의 닮음비.　　·　　·　$m^2 : n^2$

㉡ 닮음비가 $m : n$인 두 도형에서의 넓이의 비.　　·　　·　$m^3 : n^3$

㉢ 닮음비가 $m : n$인 두 입체도형에서의 부피의 비.　　·　　·　$m : n$

해설 | ㉠ 두 원기둥의 닮음비는 높이의 비, 밑면의 반지름의 길이의 비와 같으므로 $m : n$이다.

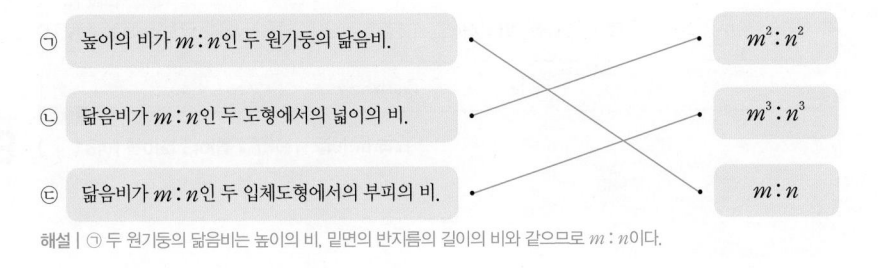

해설 | (1) '세 쌍의 대응하는 변의 길이의 비'가 닮음비이므로 두 삼각형은 서로 닮음이다. (2) 사각형 ABCD와 사각형 EFGH의 닮음비는 대응하는 변 BC와 변 FG의 길이의 비 4 : 5이므로 두 사각형의 넓이의 비는 $4^2 : 5^2$이다. (3) 두 직육면체의 닮음비가 2 : 3일 때 부피의 비는 $2^3 : 3^3$이다.

2 빈칸에 들어갈 말을 초성을 바탕으로 써 보자.

(1) 삼각형 ABC와 삼각형 EDF는 세 쌍의 대응하는 변의 길이의 비가 1 : 2로 같기 때문에 서로 닮음 이다. 이때 '세 쌍의 대응하는 변의 길이의 비가 같다.'라는 것은 삼각형의 닮음 조건 중 하나이다.

(2) 사각형 ABCD와 사각형 EFGH가 닮음일 때, 대응하는 변 BC와 변 FG의 길이의 비 4 : 5는 사각형 ABCD와 사각형 EFGH의 닮음비 이다. 두 사각형의 넓이 의 비는 $4^2 : 5^2$이다.

(3) 두 직육면체가 서로 닮은 도형일 때, $\overline{AB}$에 대응하는 모서리는 $\overline{A'B'}$이다. 사각형 BFGC와 사각형 B′F′G′C′의 닮음비 가 4 : 6 = 2 : 3일 때 두 직육면체의 부피 의 비는 $2^3 : 3^3$이다.

과학 교과서 어휘

단어와 그 뜻을 익히고, 빈칸에 알맞은 단어를 써 보자.

포화 용액 가득할 飽 + 화할 和 + 녹을 溶 + 진액 液 '飽'의 대표 뜻은 '배부르다'임.	일정한 양의 용매에 용질이 최대로 녹아서 더 이상 녹을 수 없는 상태의 용액. 예 어떤 온도에서 일정한 양의 설탕을 물에 녹일 때 설탕을 계속 넣어 주면 더 이상 녹지 않는 상태가 되는데, 이때의 용액을 포화 용액 이라고 한다.
증류 김이 오를 蒸 + 물방울 溜 '蒸'의 대표 뜻은 '찌다'임.	혼합물을 가열하여 나오는 기체 물질을 냉각하여 순수한 액체 물질을 얻는 방법. 예 끓는점이 낮은 성분이 먼저 증류 되어 나오고, 끓는점이 높은 성분은 나중에 증류 되어 나온다.
순도 순수할 純 + 정도 度 '度'의 대표 뜻은 '법도'임.	순수한 정도로, 혼합물에서 주성분인 순물질이 차지하는 비율. 예 증류해서 얻은 물질을 반복해서 증류하면 순도 가 높은 물질을 얻을 수 있다.
재결정 거듭 再 + 맺을 結 + 결정 晶 '晶'의 대표 뜻은 '맑다'임.	고체 혼합물 또는 불순물이 포함된 고체 물질에서 순수한 고체를 얻는 과정. 예 불순물이 섞여 있는 소금을 뜨거운 물에 녹인 다음, 불순물을 거름 장치로 제거하고 물을 증발시켜 순수한 소금을 얻는 방법을 재결정 이라고 한다.
추출 뽑아낼 抽 + 나갈 出	혼합물에서 특정 성분만을 녹이는 용매를 사용하여 그 성분 물질을 분리하는 방법. 예 티백을 뜨거운 물에 넣어 차 성분을 우려내는 것은 추출 을 이용한 것이다.
크로마토그래피	혼합물을 이루는 각 성분 물질이 용매를 따라 이동하는 속도의 차를 이용하여 혼합물을 분리하는 방법. 예 운동선수가 금지 약물을 복용하였는지 검사하기 위해 소변의 성분 물질을 분리하는 방법에 크로마토그래피 가 활용된다. **플러스 개념어 도핑 테스트** 운동선수가 성적을 올리기 위해 금지 약물을 복용했는지의 여부를 검사하는 일. 도핑 테스트를 할 때 선수의 혈액이나 소변을 검사함.

확인 문제

정답과 해설 ▶ 29쪽

1 단어의 뜻을 보기에서 찾아 사다리를 타고 내려간 곳에 기호를 써 보자.

보기
㉠ 순수한 정도로, 혼합물에서 주성분인 순물질이 차지하는 비율. → 순도
㉡ 고체 혼합물 또는 불순물이 포함된 고체 물질에서 순수한 고체를 얻는 과정. → 재결정
㉢ 일정한 양의 용매에 용질이 최대로 녹아서 더 이상 녹을 수 없는 상태의 용액. → 포화 용액

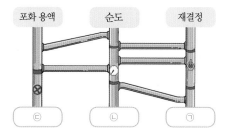

포화 용액   순도   재결정

㉢   ㉡   ㉠

해설 | (2) '크로마토그래피'는 '혼합물을 이루는 각 성분 물질이 용매를 따라 이동하는 속도의 차를 이용하여 혼합물을 분리하는 방법'을 뜻한다. (3) '추출'은 '혼합물에서 특정 성분만을 녹이는 용매를 이용하여 그 성분 물질을 분리하는 방법'을 뜻한다.

2 단어와 그 뜻이 알맞게 짝 지어진 것에 ○표 해 보자.

(1) 증류 – 혼합물을 가열하여 나오는 기체 물질을 냉각하여 순수한 액체 물질을 얻는 방법. (○)

(2) 크로마토그래피 – 혼합물에서 특정 성분만을 녹이는 용매를 이용하여 그 성분 물질을 분리하는 방법. (   )

(3) 추출 – 혼합물을 이루는 각 성분 물질이 용매를 따라 이동하는 속도의 차를 이용하여 혼합물을 분리하는 방법. (   )

해설 | (1) 혼합물에서 특정 성분 물질을 잘 녹이는 용매를 사용하여 그 성분 물질을 분리하는 방법은 '추출'이다. (2) 용매에 넣고 가열하여 모두 녹인 다음 온도를 낮추면 결정으로 나오는 것은 용해도 차가 큰 물질에서 순수한 고체를 얻는 방법으로 '재결정'이다. (3) 액체 상태의 혼합물을 가열할 때 나오는 기체를 냉각하여 순수한 액체 물질을 분리하는 방법은 '증류'이다.

3 (   ) 안에 들어갈 단어를 보기에서 찾아 써 보자.

보기
재결정   증류   추출

(1) 에탄올을 용매로 사용하여 식물의 꽃이나 잎 등에서 향기 나는 성분을 (추출)하기도 한다.

(2) 고체 물질을 높은 온도의 용매에 녹인 다음 서서히 냉각하여 순수한 결정을 얻는 방법은 (재결정)이다.

(3) 바닷물을 가열하면 끓는점이 낮은 물이 수증기로 나오는데, 이 수증기를 냉각하여 식수로 마실 수 있는 순수한 물을 얻는 방법이 (증류)의 한 예이다.

국어 교과서 어휘

✏️ 단어와 그 뜻을 익히고, 빈칸에 알맞은 단어를 써 보자.

대화 대할 對 + 말할 話	둘 이상의 사람이 마주 대하여 이야기를 주고받는 것. • 대화의 요소 말하는 이 ← 대화 내용 ---- 듣는 이 예 대화 로 생각을 함께 나누면서 생각이 바뀌기도 하고, 그 차이가 좁혀지기도 한다.	유의어 대담 마주 대하고 말함. 일반적으로 '대담'은 전문적인 주제에 대해 이야기를 주고받을 때 쓰임. 예 정상 대담 플러스 개념어 •면담: 서로 만나서 이야기함. •좌담: 여러 사람이 한자리에 모여 앉아서 어떤 문제에 대하여 의견이나 견문을 나누는 일.
의미 뜻 意 + 뜻 味 '味'의 대표 뜻은 '맛'임.	말이나 글의 뜻. 예 듣기와 말하기는 상대방과 함께 의미 를 나누는 과정이다.	다의어 의미 ① 행위나 현상 등에 숨어 있는 속뜻. 예 삶의 의미, 역사적 의미 ② 어떠한 일, 행동, 현상 등이 지닌 가치나 중요성. 예 방학을 의미 있게 보냈다.
공유 함께 共 + 가질 有 '有'의 대표 뜻은 '있다'임.	두 사람 이상이 하나의 것을 함께 가지는 것. 예 우리는 듣고 말하는 과정에서 서로의 생각을 공유 할 수 있다.	동음이의어 공유(공적인 公 + 가질 有) 국가나 지방 자치 단체의 소유. 예 지방 자치 단체의 공유 재산 현황을 조사하였다.
교환 서로 交 + 바꿀 換 '交'의 대표 뜻은 '사귀다'임.	서로 주고받고 함. 예 우리는 듣기와 말하기를 통해 생각이나 느낌을 교환 할 수 있다.	
반응 돌아올 反 + 응할 應 '反'의 대표 뜻은 '돌이키다'임.	자극에 대해 어떤 현상이 일어남. 예 상대방의 말에 공감하며 대화하려면 적극적으로 반응 해야 한다.	
협력적 도울 協 + 힘 力 + ~한 상태로 되는 的 '的'의 대표 뜻은 '과녁'임.	힘을 합하여 서로 돕는 것. 예 의사소통 과정에서는 협력적 인 태도가 중요하다.	

확인 문제

정답과 해설 ▶ 30쪽

1 단어의 뜻을 보기 에서 찾아 사다리를 타고 내려간 곳에 기호를 써 보자.

보기
㉠ 서로 바꾸는 일. → 교환
㉡ 말이나 글의 뜻. → 의미
㉢ 둘 이상의 사람이 마주 대하여 이야기를 주고받는 것. → 대화

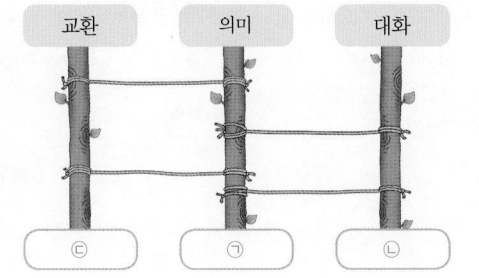

교환   의미   대화

㉢   ㉠   ㉡

2 빈칸에 공통으로 들어갈 글자를 써 보자.

• 대◯: 마주 대하고 말함.
• 면◯: 서로 만나서 이야기함.
• 좌◯: 여러 사람이 한자리에 모여 앉아서 의견이나 견문을 나누는 일.

→ 담

해설 | 각 단어에는 공통으로 '말하다, 이야기하다'라는 뜻을 가진 '담(談)'이 들어간다.

3 밑줄 친 단어의 뜻이 나머지와 다른 것은? (④)

① 마을 사람들이 놀이터 땅을 공유하고 있다.
② 정보의 공유는 정보화 시대에 매우 중요하다.
③ 우리 민족은 같은 문화와 언어를 공유한 단일 민족이다.
④ 정부의 공유 건물을 서민들에게 싼값으로 빌려주고 있다.
⑤ 대화는 상대방과 생각이나 느낌을 표현하고 공유하는 활동이다.

해설 | ④의 '공유'는 '국가나 지방 자치 단체의 소유'라는 뜻으로 사용되었고, 나머지는 '두 사람 이상이 하나의 것을 함께 가지는 것'이라는 뜻으로 사용되었다.

4 ㉠, ㉡에 들어가기에 알맞은 말끼리 묶은 것은? (③)

• 듣기를 할 때에는 상대방의 말에 주의를 집중하며 적절하게 (㉠)해야 한다.
• 대화를 할 때에는 자신의 의사를 명확하게 전달하고 (㉡)인 태도로 참여해야 한다.

	㉠	㉡		㉠	㉡		㉠	㉡
①	공감,	소극적	②	자극,	타협적	③	반응,	협력적
④	반응,	미온적	⑤	무시,	타협적			

해설 | '자극에 대해 어떤 현상이 일어남.'을 뜻하는 '반응'이 들어가는 것이 알맞다. ㉡ 대화는 상대방과 함께 하는 것이므로 힘을 합하여 서로 돕는 '협력적'인 태도로 참여해야 한다. '미온적'은 태도가 적극적이지 않고 미적지근하다는 뜻이다.

✏️ 단어와 그 뜻을 익히고, 빈칸에 알맞은 단어를 써 보자.

탕평
털어 없앨 蕩 + 평평할 平

당파를 이루어 싸우면서 나타나는 해로운 현상
조선 영조 때에, 당쟁의 폐단을 없애기 위하여 각 당파에서 고르게 인재를 뽑아 쓰던 정책.

예 영조는 붕당의 대립을 줄이고 왕권을 강화하기 위해 고르게 인재를 뽑아 쓰는 [탕평]을 시행했다.

다의어 탕평
싸움, 시비, 논쟁 따위에서 어느 쪽에도 치우침이 없이 공평함.

환국
바꿀 換 + 판 局

국내 및 국제 정세 또는 일이 벌어지는 형편이 바뀜.

예 숙종은 집권 붕당을 급격히 교체하는 [환국]을 여러 차례 실시하였다.

조선 숙종 때는 남인과 서인이 파벌을 이루어 정권 다툼이 치열했어. 숙종은 왕권을 강화하기 위해 일방적으로 지배 세력을 교체해 버리곤 했는데 이를 '환국'이라고 해.

세도 정치
형세 勢 + 길 道 + 정사 政 + 다스릴 治

촌수가 가까운 일가
왕의 근친이나 신임을 얻은 신하가 강력한 정치적 권세를 잡고 마음대로 나라를 다스리는 정치 형태.

예 순조, 헌종, 철종의 3대 60여 년 동안 [세도] [정치]가 이어지면서 왕권이 크게 약화되고, 정치 질서와 법도가 어지러워졌다.

소작지
작을 小 + 지을 作 + 땅 地

땅 주인에게 땅을 빌려 농사를 짓고 소작료를 지급하는 땅.

예 조선 후기에 [소작지]마저 얻지 못한 농민들은 도시나 광산으로 떠나거나 머슴이 되었다.

납속
바칠 納 + 조 粟
↪ '納'의 대표 뜻은 '들이다'임. '粟'은 곡식 이름임.

조선 시대에, 나라의 어려운 재정을 보충하기 위해 돈이나 곡식을 받고 그 대가로 벼슬이나 성을 주거나 노비 신분에서 벗어나게 해 주던 정책.

예 조선 후기에는 노비도 [납속]을 이용하거나 전쟁에서 공을 세워 신분 상승을 하였다.

플러스 개념어 공명첩
이름을 쓰는 칸이 비어 있는 백지 임명장. 돈이나 곡식을 받고 명예 관직을 주거나 노비 신분을 면하도록 허가해 주는 문서임.

동학
동녘 東 + 학문 學
↪ '學'의 대표 뜻은 '배우다'임.

19세기 중엽에 최제우가 세상과 백성을 구제하려는 뜻으로 창시한 민족 종교. 유교, 불교, 도교를 바탕으로 민간 신앙을 융합함.

예 [동]학은 '사람이 곧 하늘'이라는 인내천 사상을 중심으로 평등을 강조하였다.

실학
실제로 행할 實 + 학문 學
↪ '實'의 대표 뜻은 '열매'임.

경험적 사실의 관찰과 실험에 따라 적극적으로 증명하는 것
실증적인 방법으로 학문을 연구하고, 그 결과를 실생활에 활용하여 현실 문제를 해결하려 한 학파.

예 [실학]은 유형원, 정약용 등이 주장한 농업 중심의 개혁론과 박지원, 박제가 등이 주장한 상공업 중심의 개혁론으로 발전하였다.

🧩 확인 문제

정답과 해설 ▶ 31쪽

1 뜻에 알맞은 단어를 글자판에서 찾아 묶어 보자. (단어는 가로, 세로, 대각선 방향에서 찾기)

동	학	천	환
속	탕	도	소
실	납	평	작
학	세	정	지

❶ 땅 주인에게 땅을 빌려 농사를 짓고 소작료를 지급하는 땅.
❷ 최제우가 세상과 백성을 구제하려는 뜻으로 창시한 민족 종교.
❸ 조선 영조 때에, 당쟁의 폐단을 없애기 위하여 각 당파에서 고르게 인재를 뽑아 쓰던 정책.
❹ 실증적인 방법으로 연구한 학문의 결과를 실생활에 활용하여 현실 문제를 해결하려 한 학파.

해설 | (1) 영조의 뒤를 이어 정조도 이어받은 탕평 정치는 국가의 이익보다 자기 이익을 앞세우던 붕당을 억누르고 민생을 중시하였다는 점에서 긍정적이며 개혁적이었다. (2) 정조가 죽은 후 왕실과 혼인 관계를 맺은 일부 가문이 권력을 장악하게 되었다. (3) 조선 후기 신분제가 흔들리면서 노비들은 나라에 돈이나 곡식을 바치면 그 대가로 노비 신분에서 벗어나게 해 주는 납속을 이용해 신분 상승을 하였다. (4) 집권 붕당을 급격히 교체하는 환국을 겪을 때마다 정권을 잡지 못한 붕당이 몰락했다.

2 빈칸에 들어갈 단어를 보기에서 찾아 써 보자.

보기

환국	세도 정치	납속	탕평

(1) 영조와 정조는 각 당파에서 고르게 인재를 등용하는 [   ] 정책을 시행하여 왕권 강화와 정치 안정을 가져왔어.
(탕평)

(2) 왕실과 혼인 관계를 맺은 일부 가문이 정권을 장악한 [   ](으)로 왕권이 약해지고 정치 기강이 어지럽게 되었어.
(세도 정치)

(3) 조선 후기 신분제에 변동이 일어나면서 노비들도 [   ]을/를 이용해 자신의 신분을 상승시킬 수 있었어.
(납속)

(4) 숙종은 집권 붕당을 급격히 교체하는 [   ]을/를 여러 차례 실시했는데, 한 붕당이 정권을 잡을 때마다 상대 붕당은 몰락했어.
(환국)

해설 | (1) 실증적인 방법으로 학문을 연구하고, 그 결과를 실생활에 활용하여 현실 문제를 해결하려고 한 사상은 '실학'이다. (2) '소작지'는 소작인이 지주에게 빌려 농사를 짓고 소작료를 지급하는 땅을 뜻하고, '경작지'는 땅을 갈아서 농사를 짓는 토지를 뜻한다.

3 ( ) 안에서 알맞은 단어를 골라 ○표 해 보자.

(1) ((실학), 동학)은 학문 연구 결과를 실생활에 활용해 현실 문제에 관한 다양한 개혁 방안을 제시한 사상이다.

(2) 조선 후기 모내기법이 전국적으로 보급되면서 일부 농민은 농사짓는 땅을 늘려 부농이 되었지만, 땅 주인에게 (경작지 , (소작지))도 얻지 못한 농민은 머슴이 되기도 했다.

수학 교과서 어휘

✏️ 단어와 그 뜻을 익히고, 빈칸에 알맞은 단어를 써 보자.

중점 가운데 中 + 점 點	가운데 점으로, 선분의 양 끝점에서 같은 거리에 있는 점. 예 선분 AB 위의 양 끝점에서 같은 거리에 있는 점 M 이 선분 AB의 중점 이다.	A———M———B $\overline{AM}=\overline{BM}=\frac{1}{2}\overline{AB}$
삼각형의 중선 셋 三 + 모서리 角 + 모양 形 + 의 + 가운데 中 + 줄 線 ⤷ '角'의 대표 뜻은 '뿔'임.	삼각형의 한 꼭짓점과 마주 보는 변의 중점을 연결한 선분. 예 삼각형 ABC의 꼭짓점 A에서 대변 BC의 중점 M 을 연결한 선분 AM을 중선 이라고 한다.	A 중선 B——M——C
삼각형의 무게중심 셋 三 + 모서리 角 + 모양 形 + 의 + 무게 + 가운데 中 + 중심 心 ⤷ '心'의 대표 뜻은 '마음'임.	삼각형의 세 중선의 교점. 예 삼각형 ABC의 세 중선 $\overline{AD}$, $\overline{BE}$, $\overline{CF}$가 만나는 교 점 G를 삼각형의 무게중심 이라고 한다.	A F E G B——D——C
피타고라스 정리 피타고라스 + 정할 定 + 이치 理 ⤷ '理'의 대표 뜻은 '다스리다'임.	직각삼각형에서 직각을 끼고 있는 두 변의 길이 의 제곱의 합은 빗변의 길이의 제곱과 같음. 예 직각삼각형에서 직각을 낀 두 변의 길이를 각각 a, b 라 하고, 빗변의 길이를 c라 할 때, $a^2+b^2=c^2$이 성립하는 것이 피타고라스 정리 이다.	A c b B—a—C
전개도 펼칠 展 + 열 開 + 그림 圖	입체도형을 펼쳐서 평면에 나타낸 그림. 예 직육면체에서 서로 마주 보는 면은 합동이 되도록 그리고, 접히는 부분은 점선으로, 나머지 부분은 실선으로 나타낸다. 같은 입체도형이라도 전개도의 모양 은 달라질 수 있다.	(전개도 그림)
최단 거리 가장 最 + 짧을 短 + 떨어져 있을 距 + 떨어질 離 ⤷ '離'의 대표 뜻은 '떠나다'임.	가장 짧은 거리. 예 입체도형에서 두 점 사이의 최단 거리 는 전개도 를 이용해 구할 수 있다.	(전개도 최단거리 그림)
수선의 발 드리울 垂 + 줄선 線 + 의 발	직선 위에 있지 않은 한 점에서 직선에 그은 수 선과 직선의 교점. 예 직선 l 위에 있지 않은 점 P에서 직선 l에 그은 수 선과 직선 l이 만나서 생기는 교점이 H일 때, 점 H를 점 P에서 직선 l에 내린 수선의 발 이라고 한다.	P 점 P와 직선 l 사이의 거리 ———H———l 수선의 발

직선 위에 있지 않은 한 점에서 직선에 내린 수선의 발 까지의 거리를 '점과 직선 사이의 거리'라고 함.

🧊 확인 문제

1 뜻에 알맞은 말을 찾아 선으로 이어 보자.

(1) 입체도형을 펼쳐서 평면에 나타낸 그림.   중점

(2) 가운데 점으로, 선분의 양 끝점에서 같은 거리에 있는 점.   전개도

(3) 직선 위에 있지 않은 한 점에서 직선에 그은 수선과 직선의 교점.   수선의 발

해설 | (1) 삼각형의 세 '중선'의 교점 G를 삼각형의 '무게중심'이라고 한다. (2) 직각삼각형에서 직각을 낀 두 변의 길이를 각각 a, b라 하고, 빗변의 길이를 c라 할 때, $a^2+b^2=c^2$이 성립하는 것이 '피타고라스 정리'이다. (3) 최단 거리는 두 점의 직선 거리이다. (4) 점 A에서의 '수선의 발'은 점 A에서 BC 사이의 거리이므로 $\overline{AD}=4$이다.

2 빈칸에 들어갈 말을 초성을 바탕으로 써 보자.

(1) 삼각형 ABC에서 세 점 D, E, F가 세 변의 중점일 때, 삼각형의 각 꼭짓점과 대변의 중점 을 연결한 선분 $\overline{AD}$, $\overline{BE}$, $\overline{CF}$를 중선 이라고 하고, 세 선분이 만나는 교점 G를 삼각형의 무게중심 이라고 한다.
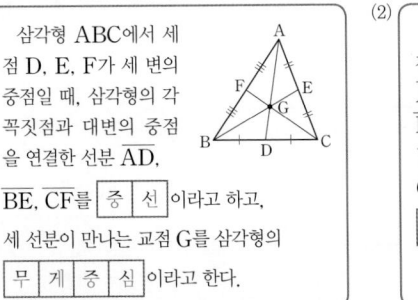

(2) 직각삼각형에서 직 각을 낀 두 변의 길이 가 $\overline{AB}=6$cm, $\overline{BC}=8$cm이고, 빗변의 길이 $\overline{AC}=10$cm일 때, $6^2+8^2=10^2$이 성립하는 것을 피타고라스 정리 라고 한다.
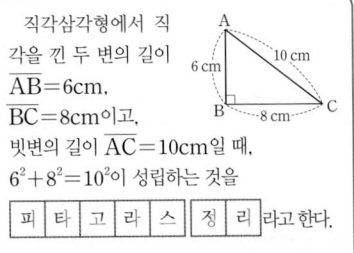

(3) 직육면체의 점 B에서 점 H까지의 최단 거리 는 사각형 ABCD와 DCGH의 두 면을 펼친 전개도에서 $\overline{BH}$의 길이와 같다.
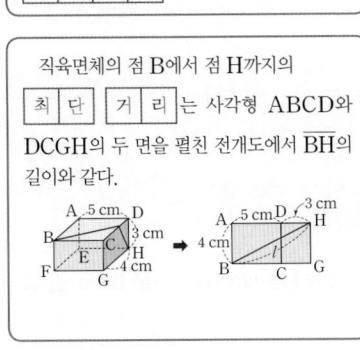

(4) 직각삼각형 ABC의 점 A에서 $\overline{BC}$에 내린 수선의 발 을 D라고 할 때, $\overline{AD}$는 점 A에서 $\overline{BC}$ 사이의 거리이다.
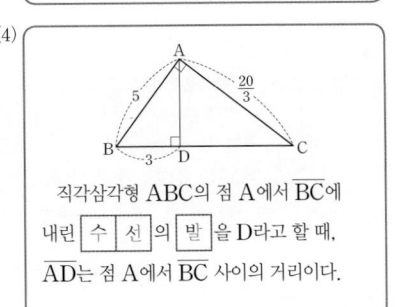

단어와 그 뜻을 익히고, 빈칸에 알맞은 단어를 써 보자.

수권 물 水 + 구역 圈 圈의 대표 뜻은 '우리'임.	지구에서 물이 분포하는 영역. 예 수권 을 구성하는 물의 약 97.2 %는 바닷물이다.
수자원 물 水 + 재물 資 + 근원 源	수권에서 자원으로 사용할 수 있는 물. 예 강수량은 계절, 지역에 따라 차이가 매우 크기 때문에 안정적인 수 자 원 을 확보하기 위해 댐과 같은 저수 시설을 건설하거나 지하수를 개발한다.
염류 소금 鹽 + 무리 類	바닷물에 녹아 있는 여러 가지 물질. 예 염 류 중 가장 많은 부분을 차지하는 것은 짠맛을 내는 염화 나트륨이다.
염분 소금 鹽 + 나눌 分 '分'은 '성분'의 뜻을 더하는 접미사로 사용됨.	바닷물에 녹아 있는 염류의 농도로, 해수 1 kg에 녹아 있는 염류의 양을 g 단위로 나타낸 것. 예 전 세계 해수의 평균 염 분 은 약 35 psu로, 해수 1 kg에 염분의 단위로 psu 또는 ‰(퍼밀)을 사용함. 녹아 있는 염류의 양이 35 g이라는 것이다. ▶염분이 높은 바다는 건조하여 증발량이 많은 지역이고, 염분이 낮은 바다는 적도나 비가 많이 오는 지역, 강물이 흘러드는 지역 등이야.
염분비 일정 법칙 소금 鹽 + 나눌 分 + 비율 比 + 하나 一 + 정할 定 + 법 法 + 법칙 則 '比'의 대표 뜻은 '견주다'임.	바닷물의 염분 비율은 달라도 녹아 있는 염류 사이의 비율은 일정함. 예 염분은 지역에 따라 다르지만 바닷물에 녹아 있는 물질들 사이의 비율은 세계의 바닷물 어디에 서나 거의 일정하다는 것이 염 분 비 일 정 법 칙 이다.
난류 따뜻할 暖 + 흐를 流	저위도에서 고위도로 흐르는 따뜻한 해류. 예 난 류 는 수온과 염분이 높지만 산소량이 적어 어종이 풍부하지 못하다. 플러스 개념어 해류 일정한 방향으로 지속적으로 흐르는 바닷물의 흐름.
한류 찰 寒 + 흐를 流	고위도에서 저위도로 흐르는 차가운 해류. 예 한 류 는 수온과 염분이 낮아 산소와 영양 염류가 풍부하므로 플랑크톤이 많아 청록색을 띤다.
조경 수역 밀물 潮 + 지경 境 + 물 水 + 구역 域 '域'의 대표 뜻은 '지경'임. '지경'은 '땅의 가장자리, 즉 경계'라는 뜻임.	경계가 되는 부분 바닷물 흐름의 경계부로, 성질이 서로 다른 두 해류가 만나는 경계가 되는 수역. 즉 한류와 난류가 만나는 영역. 예 동해의 난류와 한류가 만나는 조 경 수 역 은 영양 염류와 플랑크톤이 풍부하여 좋은 어장 이 된다.

확인 문제

정답과 해설 ▶ 33쪽

1 뜻에 알맞은 단어를 글자판에서 찾아 묶어 보자.(단어는 가로, 세로, 대각선 방향에서 찾기)

❶ 지구에서 물이 분포하는 영역.
❷ 바닷물에 녹아 있는 여러 가지 물질.
❸ 수권에서 자원으로 사용할 수 있는 물.
❹ 바닷물에 녹아 있는 염류의 농도로, 해수 1 kg에 녹아 있는 염류의 양을 g 단위로 나타낸 것.

2 ( ) 안에서 알맞은 단어를 골라 ○표 해 보자.

(1) 난류는 저위도에서 고위도로 흐르는 (따뜻한 , 차가운) 해류이고, 한류는 고위도에서 저위도로 흐르는 (따뜻한 , 차가운) 해류이다.

(2) 바닷물의 (염분 , 염류) 비율은 달라도 녹아 있는 (염분, 염류) 사이의 비율은 일정하다는 법칙이 염분비 일정 법칙이다.

해설 | (1) '염분'에 가장 큰 영향을 주는 요인은 증발량과 강수량이다. (2) 강수량은 지역이나 계절에 따라 차이가 매우 크기 때문에 안정적인 수자원 확보를 위해 댐과 같은 저수 시설을 건설하거나 지하수를 개발해야 한다. (3) '조경 수역'은 영양 염류와 플랑크톤이 풍부하고, 한류성 어종과 난류성 어종이 함께 분포하여 좋은 어장이 형성된다. (4) '난류'는 따뜻한 해류로 주변 바다보다 수온이 높고, '한류'는 차가운 해류로 주변 바다보다 수온이 낮다.

3 ( ) 안에 들어갈 단어를 보기에서 찾아 써 보자.

보기

난류	염분	수자원	조경 수역	한류

(1) (염분)이/가 높은 해역은 강수량보다 증발량이 많은 해역이다.

(2) 지하수는 강과 호수의 물을 대체할 수 있는 (수자원)(으)로서 중요한 가치를 지닌다.

(3) (조경 수역)은/는 영양분이 풍부하므로 한류와 난류 두 해류의 어군이 모여들어 좋은 어장을 형성한다.

(4) (난류)이/가 흐르는 해역은 주변 바다보다 수온이 높고, (한류)이/가 흐르는 해역은 주변 바다보다 수온이 낮다.

後(후), 風(풍)이 들어간 단어

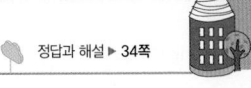

後
뒤 후

후(後)는 주로 '뒤'라는 뜻으로 쓰여. 시간이나 순서상으로 다음이나 나중을 '뒤'라고 하지. 후(後)는 '뒤떨어지다'라는 뜻으로 쓰일 때도 있어.

風
바람 풍

풍(風)은 주로 '바람'이라는 뜻으로 쓰여. 공기의 움직임을 '바람'이라고 해. 풍(風)은 '풍속', '모습'이라는 뜻으로도 쓰여.

✏️ 단어와 그 뜻을 익히고, 빈칸에 알맞은 단어를 써 보자.

우후죽순 비 雨 + 뒤 後 + 대 竹 + 죽순 筍	'후(後)'가 '뒤'라는 뜻으로 쓰였어. 비가 오고 나면 죽순이 여기저기 쑥쑥 솟아난다는 뜻이야.	비가 온 뒤에 여기저기 솟는 죽순이라는 뜻으로, 어떤 일이 한때에 많이 생겨남을 비유적으로 이르는 말. 예 도시가 발달하면서 새로운 건물들이 우후죽순 처럼 생겨났다.
후진 뒤 後 + 나아갈 進	'후(後)'가 '뒤떨어지다'라는 뜻으로 쓰였어.	어떤 발전 수준에 뒤지거나 뒤떨어짐. 예 선진 국가들은 아시아나 아프리카의 후 진 국가에 식량 및 기술을 지원하기로 했다. **다의어 후진** ① 뒤쪽으로 나아감. 예 후진으로 차를 몰다. ② 같은 학교를 나중에 나온 사람. 예 그는 은퇴 후 후진 양성에 힘쓰고 있다.
풍력 바람 風 + 힘 力	'풍(風)'이 '바람'이라는 뜻으로 쓰였어.	바람의 힘. 예 바람이 많이 부는 이곳에서는 주로 풍 력 을 이용해 전기를 일으킨다.
미풍양속 아름다울 美 + 바람 風 + 좋을 良 + 풍속 俗 ↪'良'의 대표 뜻은 '어질다'임.	미풍(美風) + 양속(良俗) 아름다운 풍속 좋은 풍속 '풍(風)'이 '풍속'이라는 뜻으로 쓰였어.	아름답고 좋은 풍속. 예 우리나라는 웃어른을 공경하는 미 풍 양 속 을 간직하고 있다.
풍경 바람 風 + 경치 景 ↪'景'의 대표 뜻은 '볕'임.	'풍(風)'이 '모습'이라는 뜻으로 쓰였어.	산이나 들, 강, 바다 등의 자연이나 지역의 모습. 예 산꼭대기에서 바라본 풍 경 이 아름다웠다. **동의어 경치**(경치 景 + 멋 致) 자연이나 지역의 모습. 예 경치가 빼어나다.

🧊 확인 문제

정답과 해설 ▶ 34쪽

1 뜻에 알맞은 단어가 되도록 보기 의 글자를 조합해 써 보자.

보기

후 양 죽 미 우 풍 속 순

(1) 아름답고 좋은 풍속. → 미 풍 양 속

(2) 어떤 일이 한때에 많이 생겨남. → 우 후 죽 순

2 단어의 뜻을 찾아 선으로 이어 보자.

(1) 후진 •   • 바람의 힘.

(2) 풍경 •   • 어떤 발전 수준에 뒤지거나 뒤떨어짐.

(3) 풍력 •   • 산이나 들, 강, 바다 등의 자연이나 지역의 모습.

해설 | (1) '어떤 발전 수준에 뒤지거나 뒤떨어짐.'을 뜻하는 '후진'이 알맞다. (2) '자연이나 지역의 모습'을 뜻하는 '풍경'이 알맞다. (3) '어떤 일이 한때에 많이 생겨남.'을 뜻하는 '우후죽순'이 알맞다. (4) '아름답고 좋은 풍속'을 뜻하는 '미풍양속'이 알맞다.

3 ( ) 안에 들어갈 단어를 보기 에서 찾아 써 보자.

보기

후진   풍경   미풍양속   우후죽순

(1) 경제 발전을 이루지 못하면 (후진) 사회에서 벗어나기 어렵다.

(2) 화가는 의자에 앉아 아름다운 공원의 (풍경)을 스케치하고 있었다.

(3) 무인점포가 (우후죽순)처럼 생겨나면서 업체들 간의 경쟁이 심화되고 있다.

(4) 조상에게 예를 갖추어 차례를 지내는 것은 (미풍양속)으로, 효에서 나온 자연스러운 행동이었다.

영문법 어휘

의문사

의문사는 궁금함의 대상을 가리키는 말이야. 그런데 궁금한 대상이 무엇이냐에 따라 사용하는 의문사가 달라져. 사람이나 물건일 때는 의문대명사, 명사의 상태일 때는 의문형용사, 형용사나 부사의 상태일 때는 의문부사를 사용하지. 이제 의문사의 종류와 뜻을 알아보고, 다른 문장의 일부로 쓰이는 간접의문에 대해서도 공부해 보자.

✎ 단어와 그 뜻을 익히고, 빈칸에 알맞은 단어를 써 보자.

---

interrogative pronoun
의문대명사
의심할 疑 + 물을 問 + 대신할 代 + 이름 名 + 말 詞

궁금함의 대상이 사람이나 물건일 때 사용하는 의문사를 가리키는 말. 의문대명사로는 What(무엇), Who(누구)가 있음.
- **Who** is he in front of the door?(문 앞에 있는 그는 누구니?)
'누구'인지 사람을 궁금해하는 의문대명사
예 "What is on the desk?(책상 위에 있는 것은 무엇이니?)"에서 what는 궁금함의 대상이 사물인 [의문대명사] 이다.

---

interrogative adjective
의문형용사
의심할 疑 + 물을 問 + 모양 形 + 얼굴 容 + 말 詞

궁금함의 대상이 명사의 상태일 때 사용하는 의문사를 가리키는 말. 의문형용사로는 What(어떤), Which(어떤)가 있음.
- **What** color is this dress?
명사 color의 상태를 궁금해하는 의문형용사
(이 드레스는 어떤 색깔이니?)
예 "Which food do you like better, pizza or spaghetti?(피자나 스파게티 중 어떤 음식을 더 좋아하니?)"에서 which는 명사 food에 대해 궁금해하는 [의문형용사] 이다.

플러스 개념어 선택의문사
의문형용사로 쓰인 which가 둘 중에 하나를 선택하도록 물을 때, 이를 선택의문사라고 함.
예 Which color do you like better, blue or red?(파랑 혹은 빨강 중에 어느 색을 더 좋아해?)

---

interrogative adverb
의문부사
의심할 疑 + 물을 問 + 버금 副 + 말 詞

궁금함의 대상이 장소, 시간, 이유, 형용사나 부사의 상태일 때 사용하는 의문사를 가리키는 말. 의문부사로는 Where(어디), When(언제), Why(왜), How(얼마나)가 있음.
- **How** long is this ruler?(이 자는 얼마나 기니?)
형용사 long의 상태를 궁금해하는 의문부사
예 "Why do you go to the Community Center?(너는 지역 센터에 왜 가니?)"에서 Why는 이유를 궁금해하는 [의문부사] 이다.

---

indirect question
간접의문문
사이 間 + 이을 接 + 의심할 疑 + 물을 問 + 글월 文

독립적으로 있지 않고, 의문문이 문장의 일부로 존재할 때를 가리키는 문장. 문장에서 주어와 동사 다음에 목적어로 의문문이 나오는 것임.
- I know **what your name is**.
주어 I와 동사 know 다음에 목적어로 온 간접의문문
(나는 네 이름이 무엇인지 안다.)
예 "Can you tell me how old you are?(네가 몇 살인지 나에게 말해 줄래?)"에서 의문문 how old you are는 주어와 동사 뒤에서 목적어 역할을 하는 [간접의문문] 이다.

플러스 개념어 어순 정치
의문문을 만들 때는 주어와 동사의 순서가 바뀌는 도치가 일어나지만, 간접의문문에서는 주어와 동사의 순서가 바뀌지 않고 정상적으로 나오므로 이를 '어순 정치'라고 함.
예 Who are you? (의문문)
　　　동사 + 주어
Tell me who you are. (간접의문문)
　　　　　　주어 + 동사

확인 문제

1 단어의 뜻을 찾아 선으로 이어 보자.

(1) 의문대명사 — 궁금함의 대상이 명사의 상태일 때 사용하는 의문사.
(2) 의문형용사 — 궁금함의 대상이 사람이나 물건일 때 사용하는 의문사.
(3) 의문부사 — 의문문이 문장의 일부로 존재할 때를 가리키는 문장.
(4) 간접의문문 — 궁금함의 대상이 장소, 시간, 이유, 형용사나 부사의 상태일 때 사용하는 의문사.

2 밑줄 친 부분에 해당하는 것을 보기에서 찾아 기호를 써 보자.

보기
㉠ 의문대명사　　㉡ 의문형용사　　㉢ 의문부사　　㉣ 간접의문문

(1) **Where** do you live?(너는 어디에서 사니?) … (㉢)
(2) **What** are you doing now?(너는 지금 무엇을 하는 중이니?) … (㉠)
(3) Do you know **where he lives**?(너는 그가 어디에 사는지 아니?) … (㉣)
(4) **What** subject do you like best?(네가 가장 좋아하는 과목은 무엇이니?) … (㉡)

해설 | (1) 장소의 내용을 궁금해하는 의문부사이다. (2) 무엇을 하는 것인지 궁금해하는 의문대명사이다. (3) 주어와 동사 you know의 목적어 역할을 하고 있으므로 간접의문문이다. (4) 명사 subject(과목)가 어떤 것인지 궁금해하는 의문형용사이다.

3 보기의 ㉠~㉢에 대해 알맞게 말한 친구에게 ○표 해 보자.

보기
- ㉠ **Who** is your hero?(너의 우상은 누구니?)
- ㉡ **When** is your birthday?(너의 생일은 언제니?)
- ㉢ **Which** hotel do we stay at?(우리는 어느 호텔에 묵니?)

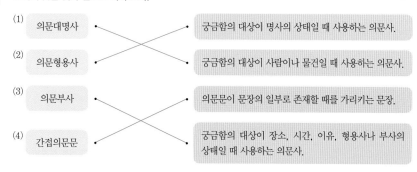

(1) 궁금한 대상이 사람이므로 ㉠은 의문형용사야. ( )
(2) 궁금한 대상이 시간이므로 ㉡은 의문부사야. (○)
(3) 궁금한 대상이 명사의 상태이므로 ㉢은 의문대명사야. ( )

해설 | (1) ㉠은 '누구'라는 뜻이므로 궁금함의 대상이 사람일 때 사용하는 '의문대명사'이다. (3) ㉢은 궁금함의 대상이 명사인 hotel이므로 '의문형용사'이다.

✎ 3주차 1~5회에서 공부한 단어를 떠올리며 문제를 풀어 보자.

국어

1 단어의 뜻과 예를 찾아 선으로 이어 보자.

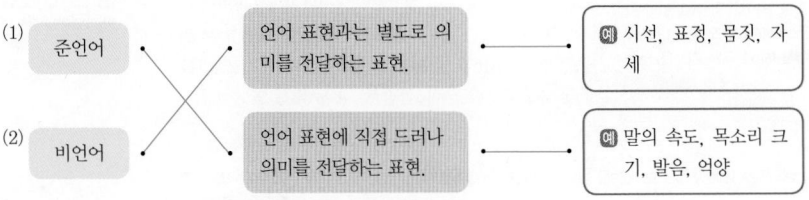

(1) 준언어

언어 표현과는 별도로 의미를 전달하는 표현.

예 시선, 표정, 몸짓, 자세

(2) 비언어

언어 표현에 직접 드러나 의미를 전달하는 표현.

예 말의 속도, 목소리 크기, 발음, 억양

해설 | '준언어'는 목소리로 표현되는 것이고, '비언어'는 목소리가 아닌 표정이나 몸짓 등으로 표현되는 것이다.

국어

2 문장에 어울리는 단어를 ( ) 안에서 골라 ○표 해 보자.

(1) 듣고 말하는 과정에서 서로의 생각을 (사유, (공유))할 수 있다.

(2) 의사소통을 원활하게 하기 위해서는 힘을 합해 서로 돕는 ((협력적), 독립적) 태도가 중요하다.

(3) 대화를 할 때는 상대방의 말에 적절한 공감을 표하거나 알맞은 ((반응), 반어)을/를 하도록 한다.

해설 | (1) 대화하며 서로의 생각을 나눌 수 있으므로 '두 사람 이상이 하나의 것을 함께 가지는 것'이란 뜻의 '공유'가 어울린다. (2) 힘을 합해 서로 돕는 것이므로 '협력적'이 어울린다. (3) 상대방의 말에 알맞게 '반응'하는 것은 원활한 의사소통에 도움이 된다. '반어'는 표현 효과를 높이기 위하여 실제와 반대로 말하는 표현 방식이다.

사회

3 빈칸에 들어갈 단어를 초성을 바탕으로 써 보자.

(1) 국내 및 국제 정세 또는 일이 벌어지는 형편이 바뀜. → 한 국

(2) 조선 시대에, 이념이나 이해에 따라 이루어진 사림의 집단. → 붕 당

(3) 싸움, 시비, 논쟁 따위에서 어느 쪽에도 치우침이 없이 공평함. → 탕 평

(4) 왕의 근친이나 신임을 얻은 신하가 강력한 정치적 권세를 잡고 마음대로 나라를 다스리는 정치 형태. → 세 도 정 치

수학

4 ( ) 안에 들어갈 단어를 보기 에서 찾아 써 보자.

보기

닮음   닮음비

(1) 닮은 두 도형에서 대응하는 변의 길이의 비를 (닮음비)(이)라고 한다.

(2) 한 도형을 일정한 비율로 확대 또는 축소한 것이 다른 도형과 합동이 될 때 이 두 도형은 서로 (닮음)인 관계에 있다고 한다.

수학

5 ( ) 안에 들어갈 말을 보기 에서 찾아 써 보자.

보기

수선의 발   삼각형의 중선   피타고라스 정리

(1) (삼각형의 중선)은/는 삼각형의 한 꼭짓점과 마주 보는 변의 중점을 연결한 선분이다.

(2) 직선 위에 있지 않은 한 점에서 직선에 그은 수선과 직선의 교점을 (수선의 발)(이)라고 한다.

(3) 직각삼각형에서 직각을 낀 두 변의 길이를 각각 a, b라 하고, 빗변의 길이를 c라고 할 때, $a^2 + b^2 = c^2$이 성립하는 것은 (피타고라스 정리)이다.

해설 | 혼합물을 이루는 각 성분 물질이 용매를 따라 이동하는 속도의 차를 이용하여 혼합물을 분리하는 방법은 '크로마토그래피'이다.

과학

6 빈칸에 들어갈 단어로 알맞은 것은? (⑤)

혼합물을 분리하는 방법 중 [   ]은/는 혼합물을 이루는 각 성분 물질이 용매를 따라 이동하는 속도의 차를 이용하여 혼합물을 분리한다.

① 추출   ② 재결정   ③ 증류   ④ 여과   ⑤ 크로마토그래피

과학

7 ㉠~㉢과 바꾸어 쓸 수 있는 단어를 ( ) 안에서 골라 ○표 해 보자.

• ㉠바닷물에 녹아 있는 여러 가지 물질 중 가장 많은 것을 차지하는 것은 짠맛을 내는 염화 나트륨이다.
• 해수는 일정한 방향으로 지속적으로 움직이는데, ㉡저위도에서 고위도로 흐르는 따뜻한 해류와 ㉢고위도에서 저위도로 흐르는 차가운 해류가 만나는 곳에는 다양한 어종이 모여들어 좋은 어장을 형성한다.

(1) ㉠ → ((염류), 염분)   (2) ㉡ → (한류, (난류))   (3) ㉢ → ((한류), 난류)

해설 | (1) 바닷물에 녹아 있는 여러 가지 물질을 '염류'라고 한다. (2) 저위도에서 고위도로 흐르는 따뜻한 해류를 '난류'라고 한다. (3) 고위도에서 저위도로 흐르는 차가운 해류를 '한류'라고 한다.

한자

8 초성을 바탕으로 빈칸에 알맞은 단어를 써 보자.

(1) 미 풍 양 속 은 '아름답고 좋은 풍속'이라는 뜻이다.

(2) 우 후 죽 순 은 '어떤 일이 한때에 많이 생겨남.'이라는 뜻이다.

영문법

9 밑줄 친 단어에 대한 설명이 알맞으면 ○표, 알맞지 않으면 ×표 해 보자.

(1) 의문대명사는 궁금함의 대상이 명사의 상태일 때 사용하는 의문사이다. (×)

(2) 의문형용사는 궁금함의 대상이 사람이나 물건일 때 사용하는 의문사이다. (×)

(3) 의문부사는 궁금함의 대상이 장소, 시간, 이유, 형용사나 부사의 상태일 때 사용하는 의문사이다. (○)

해설 | (1) 의문대명사는 궁금함의 대상이 사람이나 물건일 때 사용하는 의문사이다. (2) 의문형용사는 궁금함의 대상이 명사의 상태일 때 사용하는 의문사이다.

어휘가 문해력 이다

중학 2학년 2학기

4주차 정답과 해설

국어 교과서 어휘

✏️ 단어와 그 뜻을 익히고, 빈칸에 알맞은 단어를 써 보자.

설명문 서술할 說 + 밝힐 明 + 글월 文 🔎 '說'의 대표 뜻은 '말씀', '明'의 대표 뜻은 '밝다'임.	정보를 전달하기 위해 다양한 설명 방법을 사용하여 객관적이고 논리적으로 서술한 글. 예 설명문 의 설명 방법에는 정의, 예시, 비교, 대조, 분류, 구분, 분석, 인과 등이 있다.
정의 정할 定 + 뜻 義 🔎 '義'의 대표 뜻은 '옳다'임.	설명 대상의 뜻을 밝혀 설명하는 방법. 예 주로 '~은/는 ~(이)다.'와 같은 형태의 문장으로 설명하는 방법은 정의 이다.
예시 본보기 例 + 보일 示 🔎 '例'의 대표 뜻은 '법식'임.	설명 대상과 관련하여 구체적이고 친근한 예를 들어 설명하는 방법. 예 '예를 들어'나 '예컨대'와 같은 말로 설명하는 방법은 예시 이다.
비교 견줄 比 + 견줄 較	설명 대상 간의 공통점을 견주어 설명하는 방법. 예 이 글에서는 진달래와 철쭉의 공통점을 들어 설명하는 비교 의 방법을 사용하였다. 플러스 개념어 대조 설명 대상 간의 차이점을 견주어 설명하는 방법.
분류 나눌 分 + 무리 類	설명 대상을 종류별로 묶어서 설명하는 방법. 예 가야금과 거문고는 현악기, 트롬본과 색소폰은 관악기, 팀파니와 북 따위는 타악기로 분류 할 수 있다. 플러스 개념어 • 구분: 설명 대상을 공통되는 특징에 따라 나누어 설명하는 방법. 예 자동차는 크기에 따라 경차, 소형차, 중형차, 대형차로 구분할 수 있다. • 분석: 설명 대상을 구성하는 요소나 부분으로 나누어 설명하는 방법. 예 곤충의 몸은 머리, 가슴, 배로 나눌 수 있다.
인과 원인 因 + 결과 果 🔎 '果'의 대표 뜻은 '열매'임.	설명 대상을 원인과 결과에 따라 설명하는 방법. 예 기후 변화의 원인과 결과에 대해 알려 주려면 인과 의 설명 방법을 사용하는 것이 좋다.

확인 문제

정답과 해설 ▶ 38쪽

1 뜻에 알맞은 단어를 글자판에서 찾아 묶어 보자. (단어는 가로, 세로, 대각선 방향에서 찾기)

과	④설	문	③예	시
문	대	명	정	교
분	류	조	문	대
예	②인	석	①정	비
과	설	의	시	유

❶ 설명 대상의 뜻을 밝혀 설명하는 방법.
❷ 설명 대상을 원인과 결과에 따라 설명하는 방법.
❸ 설명 대상과 관련하여 구체적이고 친근한 예를 들어 설명하는 방법.
❹ 정보를 전달하기 위해 다양한 설명 방법을 사용하여 객관적이고 논리적으로 서술한 글.

2 ( ) 안에서 알맞은 단어를 골라 ○표 해 보자.

(1) 설명문은 (의견 , 정보) 전달을 목적으로 하는 글이다.

(2) 비교는 설명 대상 간의 (공통점 , 차이점)을 견주어 설명하는 방법이고, 대조는 설명 대상 간의 (공통점 , 차이점)을 견주어 설명하는 방법이다.

(3) 설명 대상을 종류별로 묶어서 설명하는 방법은 (분류 , 분석)이고, 설명 대상을 구성하는 요소나 부분으로 나누어 설명하는 방법은 (분류 , 분석)이다.

해설 | (1) 온실 효과로 인한 기온 상승과 해수면 상승을 원인과 결과의 관계로 설명하고 있으므로 '인과'가 사용되었다. (2) 소리를 내는 방법을 기준으로 나누고 있으므로 '구분'이 사용되었다. (3) 수필의 뜻을 밝히며 설명하고 있으므로 '정의'가 사용되었다.

3 친구들이 사용한 설명 방법을 보기 에서 찾아 빈칸에 써 보자.

보기
정의   구분   인과

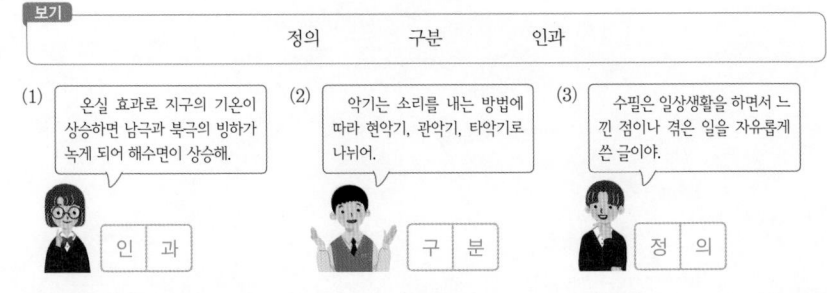

(1) 온실 효과로 지구의 기온이 상승하면 남극과 북극의 빙하가 녹게 되어 해수면이 상승해.
인과

(2) 악기는 소리를 내는 방법에 따라 현악기, 관악기, 타악기로 나눠어.
구분

(3) 수필은 일상생활을 하면서 느낀 점이나 겪은 일을 자유롭게 쓴 글이야.
정의

정답과 해설 ▶ 39쪽

✎ 단어와 그 뜻을 익히고, 빈칸에 알맞은 단어를 써 보자.

문호
문 門 + 집 戶

외부와 교류하기 위한 통로나 수단을 비유적으로
이르는 말.
예 | 문 호 를 개방하면서 신문명이 신문물과 함께 물밀듯
이 들어왔다.

다의어 문호
① 집으로 드나드는 문.
② 대대로 내려오는 그 집안의 사회적 신
분이나 지위.
예 이 집안에 문호를 빛낼 큰 자손이
태어날 것이다.

근대화
가까울 近 + 시대 代 + 될 化
↳ '代'의 대표 뜻은 '대신하다'임.

사회나 문화, 제도 따위가 근대의 특징을 가진 상
태로 됨.
예 문호를 개방한 후 우리 민족은 자주 국가를 유지하면
서 근 대 화 를 이룩하려 하였다.

플러스 개념어 근대
① 얼마 지나지 않은 가까운 시대.
② 역사의 시대 구분의 하나로, 중세와
현대 사이의 시대.

최혜국
가장 最 + 은혜 惠 + 나라 國

통상 조약을 맺은 여러 나라 가운데 가장 유리한 대우를 받는 나라.
나라들 사이에 서로 물품을 사고팖.
예 개항 이후 최 혜 국 대우 규정을 앞세운 열강들은 조선의 이권 침탈을 본격화하였다.

시해
윗사람 죽일 弑 + 해할 害

부모나 임금을 죽임.
예 1895년 일본은 조선에서의 영향력이 축소되자 경복궁을 습격하여 명성 황후를 시 해 하
는 을미사변을 일으켰다.

갑신정변
첫째 천간 甲 + 아홉째 지지 申 +
정사 政 + 변할 變
↳ '甲'의 대표 뜻은 '갑옷', '申'의 대표 뜻은
'거듭'임.

김옥균을 중심으로 한 급진 개화파가 일본의 재정적·군사적 지원을 약속받고 일
으킨 정변.
예 1884년 급진 개화파가 일으킨 갑 신 정 변 은 청의 무력 개입으로 3일 만에 실패로 끝났다.

의거
옳을 義 + 일으킬 擧
↳ '擧'의 대표 뜻은 '들다'임.

정의를 위하여 개인이나 집단이 의로운 일을 일
으킴.
예 학생과 시민들은 독재자를 몰아내기 위해 의 거 를
일으켰다.

동음이의어 의거(의지할 依 + 근거 據)
어떤 사실이나 원리 따위에 근거함.
예 법률에 의거하여 해석하다.

의병
옳을 義 + 병사 兵

외적의 침입을 물리치기 위하여 백성들이 자발적으로 조직한 군대. 또는 그 군대
의 병사.
예 우리 민족은 국권을 지키기 위해 을미사변, 을사늑약 체결 등 나라에 어려움이 있을 때마다
항일 의 병 을 일으켰다.

확인 문제

1 뜻에 알맞은 단어를 찾아 선으로 이어 보자.

(1) 사회나 문화, 제도 따위가 근대의 특징을
가진 상태로 됨.

(2) 통상 조약을 맺은 여러 나라 가운데 가장
유리한 대우를 받는 나라.

(3) 외적의 침입을 물리치기 위하여 백성들
이 자발적으로 조직한 군대.

• 의병

• 최혜국

• 근대화

2 뜻을 참고하여 빈칸에 들어갈 단어를 써 보자.

(1) 갑 신 정 변 은 우리나라 최초의 근대적 정치 개혁의 시도라는 점에서 의미가 있다.
김옥균을 중심으로 한 급진 개화파가 일본의 재정적·군사적 지원을 약속받고 일으킨 정변.

(2) 문 호 개방 이후 서양의 과학 기술과 외국 문물이 들어와 사람들의 생활 방식이 변화되었다.
외부와 교류하기 위한 통로나 수단.

(3) 일본군의 상하이 점령 기념식장에 폭탄을 던진 윤봉길 의사의 의 거 를 계기로 중국 정부는 대
한민국 임시 정부의 활동을 지원하였다.
정의를 위하여 개인이나 집단이 의로운 일을 일으킴.

해설 | (1) 개항 이후 서구 문물이 들어오면서 조선 사회는 근대로 접어들었으므로 '근대'가 어울린다. (2) 명성 황후를 '시
해'한 을미사변에 분노한 유생들이 전국에서 의병을 일으켰다.

3 문장에 어울리는 단어를 ( ) 안에서 골라 ○표 해 보자.

(1) 개항 이후 정부는 통신,
교통, 전기, 의료 등 각 분야에
(ⓝ근대, 현대) 시설을
적극 도입하였어.

(2) 1895년 일본 공사가 주동이 되어
명성 황후를 (방해 ,(시해))한 사건이
외부에 알려지자 반일 감정이
확산되어 을미의병이 일어났어.

수학 교과서 어휘

✏️ 단어와 그 뜻을 익히고, 빈칸에 알맞은 단어를 써 보자.

사건 일 事 + 사건 件	같은 조건에서 반복할 수 있는 실험이나 관찰에 의하여 일어나는 결과. 예 '한 개의 주사위를 던져 1의 눈이 나온다.', '동전을 던져 앞면이 나온다.'라는 것은 동일한 조건으로 여러 번 반복할 수 있는 실험의 결과이므로 사건 의 예이다.
경우의 수 경우 境 + 만날 遇 + 의 + 셈 數 🔎 '境'의 대표 뜻은 '지경'임.	어떤 사건이 일어날 수 있는 모든 가짓수. 예 한 개의 주사위를 던졌을 때, 짝수의 눈이 나오는 경우는 이므로 그 경우 의 수 는 3이다.
사건 A 또는 사건 B가 일어나는 경우의 수	두 사건 A, B가 동시에 일어나지 않을 때, 사건 A가 일어나는 경우의 수가 m이고, 사건 B가 일어나는 경우의 수가 n이면 사건 A 또는 사건 B가 일어나는 경우의 수는 $m+n$임. (사건 A 또는 사건 B가 일어나는 경우의 수)$=m+n$ 예 4종류의 티셔츠와 2종류의 블라우스 중 하나를 골라 입는 경우의 수는 4+2=6으로 티셔츠 또는 블라우스를 입는 경우의 수는 6이다.
사건 A와 사건 B가 동시에 일어나는 경우의 수	사건 A가 일어나는 경우의 수가 m이고, 그 각각의 경우에 대하여 사건 B가 일어나는 경우의 수가 n이면 사건 A와 사건 B가 동시에 일어나는 경우의 수는 $m×n$임. (사건 A와 사건 B가 동시에 일어나는 경우의 수)$=m×n$ 예 4종류의 티셔츠와 3종류의 바지가 있다. 티셔츠와 바지를 각각 하나씩 골라 짝 지어 입을 수 있는 경우의 수는 4×3=120이므로 티셔츠와 바지를 하나씩 골라서 동시에 짝 지어 입을 수 있는 경우의 수는 12이다.
비율 비율 比 + 비율 率 🔎 '比'의 대표 뜻은 '견주다'임.	기준량에 대한 비교하는 양의 크기, 즉 $\dfrac{(비교하는 양)}{(기준량)}$임. 예 남학생 수가 20명, 여학생 수가 15명일 때 남학생 수에 대한 여학생 수의 비율 은 $\dfrac{(여학생 수)}{(남학생 수)}=\dfrac{15}{20}=\dfrac{3}{4}$이다.
백분율 일백 百 + 나눌 分 + 비율 率	기준량을 100으로 할 때 비교하는 양의 비율. 기호는 '%'로 나타내고 '퍼센트'라고 읽음. 예 비율 $\dfrac{2}{5}$를 기준량을 100으로 하는 분수로 나타내면 $\dfrac{40}{100}$이므로 백분율 은 40%이다.

확인 문제

1 뜻에 알맞은 말이 되도록 보기 의 글자를 조합해 써 보자.

> 보기
>
> 우 분 건 백 사 경 율 수

(1) 어떤 사건이 일어날 수 있는 모든 가짓수. → 경 우 의 수

(2) 기준량을 100으로 할 때 비교하는 양의 비율. → 백 분 율

(3) 같은 조건에서 반복할 수 있는 실험이나 관찰에 의하여 일어나는 결과. → 사 건

해설 | (1) 사건 A 또는 사건 B가 일어나는 경우의 수는 각 경우의 수의 합 $m+n$이다. (2) 사건 A와 사건 B가 동시에 일어나는 경우의 수는 사건 A의 경우의 각각에 대한 사건 B의 곱 $m×n$이다.

2 보기 에서 알맞은 식을 찾아 기호를 써 보자.

> 사건 A가 일어나는 경우의 수가 m이고, 사건 B가 일어나는 경우의 수가 n이다.

> 보기
>
> ㉠ $m×n$ ㉡ $m+n$

(1) 두 사건 A, B가 동시에 일어나지 않을 때, 사건 A 또는 사건 B가 일어나는 경우의 수. (㉡)

(2) 사건 A의 각각의 경우에 대하여 사건 B가 일어나는 경우의 수가 n이면 사건 A와 사건 B가 동시에 일어나는 경우의 수. (㉠)

해설 | (2) '기준량에 대한 비교하는 양의 크기'를 뜻하는 단어는 '비율'이다. 사과 개수에 대한 귤의 개수의 비율은 기준량이 사과의 개수이고, 비교하는 양이 귤의 개수이다. (3) 비율 $\dfrac{3}{4}$의 분모를 100으로 만들면 $\dfrac{3}{4}=\dfrac{3×25}{4×25}=\dfrac{75}{100}$이므로, 기준량을 100으로 할 때 비교하는 양의 비율인 '백분율'은 75%이다.

3 빈칸에 들어갈 말을 초성을 바탕으로 써 보자.

(1)
> 한 개의 주사위를 던졌을 때, 홀수의 눈이 나오는 경우는 1, 3, 5이므로 경 우 의 수 는 3이다.

(2)
> 사과의 개수가 30개, 귤의 개수가 20개일 때 사과의 개수에 대한 귤의 개수의 비 율 은 $\dfrac{(귤 수)}{(사과 수)}=\dfrac{20}{30}=\dfrac{2}{3}$이다.

(3)
> 비율 $\dfrac{3}{4}$을 기준량을 100으로 하는 분수로 나타내면 $\dfrac{75}{100}$이므로 백 분 율 은 75%이다.

(4)
> 4종류의 김밥과 3종류의 라면을 파는 분식 가게에서 김밥 또 는 라면 종류 중에서 하나를 주문하는 경우의 수는 4+3=7이다.

과학 교과서 어휘

✏️ 단어와 그 뜻을 익히고, 빈칸에 알맞은 단어를 써 보자.

조석
밀물 潮 + 썰물 汐

밀물과 썰물에 의해 바닷물의 높이가 주기적으로 오르내리는 현상. 달과 태양 등 천체의 인력 작용으로 해수면이 하루에 2회 주기적으로 오르내림.
예 조석 현상이 일어나는 것은 지구와 달, 지구와 태양 사이의 만유인력 때문이다.

> **플러스 개념어**
> • 밀물: 바닷가의 바닷물이 육지 쪽으로 흘러 들어오는 것.
> • 썰물: 바닷가의 바닷물이 바다 쪽으로 빠지는 것.

조류
바닷물 潮 + 흐를 流
⌐ '潮'의 대표 뜻은 '밀물'임.

밀물과 썰물에 의해 주기적으로 일어나는 바닷물의 흐름.

만조	밀물이 되어 바닷물의 높이가 가장 높아졌을 때.
간조	썰물이 되어 바닷물의 높이가 가장 낮아졌을 때.
조차	만조와 간조의 높이 차.

예 조류 가 활발하게 일어나는 지역에는 갯벌이 발달한다.

전도
전할 傳 + 이끌 導

물질을 이루는 입자의 운동이 이웃한 입자에 차례로 전달되어 열이 이동하는 현상. 주로 고체에서 일어나는 열의 이동 방법임.
예 뜨거운 국이 담긴 냄비에 국자를 담가 놓으면 국자가 점점 뜨거워지는데, 이는 전도 현상의 예이다.

> **플러스 개념어** 입자
> 원자, 분자 등과 같이 물질을 이루는 아주 작은 알갱이.

대류
섞을 對 + 흐를 流
⌐ '對'의 대표 뜻은 '대하다'임.

기체나 액체를 이루는 입자가 직접 이동하여 열이 이동하는 현상.
예 주전자의 아래쪽만 가열해도 뜨거워진 아래쪽 물이 위로 올라가고, 위쪽의 찬물이 아래로 내려와 대류 에 의해 고르게 가열된다.

복사
바퀴살 輻 + 비출 射
⌐ '射'의 대표 뜻은 '쏘다'임.

물질의 도움 없이 열이 직접 이동하는 현상.
고체, 액체, 기체 물질
예 벽난로 앞에 서 있으면 따뜻함을 느끼는 것은 복사 현상의 예이다.

열평형
열 熱 + 평평할 平 + 저울대 衡

온도가 다른 두 물체를 접촉했을 때 어느 정도 시간이 지나면 두 물체의 온도가 같아져 더는 온도가 변하지 않고 일정한 상태.
예 귓속이나 손목 등에 체온계를 대고 기다려 체온을 측정하는 것은 몸의 열이 체온계로 이동하는 열평형 상태의 이용 예이다.

확인 문제

정답과 해설 ▶ 41쪽

1 뜻에 알맞은 단어를 글자판에서 찾아 묶어 보자.(단어는 가로, 세로, 대각선 방향에서 찾기)

썰	대	간	사	조
물	안	류	석	류
열	평	향	만	열
밀	자	접	전	조
물	복	사	물	도

❶ 물질의 도움 없이 열이 직접 이동하는 현상.
❷ 밀물과 썰물에 의해 주기적으로 일어나는 바닷물의 흐름.
❸ 기체나 액체를 이루는 입자가 직접 이동하여 열이 이동하는 현상.
❹ 물질을 이루는 입자의 운동이 이웃한 입자에 차례로 전달되어 열이 이동하는 현상.
❺ 온도가 다른 두 물체를 접촉했을 때 어느 정도 시간이 지나면 두 물체의 온도가 같아져 더는 온도가 변하지 않고 일정한 상태.

2 ( ) 안에서 알맞은 단어를 골라 ○표 해 보자.

(1)
바닷가의 바닷물이 육지 쪽으로 흘러 들어오는 것은 (밀물, 썰물)이라고 하고, 바닷물이 바다 쪽으로 빠지는 것은 (밀물 , 썰물)이라고 한다.

(2)
밀물이 되어 바닷물의 높이가 가장 높아졌을 때를 (간조 , 만조)라고 하고, 썰물이 되어 바닷물의 높이가 가장 낮아졌을 때를 (간조, 만조)라고 한다.

해설 | (1) 전자렌지는 열이 중간에 아무런 물질의 도움 없이 전달되는 현상인 '복사' 원리를 이용한 것이다. (2) 액체뿐만 아니라 공기와 같은 기체에서도 열이 이동하는 현상은 '대류'이다. (3) '조석' 현상은 밀물과 썰물에 의해 바닷물의 높이가 하루에 2회를 주기적으로 오르내리는 현상이다. (4) '조차'는 만조와 간조의 높이 차를 뜻한다. (5) 구들장을 통해 열이 전달되는 것은 전도 현상의 예이다.

3 ( ) 안에 들어갈 단어를 보기 에서 찾아 써 보자.

> **보기**
> 대류   복사   전도   조석   조차

(1) 전자렌지는 물질을 통하지 않고 열이 직접 이동하는 (복사) 현상의 예이다.

(2) 한여름에 피어오르는 아지랑이는 (대류)에 의해 공기와 열이 함께 이동하는 현상이다.

(3) 우리나라에서 만조와 간조는 하루에 각각 2번 정도로 생기며, 이를 통해 바닷물의 높이가 오르내리는 (조석) 현상의 주기는 약 12시간 25분이다.

(4) (조차)은/는 만조와 간조 때 바닷물의 높이 차이로, 우리나라의 서해안에서 가장 크고 동해안에서 가장 작다.

(5) 아궁이에 불을 지펴 그 열로 구들장을 데우고, 달궈진 구들장에서 나오는 열로 방바닥을 따뜻하게 하는 온돌은 (전도)의 원리를 이용한 난방 방법이다.

✏️ 단어와 그 뜻을 익히고, 빈칸에 알맞은 단어를 써 보자.

고쳐쓰기	글쓰기를 할 때 글의 잘못된 부분을 바르게 다시 쓰는 일. 예 고 쳐 쓰 기 는 독자가 이해하기 쉽게 글을 수정하는 것이다.	플러스 개념어 **퇴고** 글을 지을 때 여러 번 생각하여 고치고 다듬음. 또는 그런 일. 예 퇴고를 하면서 문법에 어긋난 문장을 고쳤다.
문단 글월 文 + 구분 段	문장이 모여 하나의 중심 생각을 나타내는 덩어리의 글. 예 한 문 단 에 적절한 하나의 중심 생각이 들어 있는지 확인하며 불필요한 내용을 삭제하고 부족한 내용을 보충한다.	
문맥 글월 文 + 줄기 脈	글에 나타난 의미의 앞뒤 연결. 예 하나의 단어는 문 맥 에 따라 다양한 의미를 가지므로 단어의 정확한 의미는 문 맥 을 바탕으로 파악해야 한다.	
점검 검사할 點 + 검사할 檢 👆'點'의 대표 뜻은 '점'임.	하나하나 검사하는 일. 예 글을 쓸 때는 글쓰기의 모든 과정에서 자신의 글을 점 검 하고 수정해야 한다.	
맞춤법 맞춤 + 법 法	우리말을 한글로 표기할 때 지켜야 하는 규칙. 적어서 나타냄. 예 완성한 글을 다시 살펴볼 때는 단어를 맞 춤 법 에 맞게 썼는지 확인해야 한다.	플러스 개념어 **한글 맞춤법의 총칙** • 제1항: 한글 맞춤법은 표준어를 소리대로 적되, 어법에 맞도록 함을 원칙으로 한다. • 제2항: 문장의 각 단어는 띄어 씀을 원칙으로 한다. • 제3항: 외래어는 '외래어 표기법'에 따라 적는다.
브레인스토밍	주제에 대해 머릿속에 있는 생각을 자유롭게 떠올리는 활동. 예 브 레 인 스 토 밍 을 통해 글로 쓸 다양한 내용을 떠올릴 수 있다.	플러스 개념어 **생각 그물** 어떤 주제와 관련하여 생각나는 것을 서로 연결 지어 나타내는 방법.

🧊 확인 문제

🔊 정답과 해설 ▶ 42쪽

1 단어의 뜻을 보기 에서 찾아 사다리를 타고 내려간 곳에 기호를 써 보자.

보기
㉠ 하나하나 검사하는 일. → 점검
㉡ 글에 나타난 의미의 앞뒤 연결. → 문맥
㉢ 우리말을 한글로 표기할 때 지켜야 하는 규칙. → 맞춤법
㉣ 글을 지을 때 여러 번 생각하여 고치고 다듬음. 또는 그런 일. → 퇴고

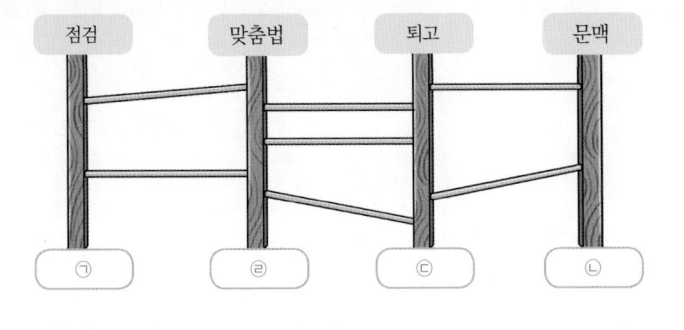

점검	맞춤법	퇴고	문맥
㉠	㉣	㉢	㉡

── 해설 | '문장이 모여 하나의 중심 생각을 나타내는 덩어리의 글'을 뜻하는 '문단'을 써야 한다.

2 빈칸에 공통으로 들어갈 단어를 써 보자.

□□은 문장이 모여 이루어지는 것으로, 한 □□에는 하나의 중심 생각이 들어 있어.

글을 쓸 때 □□이 바뀌면, 줄을 바꾸어 처음 한 칸을 비우고 써야 해.

→ 문 단

── 해설 | (1) '우리말을 한글로 표기할 때 지켜야 하는 규칙'을 뜻하는 '맞춤법'을 써야 한다. (2) '하나하나 검사하는 일'인 '점검'을 써야 한다. (3) '주제에 대해 머릿속에 있는 생각을 자유롭게 떠올리는 활동'인 '브레인스토밍'을 써야 한다. (4) '글의 잘못된 부분을 바르게 다시 쓰는 일'을 뜻하는 '고쳐쓰기'를 써야 한다.

3 ( ) 안에 들어갈 단어를 보기 에서 찾아 써 보자.

보기
점검   맞춤법   고쳐쓰기   브레인스토밍

(1) '금새 왔다.'에서 '금새'는 (맞춤법)에 맞게 '금세'로 고쳐 써야 한다.

(2) 도서관을 효율적으로 운영하기 위해 문제점을 (점검)하여 해결하였다.

(3) 우리는 (브레인스토밍)을/를 통해 축제 준비에 대한 아이디어를 많이 내고 있다.

(4) (고쳐쓰기)을/를 하면서 빠진 내용을 보충할 수 있고, 문법에 맞지 않거나 적절하지 못한 표현을 바꿀 수도 있다.

역사 교과서 어휘

✎ 단어와 그 뜻을 익히고, 빈칸에 알맞은 단어를 써 보자.

제헌 헌법
지을 制 + 법 憲 +
법 憲 + 법 法
↳ '制'의 대표 뜻은 '절제하다'임.

1948년 7월 17일에 공포된 우리나라 최초의 헌법.
예 제헌 헌법은 대한민국이 민주 공화국임과 모든 주권이 국민에게 있음을 밝혔다.

플러스 개념어 **공포**
확정된 법이나 규정 등을 일반 대중에게 널리 알림.

신탁 통치
믿을 信 + 부탁할 託 +
거느릴 統 + 다스릴 治

국제 연합(UN)이 믿고 맡긴 어떤 나라가 다른 나라의 일정한 지역을 대신 통치하는 제도.
예 1945년 모스크바에서 열린 회의에서 미국, 영국, 소련이 한반도에 임시 정부를 세우고 신탁 통치를 실시할 것을 결정하였다.

판문점
널빤지 板 + 문 門 + 가게 店

남북한의 비무장지대에 있어 주로 회담이 개최되는 건물을 포함한 그 주변의 장소.
예 2018년 4월에 개최된 남북 정상 회담에서 한반도의 평화와 번영, 통일을 위한 판문점 선언이 발표되었다.

플러스 개념어 **비무장지대**
국제 조약이나 협약으로 군대의 주둔이나 무기의 배치가 원칙적으로 금지된 곳.

계엄
경계할 戒 + 엄할 嚴

자연재해나 큰 사건
전시·사변 따위의 국가 비상사태가 발생했을 때 사법과 행정의 전부 또는 일부를 군대의 권력하에 이전하는 제도.
예 전두환을 중심으로 한 신군부는 1980년 5월 학생과 시민들이 민주화 회복을 요구하며 벌인 시위를 막기 위해 전국으로 계엄을 확대하였다.

플러스 개념어 **신군부**
전두환, 노태우 등 육군 사관 학교 출신 장교들이 만든 비공식 사조직인 하나회를 중심으로 정치권력을 장악한 군인 집단.

직선제
바로 直 + 가릴 選 + 법도 制
↳ '直'의 대표 뜻은 '곧다'임.

'직접 선거 제도'를 줄여 이르는 말로, 국민이 직접 선거를 통하여 대표를 선출하는 제도.
예 6월 민주 항쟁의 결과 대통령 직선제를 주요 내용으로 하는 6·29 민주화 선언이 발표되었다.

플러스 개념어 **간선제**
유권자가 직접 대표자를 선출하는 대신 유권자의 뜻을 대리하는 선거인을 선출하고 그 대리인이 대표자를 선출하도록 하는 선거 제도.

외환 위기
외국 外 + 바꿀 換 +
위태할 危 + 때 機
↳ '外'의 대표 뜻은 '바깥', '換'의 대표 뜻은 '뜰'임.

외환이 부족하여 국가가 큰 어려움을 겪는 것.
예 외환 위기를 겪으면서 많은 기업이 문을 닫고 실업자가 늘어나 경제가 어려워졌다.

확인 문제

정답과 해설 ▶ 43쪽

1 뜻에 알맞은 단어를 찾아 선으로 이어 보자.

(1) 1948년 7월 17일에 공포된 우리나라 최초의 헌법. ——— 신탁 통치

(2) 국민이 직접 선거를 통하여 대표를 선출하는 제도. ——— 제헌 헌법

(3) 남북한의 비무장지대에 있어 주로 회담이 개최되는 건물을 포함한 그 주변의 장소. ——— 직선제

(4) 국제 연합이 믿고 맡긴 어떤 나라가 다른 나라의 일정한 지역을 대신 통치하는 제도. ——— 판문점

해설 | (1) 1997년에 우리나라는 '외환 위기'를 겪었다. (2) 1948년에 공포된 우리나라 최초의 헌법은 '제헌 헌법'이다.

2 빈칸에 알맞은 단어를 글자를 조합해 써 보자.

(1) 1997년에 우리나라는 외환 보유액이 부족하여 국제 통화 기금에서 자금 지원을 받는 외환 위기을/를 겪었다.

기 비 위 환 외

(2) 1948년에 공포된 제헌 헌법은 우리나라 최초의 헌법으로 대한민국의 정통성을 담고 있다.

법 계 제 엄 헌

해설 | (1) 대통령을 직접 뽑는 것이므로 '직선제'를 써야 한다. (2) 국가 비상사태가 발생했을 때 사법과 행정의 전부 또는 일부를 군대의 권력하에 이전하는 제도인 '계엄'을 써야 한다. (3) 무기의 배치가 금지된 곳이므로 '비무장지대'를 써야 한다.

3 ( ) 안에서 알맞은 단어를 골라 ○표 해 보자.

(1) 1987년 6·29 민주화 선언 이후, 대통령을 직접 뽑는 (간선제, 직선제) 개헌이 이루어졌다.

(2) 1980년 학생과 시민들은 신군부의 퇴진과 (계엄, 파업) 철회, 민주주의를 요구하는 대규모 시위를 벌였다.

(3) 남북이 분단된 이후 평화 통일을 위한 노력이 계속되고 있으며, 무기의 배치가 금지된 (비무장지대, 무장지대)에 있는 판문점에서 2018년 남북 정상 회담을 개최하였다.

📝 단어와 그 뜻을 익히고, 빈칸에 알맞은 단어를 써 보자.

확률 굳을 確 + 비율 率	하나의 사건이 일어날 수 있는 가능성의 정도를 수로 나타낸 것. 사건이 일어날 수 있는 모든 경우의 수에 대한 사건 A가 일어나는 경우의 수의 비율을 사건 A가 일어날 확률이라고 함. $$(\text{사건 } A\text{가 일어날 확률}) = \frac{(\text{사건 } A\text{가 일어나는 경우의 수})}{(\text{모든 경우의 수})}$$ 예 동전 한 개를 던질 때, 일어날 수 있는 모든 경우는 앞면, 뒷면의 2가지이고, 앞면이 나오는 경우는 1가지이므로 앞면이 나올 보기|확|률|은 $\frac{(\text{앞면이 나오는 경우의 수})}{(\text{모든 경우의 수})} = \frac{1}{2}$이다.
어떤 사건이 일어나지 않을 확률	사건 A가 일어날 확률을 p라고 하면 $$(\text{사건 } A\text{가 일어나지 않을 확률}) = 1 - (\text{사건 } A\text{가 일어날 확률}) = 1 - p$$ 예 가은이가 시험에 합격할 확률이 $\frac{2}{3}$이면 시험에 합격하지 |않|을| |확|률|, 즉 불합격할 확률은 $1 - (\text{합격할 확률}) = 1 - \frac{2}{3} = \frac{1}{3}$이다.
사건 A 또는 사건 B가 일어날 확률	두 사건 A, B가 동시에 일어나지 않을 때, 사건 A가 일어날 확률을 p, 사건 B가 일어날 확률을 q라고 하면 사건 A 또는 사건 B가 일어날 확률은 $p+q$임. $$(\text{사건 } A \text{ 또는 사건 } B\text{가 일어날 확률}) = p+q$$ 예 한 개의 주사위를 던질 때, 짝수의 눈이 나올 확률은 $\frac{3}{6} = \frac{1}{2}$, 3의 배수의 눈이 나올 확률은 $\frac{2}{6} = \frac{1}{3}$이다. 두 사건이 동시에 일어나지 않으므로 짝수의 눈 |또|는| 3의 배수의 눈이 나올 확률은 $\frac{1}{2} + \frac{1}{3} = \frac{5}{6}$이다. 한 개의 주사위를 던져 짝수의 눈이 나오는 경우는 2, 4, 6이므로 확률은 $\frac{3}{6}$, 3의 배수의 눈이 나오는 경우는 3, 6이므로 확률은 $\frac{2}{6}$임.
사건 A와 사건 B가 동시에 일어날 확률	사건 A와 사건 B가 서로 영향을 주지 않을 때, 사건 A가 일어날 확률을 p, 사건 B가 일어날 확률을 q라고 하면, 사건 A와 사건 B가 동시에 일어날 확률은 $p \times q$임. $$(\text{사건 } A\text{와 사건 } B\text{가 동시에 일어날 확률}) = p \times q$$ 예 동전 1개와 주사위 1개를 동시에 던질 때, 동전에서 뒷면이 나올 확률은 $\frac{1}{2}$, 주사위의 눈이 5의 약수가 나올 확률은 $\frac{2}{6} = \frac{1}{3}$이므로 (동전은 뒷면이 나오고 |동|시|에| 주사위의 눈이 5의 약수가 나올 확률) $= \frac{1}{2} \times \frac{1}{3} = \frac{1}{6}$이다. 주사위 1개를 던질 때 5의 약수의 눈이 나오는 경우는 1, 5이므로 확률은 $\frac{2}{6} = \frac{1}{3}$임.

🧊 **확인 문제**

1 빈칸에 공통으로 들어갈 단어를 써 보자.

> 사건이 일어날 수 있는 모든 경우의 수에 대한 사건 A가 일어나는 경우의 수의 비율을 사건 A가 일어날 \[확률\] (이)라고 한다.
>
> $$(\text{사건 } A\text{가 일어날 } \boxed{\text{확률}}) = \frac{(\text{사건 } A\text{가 일어나는 경우의 수})}{(\text{모든 경우의 수})}$$

해설 | 사건 A가 일어날 '확률'은 $\dfrac{(\text{사건 } A\text{가 일어나는 경우의 수})}{(\text{모든 경우의 수})}$이다.

2 ㉠~㉢에 알맞은 식을 찾아 선으로 이어 보자.

> 사건 A가 일어날 확률은 p, 사건 B가 일어날 확률은 q이다.

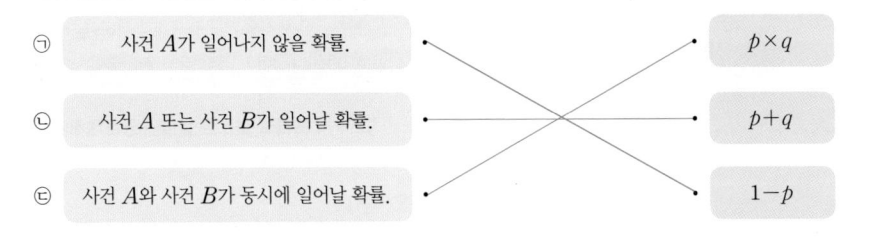

㉠ 사건 A가 일어나지 않을 확률. — $p \times q$

㉡ 사건 A 또는 사건 B가 일어날 확률. — $p + q$

㉢ 사건 A와 사건 B가 동시에 일어날 확률. — $1 - p$

3 빈칸에 들어갈 말을 초성을 바탕으로 써 보자.

(1)

> 주사위 1개를 던질 때, 나올 수 있는 주사위 눈의 수는 1, 2, 3, 4, 5, 6으로 6가지이고, 3의 약수의 눈이 나오는 경우는 1, 3으로 2가지이다. 따라서 3의 약수의 눈이 나올 \|확\|률\|은
> $$\frac{(\text{3의 약수의 눈이 나오는 경우의 수})}{(\text{모든 경우의 수})} = \frac{2}{6} = \frac{1}{3}$$이다.

(2)

> 주머니에 노란 구슬 2개, 파란 구슬 3개, 빨간 구슬 5개가 들어 있다. 주머니에 들어 있는 전체 구슬의 개수가 10개이므로
> $$(\text{파란 구슬이 나올 확률}) = \frac{3}{10}, \quad (\text{빨간 구슬이 나올 확률}) = \frac{5}{10}$$
> 두 사건이 동시에 일어나지 않으므로 이 주머니에서 한 개의 구슬을 꺼낼 때, 파란 구슬 \|또\|는\| 빨간 구슬이 나올 확률은 $\frac{3}{10} + \frac{5}{10} = \frac{8}{10} = \frac{4}{5}$이다.

과학 교과서 어휘

✎ 단어와 그 뜻을 익히고, 빈칸에 알맞은 단어를 써 보자.

단열 끊을 斷 + 더울 熱	전도, 대류, 복사에 의한 열의 이동을 막는 것. 예 물의 온도를 일정하게 유지시킬 수 있는 보온병은 단 열 의 원리를 이용한 것이다.
패시브 하우스	단열의 효율을 높여 실내 온도를 적절하게 유지하는 주택. 예 첨단 단열 공법을 이용하여 에너지의 낭비를 최소화한 건축물로, 에너지 사용에 '수동적인 집' 이라는 의미를 지닌 주택을 패 시 브 하 우 스 라고 한다.
비열 견줄 比 + 더울 熱	어떤 물질 1 kg의 온도를 1℃만큼 올리는 데 필요한 열량. 비열 = 열량 / 질량 × 온도 변화 예 비 열 이 클수록 온도를 높이는 데 많은 열량이 필요하므로 온도가 잘 변하지 않는다.
일교차 날 日 + 견줄 較 + 차이 差	하루 동안의 최고 기온과 최저 기온의 차이. 예 하루의 최고 기온이 17℃, 최저 기온이 −5℃일 때 일 교 차 는 22℃가 된다.
열팽창 더울 熱 + 부풀 膨 + 부풀 脹 ※'膨'의 대표 뜻은 '붓다'임.	물체의 온도가 올라감에 따라 물체의 길이, 부피가 늘어나는 현상. 예 유리병 뚜껑에 뜨거운 물을 부으면 뚜껑이 열 팽 창 하여 쉽게 열린다.
기상 재해 공기 氣 + 모양 象 + 재앙 災 + 해로울 害 ※'氣'의 대표 뜻은 '기운', 象의 대표 뜻은 '코끼리'임.	홍수, 가뭄, 태풍, 대설 등 기상 현상이 원인이 되어서 발생하는 자연재해. 예 짧은 시간 동안 많은 양의 눈이 내리는 대설은 기 상 재 해 의 예이다.
감염성 질병 느낄 感 + 물들 染 + 성질 性 + 병 疾 + 병 病	병원체인 미생물이 동물이나 식물의 몸 안에 들어가 증식하는 일 세균, 바이러스, 곰팡이 등 병을 일으키는 병원체를 통해 감염되는 질병. 예 병에 걸린 사람이나 동물 등 직접 접촉하거나 물, 공기, 음식, 배설물 등을 통해서 감염될 수 있는 질병을 감 염 성 질 병 이라고 한다.
역학 조사 전염병 疫 + 학문 學 + 조사할 調 + 조사할 査 ※'疫'의 대표 뜻은 '배우다', '調'의 대표 뜻 은 '고르다'임.	감염성 질병의 발생과 전염 경로 등 질병의 원인과 결과 관계를 밝혀내기 위하여 실시하는 조사. 예 보건 당국이 역 학 조 사 에 나섰다. **플러스 개념어 역학** 어떤 지역이나 집단 안에서 일어나는 질병의 원인이나 변동 상태를 연구하는 학문.

🎲 확인 문제

1 뜻에 알맞은 단어를 글자판에서 찾아 묶어 보자. (단어는 가로, 세로, 대각선 방향에서 찾기)

감	성	단	역	시
열	염	열	질	학
팽	기	성	병	하
창	상	교	비	열
재	해	차	시	우

❶ 어떤 물질 1 kg의 온도를 1℃만큼 올리는 데 필요한 열량.
❷ 어떤 지역이나 집단 안에서 일어나는 질병의 원인이나 변동 상태를 연구하는 학문.
❸ [   ] 질병: 세균, 바이러스, 곰팡이 등 병을 일으키는 병원체를 통해 감염되는 질병.
❹ [   ] 재해: 홍수, 가뭄, 태풍, 대설 등 기상 현상이 원인이 되어서 발생하는 자연재해.

2 (   ) 안에서 알맞은 단어를 골라 ○표 해 보자.

(1) (**단열**, 비열) 전도, 대류, 복사에 의한 열의 이동을 막는 것.

(2) **열팽창** 온도가 올라감에 따라 물체의 길이, 부피가 (줄어드는, **늘어나는**) 현상.

(3) **일교차** (**하루**, 한 해) 동안의 최고 기온과 최저 기온의 차이.

해설 | (1) 감염성 질병의 발생과 전염 경로 등 질병의 원인과 결과 관계를 밝혀내기 위하여 실시하는 조사를 '역학 조사'라고 한다. (2) 어떤 물질 1 kg의 온도를 1℃만큼 올리는 데 필요한 열량을 '비열'이라고 하는데, 비열이 큰 물질은 온도가 서서히 올라가고 서서히 내려가는 성질이 있다. (3) 단열의 효율을 높여 실내 온도를 적절하게 유지하는 주택을 '패시브 하우스'라고 한다.

3 (   ) 안에 들어갈 단어를 보기에서 골라 써 보자.

보기

비열	패시브 하우스	역학 조사

(1) 코로나19의 발생과 전염 경로 등을 밝혀내기 위해 (역학 조사)을/를 실시하였다.

(2) 물은 (비열)이/가 매우 커서 찜질 팩에 뜨거운 물을 넣으면 온도가 천천히 내려가므로 오랜 시간 동안 따뜻함을 유지할 수 있다.

(3) (패시브 하우스)은/는 건물 지붕과 벽, 바닥 등을 두꺼운 단열재로 시공하고, 유리창은 3중 겹 유리로 만들어 내부와 외부의 열의 이동을 최대한 차단하도록 되어 있다.

한자 어휘

易(역, 이), 飛(비)가 들어간 단어

易
바꿀 역/쉬울 이

易은 '역'과 '이' 두 음을 가진 한자야. '역(易)'으로 읽을 때는 '바꾸다'라는 뜻으로, '이(易)'로 읽을 때는 '쉽다'라는 뜻으로 쓰여.

飛
날 비

비(飛)는 새의 날개와 몸통을 본떠 만든 글자로, '날다'라는 뜻으로 쓰여. '비(飛)'가 '오르다'라는 뜻으로 쓰이기도 해.

✎ 단어와 그 뜻을 익히고, 초성을 바탕으로 단어를 완성해 보자.

역지사지
바꿀 易 + 처지 地 + 생각 思 + 그것 之
┗ '地'의 대표 뜻은 '땅', '之'의 대표 뜻은 '가다'임.

역지(易地) + 사지(思之)
처지를 바꿈 그것을 생각함

내가 너의 처지가 되어 생각한다면 서로를 더 잘 이해할 수 있겠지?

처지를 바꾸어서 생각해 봄.

예 이 문제를 서로 역지사지 해 본다면 합의점을 찾을 수 있을 것이다.

교역
주고받을 交 + 바꿀 易
┗ '交'의 대표 뜻은 '사귀다'임.

'역(易)'이 '바꾸다'라는 뜻으로 사용되었어.

주로 나라와 나라 사이에서 물건을 사고팔고 하여 서로 바꿈.

예 1980년대 후반에 국제 교역을 더욱 활성화하기 위해 자유 무역을 확대해야 한다는 신자유주의가 나타났다.

평이
쉬울 平 + 쉬울 易
┗ '平'의 대표 뜻은 '평평하다'임.

'이(易)'로 읽으며 '쉽다'라는 뜻으로 사용되었어.

까다롭지 않고 쉬움.

예 이번 중간고사는 시험 문제가 대체로 평이했다.

오비이락
까마귀 烏 + 날 飛 + 배나무 梨 + 떨어질 落

오비(烏飛) + 이락(梨落)
까마귀 날아감 배 떨어짐

까마귀가 날자 하필 그때 배가 떨어져 의심을 받게 되었다는 말이야.

까마귀 날자 배 떨어진다는 뜻으로, 아무 관계도 없이 한 일이 공교롭게도 때가 같아 억울하게 의심을 받거나 난처한 위치에 서게 됨을 이르는 말.

예 오비이락이라더니, 하필 내가 관람하던 레고 작품이 갑자기 무너져 내 잘못처럼 보였다.

비약
날 飛 + 뛸 躍

'비(飛)'가 '오르다'라는 뜻으로 쓰였어.

말이나 생각 따위가 일정한 단계나 순서를 따르지 않고 건너뜀.

예 그의 말은 논리의 비약이 심해서 앞뒤가 맞지 않았다.

다의어 비약
① 나는 듯이 높이 뛰어오름.
② 빠른 속도로 발전하거나 향상되어 높은 수준이나 단계로 나아감.

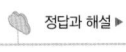

정답과 해설 ▶ 46쪽

확인 문제

1 뜻에 알맞은 단어를 빈칸에 써 보자.

①교				
②역	지	사	지	
		③오	④비	이	락
			약	

가로 열쇠
❷ 처지를 바꾸어서 생각해 봄.
❸ 아무 관계도 없이 한 일이 공교롭게도 때가 같아 억울하게 의심을 받거나 난처한 위치에 서게 됨.

세로 열쇠
❶ 주로 나라와 나라 사이에서 물건을 사고팔고 하여 서로 바꿈.
❹ 말이나 생각 따위가 일정한 단계나 순서를 따르지 않고 건너뜀.

해설 | '易'은 '이'로 사용될 때는 '쉽다', '역'으로 사용될 때는 '바꾸다'의 뜻이다.

2 밑줄 친 한자의 뜻으로 알맞은 것을 골라 ○표 해 보자.

(1)
平易(평이)
(바꾸다, 쉽다)

(2)
易地思之(역지사지)
(바꾸다, 쉽다)

해설 | 아무 관계도 없이 한 일이 공교롭게도 때가 같아 억울하게 의심을 받거나 난처한 위치에 서게 됨을 이르는 말인 '오비이락'이 알맞다. ① 우후죽순: 어떤 일이 한때에 많이 생겨남. ② 권선징악: 착한 일을 권장하고 못된 일을 벌함. ④ 결자해지: 자기가 저지른 일은 자기가 해결하여야 함. ⑤ 소탐대실: 작은 것을 탐하다가 큰 것을 잃음.

3 빈칸에 들어갈 한자 성어로 알맞은 것은? (③)

윤이: 엄마, 오늘은 제가 설거지할게요.
엄마: 아니, 네가 웬일이니. 오늘 해가 서쪽에서 떴나?
(윤이가 설거지하려고 고무장갑을 끼고 있는데, 선반에 있던 컵이 뚝 떨어져 깨진다.)
엄마: 어머나, 좀 조심하지. 이건 아빠가 여행 기념으로 사 오신 건데!
윤이: 내가 그런 게 아닌데…… 　　　　은/는 이런 경우를 두고 하는 말이었어.

① 우후죽순 　② 권선징악 　③ 오비이락 　④ 결자해지 　⑤ 소탐대실

해설 | (1) '까다롭지 않고 쉬움.'을 뜻하는 '평이'가 들어간다. (2) '나라와 나라 사이에서 물건을 사고팔고 하여 서로 바꿈.'을 뜻하는 '교역'이 들어간다. (3) '처지를 바꾸어서 생각하여 봄.'을 뜻하는 '역지사지'가 들어간다. (4) '빠른 속도로 발전하거나 향상되어 높은 수준이나 단계로 나아감.'이란 뜻의 '비약'이 들어간다.

4 ( ) 안에 들어갈 단어를 보기에서 찾아 써 보자.

보기

교역	평이	비약	역지사지

(1) 그가 쓴 글은 비교적 (평이)했다.

(2) 항공 교통의 발달로 국가 간의 (교역)이/가 증가하고 있다.

(3) 두 사람이 (역지사지)(으)로 상대편의 주장에 귀를 기울일 필요가 있다.

(4) 경제가 (비약)을/를 거듭하여 우리나라는 선진국 대열에 들어섰다.

기타 문법 용어

이번에는 영어에서 자주 쓰이는 또 다른 문법 용어에 대해 알아볼 거야. 동사에서 온 것으로 명사의 성격을 갖고 있는 '동명사', to부정사 동작의 주체를 가리키는 '의미상 주어', 명사의 많고 적음을 나타내는 다양한 '수량 형용사', 얼마나 자주 행하는가를 나타내는 '빈도 부사'에 대해 공부해 보자.

✏️ 단어와 그 뜻을 익히고, 빈칸에 알맞은 단어를 써 보자.

gerund **동명사** 움직일 動 + 이름 名 + 말 詞	동사에서 온 것으로 명사의 성격을 갖고 있는 말. 보통 동사의 어미에 -ing를 붙여 만듦. • **Swimming** in the pool is my hobby.(수영장에서 수영하기가 내 취미이다.) 문장에서 주어 역할을 하는 명사의 성격을 갖는 동명사 예 "Taking a walk is good for health.(산책하기는 건강에 좋다.)"에서 Taking은 명사의 성격을 갖고 있는 동명사 이다.
sense subject **의미상 주어** 뜻 意 + 뜻 味 + 윗 上 + 주인 主 + 말씀 語 '味'의 대표 뜻은 '맛'임.	to부정사 동작의 주체를 가리키는 말. 보통 to부정사 앞에서 「for + 사람/목적격 대명사」의 형태로 나타냄. • It is easy **for me** to use the computer.(나는 컴퓨터를 사용하는 것이 쉽다.) to use의 행위 주체인 의미상의 주어 예 "It's important for Mary to go abroad.(Mary가 해외로 가는 것은 중요하다.)"에서 to go의 행위 주체를 나타내는 for Mary는 의미상 주어이다.
quantitative adjective **수량 형용사** 셈 數 + 헤아릴 量 + 모양 形 + 얼굴 容 + 말 詞	명사의 많고 적음을 나타내는 말. 수량 형용사로 많음을 나타내는 말에는 many, much가 있고, 적음을 나타내는 말에는 few(a few), little(a little)이 있음. • We have **many** books in the library.(우리는 도서관에 많은 책을 보유하고 있다.) 명사 books의 많음을 나타내는 수량 형용사 예 "Drink a little milk at a time.(한 번에 우유를 조금 마셔라.)"에서 a little은 milk(우유)의 양이 적음을 나타내는 수량 형용사이다.
frequent adverb **빈도 부사** 자주 頻 + 횟수 度 + 버금 副 + 말 詞 '度'의 대표 뜻은 '법도'임.	동사의 행위가 얼마나 자주 일어나는가를 나타내는 말. 빈도 부사로는 always(항상), usually(대체로), often(종종), sometimes(때때로), never(결코) 등이 있음. • You should **always** wash your hands. 동사 wash의 빈도를 나타내는 빈도 부사 (너는 항상 네 손을 씻어야 한다.) 예 "You will never catch the flight tonight.(너는 오늘 밤 그 비행기를 결코 탈 수 없을 것이다.)"에서 never(결코)는 행위의 빈도를 나타내는 빈도 부사이다.

플러스 개념어 빈도
같은 현상이나 일이 반복되는 횟수.
예 사용 빈도가 높은 단어들을 정리해 두었다.

확인 문제

1 빈칸에 알맞은 단어를 글자판에서 찾아 묶어 보자.(단어는 가로, 세로, 대각선 방향에서 찾기)

사	명	주	빈	부
의	미	상	도	주
수	형	용	의	어
량	도	동	명	사

❶ 명사의 많고 적음을 나타내는 말은 [　　　] 형용사이다.
❷ 동사에서 온 것으로 명사의 성격을 갖고 있는 말은 [　　　]이다.
❸ to부정사 동작의 주체를 가리키는 말은 [　　　] 주어이다.
❹ 동사의 행위가 얼마나 자주 일어나는가를 나타내는 말은 [　　　] 부사이다.

해설 | (1) 'for Tim'은 to cook(요리하다)의 동작 주체가 Tim임을 나타내는 <u>의미상 주어</u>이다. (2) 'learning'은 '배우기'라는 의미의 <u>동명사</u>이다. (3) 'much'는 명사 time(시간)의 많음을 나타내는 <u>수량 형용사</u>이다. (4) 'sometimes'는 '때때로'라는 빈도를 나타내는 <u>빈도 부사</u>이다.

2 밑줄 친 말을 나타내는 문법 용어가 알맞으면 ○표, 알맞지 않으면 ✕표 해 보자.

(1) It is easy **for Tim** to cook food.(Tim이 요리하기에는 쉽다.)
　　　의미상 주어　　　(○)

(2) My plan is **learning** Chinese.(내 계획은 중국어 배우기이다.)
　　　동명사　　　(○)

(3) We don't have **much** time anymore.(우리는 더 이상 시간이 많지 않다.)
　　　빈도 부사　　　(✕)

(4) We **sometimes** sleep late on weekdays.(우리는 때때로 평일에 늦게 잔다.)
　　　수량 형용사　　　(✕)

해설 | (1) 'often'은 '자주'라는 뜻의 빈도 부사이다. (2) 'a few'는 '약간' 혹은 '몇몇'이라는 뜻의 수량 형용사이다. (3) 'thinking'은 '생각하기'라는 뜻으로 동명사이다. (4) 'for him'은 to pass the exam(그 시험에 합격하다)의 주체를 나타내는 의미상 주어이다.

3 밑줄 친 말에 해당하는 문법 용어를 보기에서 찾아 기호를 써 보자.

보기
ⓐ 동명사　　　ⓑ 의미상 주어　　　ⓒ 수량 형용사　　　ⓓ 빈도 부사

(1) How **often** do you exercise?(너는 얼마나 자주 운동을 하니?) ……………… (ⓓ)

(2) I met **a few** peoples here.(나는 여기에서 몇몇 사람들을 만났다.) ……………… (ⓒ)

(3) Please stop **thinking** that way.(부디 그런 식으로 생각하기를 멈춰라.) ……………… (ⓐ)

(4) It is hard **for him** to pass the exam.(그가 그 시험에 합격하기는 힘들다.) ……………… (ⓑ)

✎ 4주차 1~5회에서 공부한 단어를 떠올리며 문제를 풀어 보자.

국어

1 ( ) 안에서 알맞은 단어를 골라 ○표 해 보자.

(1) 설명 대상의 뜻을 밝히는 설명 방법은 (⟨정의⟩, 예시)이고, 설명 대상과 관련하여 구체적이고 친근한 예를 들어 설명하는 방법은 (정의 , ⟨예시⟩)이다.

(2) 둘 이상의 것의 공통점을 찾아 설명하는 방법은 (분류 , ⟨비교⟩)이고, 설명 대상을 종류별로 묶어서 설명하는 방법은 (⟨분류⟩, 비교)이다.

국어+사회

2 보기 에 사용된 설명 방법을 초성을 바탕으로 써 보자.

> **보기**
> 직선제는 국민이 직접 선거를 통하여 대표를 선출하는 제도이고, 간선제는 국민의 뜻을 대리하는 중간 선거인을 대표로 뽑아 그들로 하여금 선거를 하도록 하는 제도이다.

→ | 대 | 조 |

해설 | 선거 제도인 직선제와 간선제의 차이점을 견주어 설명하고 있으므로 '대조'의 설명 방법이 사용되었다.

사회

3 ( ) 안에 들어갈 단어를 보기 에서 골라 써 보자.

> **보기**
> 문호   계엄   근대화

(1) 조선은 강화도 조약 이후 서양의 여러 나라와 조약을 맺고 (문호)을/를 개방하였다.

(2) 1960년 3·15 부정 선거로 전국에서 시위가 일어나자 정부는 (계엄)을/를 선포하였다.

(3) 조선 정부는 외국 문물을 받아들여 개화 정책을 추진하였고 개화파를 비롯한 여러 세력이 다양한 (근대화) 운동을 추진하였다.

해설 | (1) '외부와 교류하기 위한 통로나 수단을 비유적으로 이르는 말'인 '문호'를 써야 한다. (2) '전시·사변 따위의 국가 비상사태가 발생했을 때 사법과 행정의 전부 또는 일부를 군대의 권력하에 이전하는 제도'인 '계엄'을 써야 한다. (3) '사회나 문화, 제도 따위가 근대의 특징을 가진 상태로 됨.'을 뜻하는 '근대화'를 써야 한다.

수학

4 뜻을 참고하여 ( ) 안에 들어갈 단어를 써 보자.

> 꽃바구니에 장미가 20송이, 백합이 15송이일 때 장미 송이 수에 대한 백합 송이 수의 (비율) 은 $\frac{15}{20}=\frac{3}{4}$ 이다.
>
> 기준량에 대한 비교하는 양의 크기

해설 | 기준량에 대한 비교하는 양의 크기를 '비율'이라고 한다.

수학

5 빈칸에 알맞은 단어를 초성을 바탕으로 써 보자.

> 빨간 공 2개, 파란 공 3개, 노란 공 4개가 들어 있는 바구니에서 공 1개를 꺼낼 때, 파란공이 나올 | 확 | 률 |은 $\frac{3}{9}=\frac{1}{3}$ 이다.

해설 | 공 1개를 꺼낼 때 일어날 수 있는 모든 경우의 수인 9에 대한 파란 공이 나오는 경우의 수인 3의 비율, 즉 $\frac{3}{9}=\frac{1}{3}$ 이 파란 공이 나올 '확률'이다.

과학

6 밑줄 친 단어가 보기 와 같은 뜻으로 사용된 것은? (⑤   )

> **보기**
> 조석: 밀물과 썰물에 의해 바닷물의 높이가 주기적으로 오르내리는 현상.

① 국가의 흥망이 조석에 달린 위급한 상황이다. → 꽤 가까운 앞날. 또는 어떤 일이 곧 결판나거나 끝장날 상황.

② 가을이 되니 조석으로 시원한 바람이 불었다. ┐
                                          ├→ 아침과 저녁을 아울러 이르는 말.
③ 그는 하루도 빠짐없이 부모님께 조석으로 문안을 드린다. ┘

④ 하루에 한 끼 먹기도 어려운 사정이라 날마다 조석 걱정을 한다. → 아침밥과 저녁밥을 아울러 이르는 말.

⑤ 서해안의 조석 현상은 지구, 달, 태양 간의 끌어당기는 힘에 의해 발생한다.

해설 | 〈보기〉와 같은 뜻으로 사용된 것은 서해안의 조석 현상을 언급한 ⑤이다.

과학

7 ( ) 안에 들어갈 단어를 보기 에서 찾아 써 보자.

> **보기**
> 비열   단열   열팽창

(1) (단열)은 전도, 대류, 복사에 의한 열의 이동을 막는 것이다.

(2) (비열)은 어떤 물질 1kg의 온도를 1℃만큼 올리는 데 필요한 열량이다.

(3) 온도가 올라감에 따라 물체의 길이, 부피가 늘어나는데 이를 (열팽창)이라고 한다.

한자

8 밑줄 친 말과 바꿔 쓸 수 있는 단어가 되도록 글자에 ○표 해 보자.

(1)
> 이 책은 중학생들도 읽어 낼 만한 까다롭지 않고 쉬운 내용으로 되어 있다.

→ | 오 | 비 | 평 | 역 | 이 | 락 | 한

(2)
> 그는 언제나 처지를 바꾸어 생각해 봄으로써 나의 마음을 먼저 헤아려 준다.

→ | 교 | 역 | 지 | 환 | 사 | 지 | 로

해설 | (1) '까다롭지 않고 쉬움.'을 뜻하는 단어는 '평이(平易)'이다. (2) '처지를 바꾸어서 생각해 봄.'을 뜻하는 단어는 '역지사지(易地思之)'이다.

영문법

9 밑줄 친 단어에 대한 설명이 알맞으면 ○표, 알맞지 않으면 ×표 해 보자.

(1) 원래는 명사에서 온 말로서 동사의 성격을 갖고 있는 말을 동명사라고 한다.   (×)

(2) 'many, much, few(a few), little(a little)'처럼 명사의 많고 적음을 나타내는 말을 수량 형용사 라고 한다.   (○)

(3) 'always(항상), usually(대체로), often(종종)'과 같이 동사의 행위가 얼마나 자주 일어나는가를 나타내는 말을 빈도 부사라고 한다.   (○)

해설 | (1) '동명사'는 원래는 동사에서 온 말로서 명사의 성격을 갖고 있는 말이다. 보통 동사에 -ing를 붙여 만든다.

정답과 해설

3 주차 어휘 학습 점검

3주차에서 학습한 어휘를 잘 알고 있는지 ✓해 보고,
잘 모르는 어휘는 해당 쪽으로 가서 다시 한번 확인해 보세요.

중학 2학년 2학기

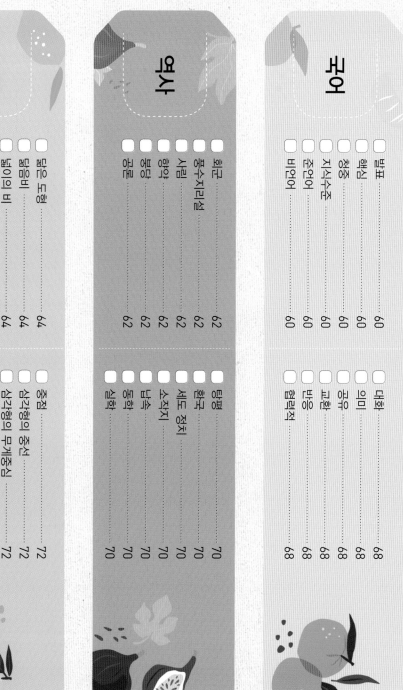
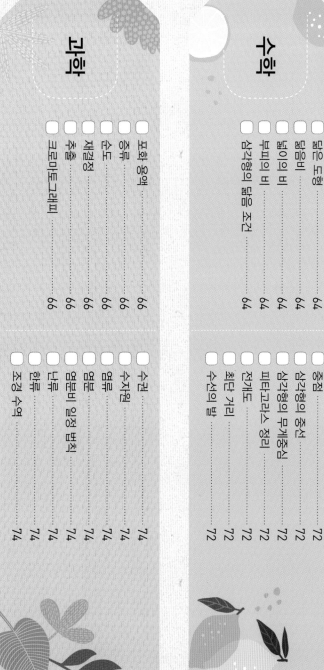

어휘 학습 점검

4주차에서 학습한 어휘를 잘 알고 있는지 ✓해 보고,
잘 모르는 어휘는 해당 쪽으로 가서 다시 한번 확인해 보세요.

수학 2학년 2학기

4 주차

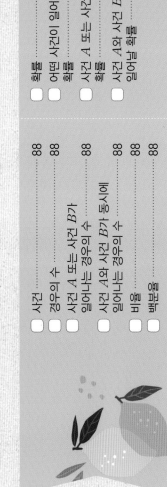